세상이 변해도
배움의 즐거움은
변함없도록

시대는 빠르게 변해도
배움의 즐거움은
변함없어야 하기에

어제의 비상은
남다른 교재부터
결이 다른 콘텐츠
전에 없던 교육 플랫폼까지

변함없는 혁신으로
교육 문화 환경의 새로운 전형을
실현해왔습니다.

비상은 오늘, 다시 한번
새로운 교육 문화 환경을 실현하기 위한
또 하나의 혁신을 시작합니다.

오늘의 내가 어제의 나를 초월하고
오늘의 교육이 어제의 교육을 초월하여
배움의 즐거움을 지속하는 혁신,

바로, 메타인지 기반 완전 학습을.

상상을 실현하는 교육 문화 기업 비상

메타인지 기반 완전 학습
초월을 뜻하는 meta와 생각을 뜻하는 인지가 결합한 메타인지는
자신이 알고 모르는 것을 스스로 구분하고 학습계획을 세우도록 하는
궁극의 학습 능력입니다. 비상의 메타인지 기반 완전 학습 시스템은
잠들어 있는 메타인지를 깨워 공부를 100% 내 것으로 만들도록 합니다.

한끝

중학 사회 1·1

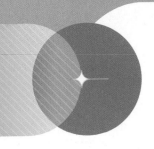

구성과 특징

진도 교재 | 단계에 따라 차근차근 학습할 수 있어요.

STEP 1

✦ 사회 교과서에서 다루는 내용을 간결하면서도 이해하기 쉽게 정리하였습니다.

✦ '교과서 쏙 자료'로 시험 출제 가능성이 높은 지도, 사진, 그래프, 도표 등을 살펴볼 수 있습니다.

✦ 'PLUS 용어'로 교과서에 나오는 주요 용어의 의미를 쉽게 파악할 수 있습니다.

STEP 2

✦ '대표 자료로 확인하기'로 중단원의 시험 빈출 자료를 다시 한번 익힐 수 있습니다.

✦ 표로 정리한 '한눈에 정리하기'로 주요 학습 요소를 이해했는지 점검할 수 있습니다.

✦ 중단원에서 학습한 내용을 확인할 수 있는 간단한 개념 확인 문제를 제시하였습니다.

STEP 3

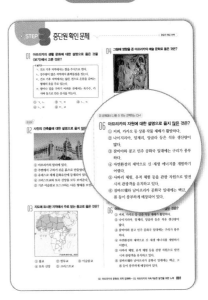

✦ 선다형, 단답형, 서술형 등 다양한 유형의 문제로 학습한 내용을 확인할 수 있습니다.

✦ 서술형 문제는 학교 시험에 자주 출제되는 주제를 선별하여 구성하였습니다.

✦ 빈출 문제는 '중요해'로, 관련 내용이 많은 문제는 '이 문제에서 나올 수 있는 선택지는 다~!'로 표시하였습니다.

시험, 한 권으로 끝내기

학교 시험에 대비할 수 있어요.

대단원 마무리

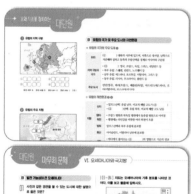

✦ '표와 자료로 정리하는 대단원'에서 대단원별 학습 내용을 체계적으로 정리할 수 있습니다. 또한 학습 목표에 따라 주요 개념을 잘 이해했는지 점검할수 있습니다.

✦ '대단원 마무리 문제'에서 단원 통합형 문제를 확실히 대비할 수 있도록 수업 발표·보고서 작성·인터넷 검색 등의 재구성 문제, 두 문항 연계 문제 등 다양한 문제 유형을 제공하였습니다.

중간·기말고사 끝내기

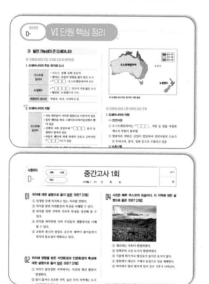

✦ 시험 일정에 맞추어 미리 계획을 세운 뒤 '핵심 정리'로 대단원별 핵심 내용을 정리하고, '중간고사·기말고사' 문제를 풀어 보세요. 시험 범위가 많아도 쉽고 빠르게 대비할 수 있습니다.

✦ 학교 시험 기출 문제를 분석하여 빈출 유형의 문제들로 구성하였습니다. 만점에 대비하여 난이도 있는 문제도 만들고 '100점 도전!'으로 표시하였습니다.

시험 전 한끝

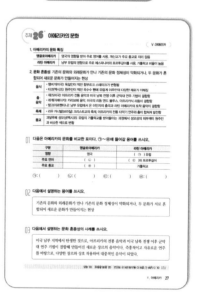

✦ 시험에 자주 나오는 교과서 내용을 빠짐없이 주제별로 정리하였습니다. 단원별 핵심 내용을 익히고 문제를 풀며 시험 직전에 알차게 사용해 보세요.

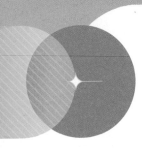

한끝과 내 교과서

단원 비교하기

	단원명	한끝	비상	동아	천재	미래엔	아침나라
I 세계화 시대, 지리의 힘	01. 세계 여러 지역의 다양한 특성	10~13	08~13	08~11	10~17	08~11	08~13
	02. 세계 각 지역의 공간적 상호 작용	14~17	14~17	12~15	18~21	12~15	14~17
	03. 세계와 지역의 상호 영향과 변화	18~21	18~21	16~21	22~25	16~21	18~21

	단원명	한끝	비상	동아	천재	미래엔	아침나라
II 아시아	01. 아시아의 국가 및 주요 도시와 자연환경	30~33	26~31	26~29	30~35	28~32	28~33
	02. 아시아의 종교와 생활양식	34~37	32~37	30~33	36~39	33~37	34~37
	03. 아시아의 인구 구조와 변화	38~41	38~41	34~37	40~43	38~41	38~41
	04. 아시아의 산업 발달과 변화	42~45	42~45	38~41	44~47	42~45	42~45

	단원명	한끝	비상	동아	천재	미래엔	아침나라
III 유럽	01. 유럽의 국가 및 주요 도시와 자연환경	54~57	50~55	48~51	52~57	52~55	52~59
	02. 유럽 도시의 다양한 특성	58~61	56~61	52~55	58~61	56~61	60~63
	03. 유럽의 통합과 분리 움직임	62~65	62~65	56~59	62~65	62~65	64~67

	단원명	한끝	비상	동아	천재	미래엔	아침나라
IV 아프리카	01. 아프리카의 국가 및 주요 도시와 자연환경	74~77	70~75	66~69	70~75	72~75	74~79
	02. 아프리카의 문화와 지역 잠재력 ~ 03. 아프리카의 지속가능한 발전을 위한 노력	78~83	76~85	70~79	76~83	76~85	80~87

	단원명	한끝	비상	동아	천재	미래엔	아침나라
V 아메리카	01. 아메리카의 국가 및 주요 도시와 자연환경	92~95	90~95	84~89	88~93	92~95	94~99
	02. 다양한 민족과 인종으로 구성된 아메리카	96~99	96~99	90~93	94~97	96~100	100~105
	03. 아메리카의 초국적 기업	100~103	100~103	94~97	98~101	101~105	106~109

	단원명	한끝	비상	동아	천재	미래엔	아침나라
VI 오세아니아와 극지방	01. 발전 가능성이 큰 오세아니아	112~115	108~113	104~107	106~109	112~117	116~121
	02. 태평양 지역의 환경 문제와 해결 방안 ~ 03. 극지방의 지리적 중요성과 지역 개발	116~121	114~123	108~115	110~117	118~125	122~129

차례

Ⅰ 세계화 시대, 지리의 힘

01 세계 여러 지역의 다양한 특성 ⋯⋯⋯⋯⋯⋯⋯⋯⋯ 010쪽

02 세계 각 지역의 공간적 상호 작용 ⋯⋯⋯⋯⋯⋯⋯⋯ 014쪽

03 세계와 지역의 상호 영향과 변화 ⋯⋯⋯⋯⋯⋯⋯⋯ 018쪽

Ⅱ 아시아

01 아시아의 국가 및 주요 도시와 자연환경 ⋯⋯⋯⋯⋯ 030쪽

02 아시아의 종교와 생활양식 ⋯⋯⋯⋯⋯⋯⋯⋯⋯⋯ 034쪽

03 아시아의 인구 구조와 변화 ⋯⋯⋯⋯⋯⋯⋯⋯⋯⋯ 038쪽

04 아시아의 산업 발달과 변화 ⋯⋯⋯⋯⋯⋯⋯⋯⋯⋯ 042쪽

Ⅲ 유럽

01 유럽의 국가 및 주요 도시와 자연환경 ⋯⋯⋯⋯⋯⋯ 054쪽

02 유럽 도시의 다양한 특성 ⋯⋯⋯⋯⋯⋯⋯⋯⋯⋯⋯ 058쪽

03 유럽의 통합과 분리 움직임 ⋯⋯⋯⋯⋯⋯⋯⋯⋯⋯ 062쪽

Ⅳ 아프리카

01 아프리카의 국가 및 주요 도시와 자연환경 074쪽

02 아프리카의 문화와 지역 잠재력 ~ 078쪽

03 아프리카의 지속가능한 발전을 위한 노력

Ⅴ 아메리카

01 아메리카의 국가 및 주요 도시와 자연환경 092쪽

02 다양한 민족과 인종으로 구성된 아메리카 096쪽

03 아메리카의 초국적 기업 100쪽

Ⅵ 오세아니아와 극지방

01 발전 가능성이 큰 오세아니아 112쪽

02 태평양 지역의 환경 문제와 해결 방안 ~ 116쪽

03 극지방의 지리적 중요성과 지역 개발

I

세계화 시대,
지리의 힘

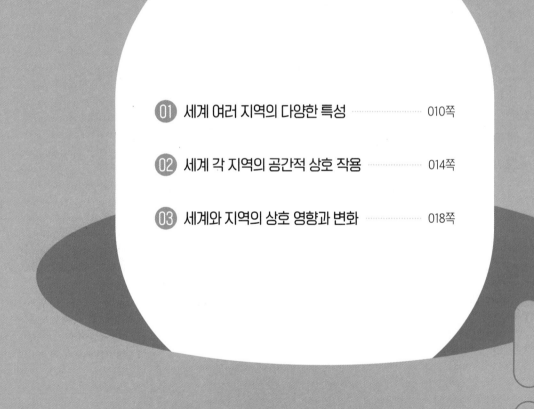

01 세계 여러 지역의 다양한 특성 010쪽

02 세계 각 지역의 공간적 상호 작용 014쪽

03 세계와 지역의 상호 영향과 변화 018쪽

01. 세계 여러 지역의 다양한 특성

◆ 위치가 지역에 미치는 영향

1 위치

(1) 의미: 일정한 곳에 차지하고 있는 자리 ┌ 우리나라는 북위 33°~43°, 동경 124°~132°에 있어.

절대적 위치	지구상의 위도·경도로 표현하거나 대륙·해양으로 표현하는 위치로, 거의 바뀌지 않음
상대적 위치	주변 국가와의 정치, 경제, 사회, 문화적 관계로 표현하는 위치로, 여러 상황에 따라 바뀜 └ 우리나라는 아시아 태평양의 경제 중심지야.

(2) 위치와 지역의 특성: 위치를 알면 지역의 자연환경과 인문환경을 파악할 수 있고, 지역의 특성을 이해할 수 있음

2 위치가 지역의 특성에 미치는 영향

(1) 위치에 따라 달라지는 모습 ┌ 위도가 낮은 적도 부근은 태양 에너지를 가장 많이 받고, 위도가 높은 극지방으로 갈수록 태양 에너지를 적게 받아.

① 적도에서 극지방으로 갈수록 기온이 낮아짐

② 내륙 지역이 해안 지역보다 기온의 +연교차가 크고, 연 강수량이 적음 [자료 1]

③ +지각이 불안정한 지역에서는 지진과 화산 활동이 발생함

④ 기온이 온화하고 하천 주변에 평지가 넓게 펼쳐진 지역은 도시와 여러 산업이 발달함 [자료 2]

⑤ 자연환경이 열악한 지역에서는 자연환경에 적응한 생활양식과 문화가 발달함

(2) 오늘날 위치의 중요성: 위치에 따라 다른 국가와의 무역, 국제 관계, 문화 교류 등이 달라질 수 있으므로 위치의 중요성이 커지고 있음

◆ 세계 여러 지역의 특성

1 세계 여러 지역의 다양성 [시험 단골] 경관 사진을 제시하고, 그러한 모습이 나타나는 이유를 묻는 문제가 자주 출제돼!

(1) 자연환경과 인문환경의 상호 작용: 지역의 자연환경과 인문환경 요소들이 서로 영향을 주고받으며 지역마다 고유한 특성이 나타남

(2) 지리적 다양성의 존중: 차이와 다양성을 인정하고 이해하며, 서로 다른 가치관이나 신념을 존중하는 세계시민으로서의 태도가 필요함

2 위치의 영향을 받은 세계 여러 지역의 특성 [자료 3]

아랍에미리트	사막이 넓게 분포 → 온몸을 감싸는 긴 옷을 입음
인도네시아	일 년 내내 덥고 습한 날씨 → 음식이 상하지 않도록 기름에 볶거나 향신료를 많이 사용함
일본	잦은 지진 피해 → 나무로 집을 지어 피해를 줄이려 함
페루	안데스 산지는 적도 부근이지만 해발 고도가 높음 → 고산 기후가 나타나면서 도시가 발달함
미국 중부	넓은 평원 분포 → 기계를 이용한 대규모 밀·옥수수 농사가 발달함
몽골	넓은 초원 분포 → 유목을 하며 이동식 가옥이 발달함
북극해 연안	농사를 지을 수 없는 기후 → 멀리 사냥을 나갈 때 잠시 머물기 위해 주변의 눈과 얼음으로 집을 지음

교과서 쏙 자료

[자료 1] 세계의 주요 지형

세계에는 다양한 지형이 분포하며, 지형에 따라 사람들의 생활양식도 다양하게 나타난다.

[자료 2] 세계의 기후 분포

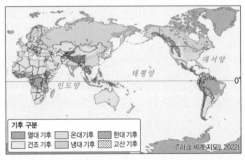

기후 구분		
열대 기후	온대기후	한대 기후
건조 기후	냉대 기후	고산 기후

『하크 세계지도』, 2022

세계의 기후는 기온과 강수량을 기준으로 열대·건조·온대·냉대·한대 기후 등으로 구분할 수 있다. 기후는 식생 분포뿐만 아니라 사람들의 생활양식에도 영향을 준다.

[자료 3] 위치의 영향을 받은 가옥 형태

↑ 게르 ↑ 이글루

농업에 불리한 기후가 나타나는 몽골과 북극해 근처에서는 유목과 사냥 등 이동 생활을 하는 경우가 많다. 몽골에서는 조립과 해체가 쉬운 이동식 가옥인 게르가 발달하였으며, 북극해 근처에서는 주변에서 쉽게 구할 수 있는 눈과 얼음으로 지은 집인 이글루가 발달하였다.

Plus 용어

+ **연교차** 일 년 중 평균 기온이 가장 높은 달과 가장 낮은 달의 차이

+ **지각** 지구를 구성하는 층 중 가장 바깥 껍질에 해당하는 얇은 층

대표 자료 확인하기

✦ 세계의 주요 지형

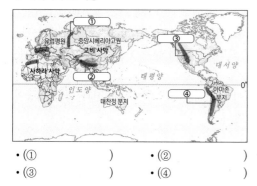

• ① (　　　　　　)　　• ② (　　　　　　)
• ③ (　　　　　　)　　• ④ (　　　　　　)

✦ 세계의 기후 분포

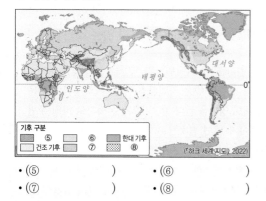

기후 구분		
⑤	⑥	한대 기후
건조 기후	⑦	⑧

「하크 세계 지도」, 2022)

• ⑤ (　　　　　　)　　• ⑥ (　　　　　　)
• ⑦ (　　　　　　)　　• ⑧ (　　　　　　)

한눈에 정리하기

✦ 위치의 의미와 유형

의미	일정한 곳에 차지하고 있는 자리
(① 　　　) 위치	지구상의 위도·경도로 표현하거나 대륙·해양으로 표현
(② 　　　) 위치	주변 국가와의 정치, 경제, 사회, 문화적 관계로 표현

✦ 세계 여러 지역의 다양한 모습

아랍 에미리트	(③ 　　　　　　)의 뜨거운 햇볕과 모래바람 때문에 온몸을 감싸는 긴 옷을 입음
인도네시아	연중 덥고 비가 많이 내려 향신료를 사용하거나 기름에 볶은 요리가 많음
일본	지진이 발생했을 때 피해를 줄이려고 (④ 　　　　　)(으)로 주택을 지음
페루	안데스 산지는 적도 부근이지만 해발고도가 높아 (⑤ 　　　) 기후가 나타나고 도시가 발달함

1　일정한 곳에 차지하고 있는 자리를 (　　　　　　)(이)라고 한다.

2　지역의 위치를 알면 기후, 지형 등 (㉠ 　　　　　　) 특성뿐만 아니라 인구, 산업, 문화 등 (㉡ 　　　　　　) 특성까지 이해할 수 있다.

3　위치에 따른 자연환경의 특성을 옳게 연결하시오.

(1) 내륙 지역　　　　•　　• ㉠ 연평균 기온이 높음
(2) 적도 주변 지역　•　　• ㉡ 기온의 연교차가 큼
(3) 지각이 불안정한 지역 •　• ㉢ 지진과 화산 활동이 발생함

4　다음 설명이 맞으면 ○표, 틀리면 ✕표를 하시오.

(1) 상대적 위치는 어떤 상황에도 바뀌지 않는다.　　(　　)
(2) 자연환경과 인문환경은 서로 영향을 주지 않는다.　(　　)
(3) 기후가 온화하고 하천 주변에 평지가 넓게 펼쳐진 지역에서는 도시와 여러 산업이 발달하였다.　(　　)

5　다음 괄호 안의 내용 중 알맞은 말에 ○표를 하시오.

(1) 적도에서 극지방으로 갈수록 태양 에너지를 적게 받아 기온이 (낮아진다, 높아진다).
(2) 지각이 불안정하여 (지진, 태풍)이 자주 발생하는 지역에서는 나무로 집을 짓는 경우가 많다.
(3) 일 년 내내 날씨가 덥고 비가 많이 내리는 지역은 음식이 쉽게 상하지 않도록 향신료를 (많이, 적게) 사용한다.

6　페루 안데스 산지 지역과 같이 적도 부근에 있지만 (　　　　　　)이/가 높은 지역에서는 고산 기후가 나타나 도시가 발달하였다.

01 밑줄 친 지역에 대한 설명으로 옳은 것은?

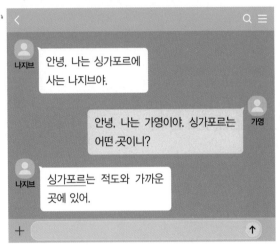

나지브 안녕. 나는 싱가포르에 사는 나지브야.

가영 안녕. 나는 가영이야. 싱가포르는 어떤 곳이니?

나지브 싱가포르는 적도와 가까운 곳에 있어.

① 저위도에 있어 연평균 기온이 높다.
② 평원이 발달하여 대규모로 밀 농사를 한다.
③ 온몸을 감싸는 형태의 긴 옷을 주로 입는다.
④ 일 년 내내 봄과 같은 온화한 날씨가 나타난다.
⑤ 지열을 활용한 온천과 간헐천을 쉽게 볼 수 있다.

> 이 문제에서 나올 수 있는 선택지는 다~!

02 위치에 대한 설명으로 옳지 않은 것은?

① 시대나 상황에 따라 변하기도 한다.
② 일정한 곳에 차지하고 있는 자리이다.
③ 지구상의 위도·경도로 표현할 수 있다.
④ 인구, 산업, 문화 등 인문환경에는 큰 영향을 주지 않는다.
⑤ 지역의 위치를 알면 어떤 지역이 어디에 있는지 파악할 수 있다.
⑥ 지역의 위치를 알면 지역의 기후, 지형 등 자연환경 특성을 파악할 수 있다.

03 상대적 위치에 대한 설명으로 옳은 것을 〈보기〉에서 고른 것은?

┤보기├
ㄱ. 위도와 경도를 활용하여 표현한다.
ㄴ. 시대나 상황에 따라 바뀌기도 한다.
ㄷ. 대륙과 해양을 통해 위치를 표현한다.
ㄹ. 주변 국가와의 문화적 관계로 표현할 수 있다.

① ㄱ, ㄴ   ② ㄱ, ㄷ   ③ ㄴ, ㄷ
④ ㄴ, ㄹ   ⑤ ㄷ, ㄹ

04 위치에 따른 자연환경 특성에 대한 설명으로 옳은 것은?

① 고위도 지역으로 갈수록 연평균 기온이 높아진다.
② 내륙 지역은 해안 지역보다 기온의 연교차가 작다.
③ 바다와의 거리는 연 강수량에 영향을 주지 않는다.
④ 해발 고도가 비교적 높은 곳은 주변 지역보다 기온이 높다.
⑤ 지각이 불안정한 지역에서는 지진과 화산 활동이 발생한다.

> 중요해

05 밑줄 친 ㉠~㉤의 내용 중 옳지 않은 것은?

㉠ 자연환경 특성은 위치의 영향을 크게 받는다. ㉡ 위치의 영향을 받은 자연환경 특성은 그 지역의 인문 환경에도 영향을 준다. ㉢ 기후가 온화하고 하천 주변에 평야가 넓게 펼쳐진 지역에는 많은 사람들이 모여 살면서 도시와 여러 산업이 발달하였다. 반면 지나치게 춥거나 건조한 지역, 높은 산지 지역 등은 인간이 거주하기 불리하다. ㉣ 이곳 주민들은 자연환경에 적응하면서 그들만의 의식주 등 생활양식과 문화를 만들며 살아간다. ㉤ 오늘날에는 교통과 통신이 발달하면서 위치의 중요성이 많이 약화되었다.

① ㉠   ② ㉡   ③ ㉢   ④ ㉣   ⑤ ㉤

06 ㉠에 들어갈 알맞은 내용을 쓰시오.

아랍에미리트는 건조 기후 지역으로 (㉠)이/가 발달하였다. (㉠)에서는 뜨거운 햇볕과 모래바람으로부터 몸을 보호하기 위해 온몸을 가리는 형태의 긴 옷을 입은 사람을 볼 수 있다.

(   )

07 다음 자료와 같은 생활 모습을 볼 수 있는 지역으로 옳은 것은?

↑ 나시고렝

이 지역은 기후의 영향으로 나시고렝과 같이 기름에 볶거나 향신료를 사용한 요리가 많다.

① 위도가 높은 지역
② 지각이 불안정한 지역
③ 눈이 많이 내리는 지역
④ 해발 고도가 높은 지역
⑤ 덥고 비가 많이 내리는 지역

어려워 ∨

08 지도의 A 지역에 대한 설명으로 옳은 것을 〈보기〉 에서 고른 것은?

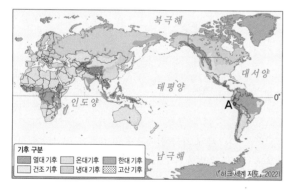

기후 구분
열대 기후 온대 기후 한대 기후
건조 기후 냉대 기후 고산 기후
(『하크 세계 지도』, 2022)

┤ 보기 ├
ㄱ. 적도 주변에 있어 기온이 높고 습하다.
ㄴ. 우리나라의 봄과 같은 날씨가 나타난다.
ㄷ. 농사짓기 어려워 사람이 살지 않는 지역이다.
ㄹ. 해발 고도가 높은 안데스산맥에 있는 지역이다.

① ㄱ, ㄴ   ② ㄱ, ㄷ   ③ ㄴ, ㄷ
④ ㄴ, ㄹ   ⑤ ㄷ, ㄹ

서술형 문제

01 미국 중부 지역에서 밑줄 친 농업이 발달한 까닭을 지역의 자연환경 특성과 관련 지어 서술하시오.

미국 중부 지역에서는 기계를 활용하여 대규모로 밀과 옥수수 등을 재배하는 농업이 발달하였다.

_____

_____

_____

02 ㈎, ㈏와 같은 가옥 형태를 볼 수 있는 지역의 공통 점을 위치와 관련지어 서술하시오.

㈎   ㈏

↑ 몽골의 게르   ↑ 북극해 연안의 이글루

_____

_____

_____

02. 세계 각 지역의 공간적 상호 작용

❖ 새로 연결된 지역

1 지역의 연결

(1) **지역이 연결되는 까닭**: 지역 간에 부족한 것을 채우기 위해 사람과 _⁺물자 등이 이동하는 과정에서 지역이 서로 연결됨 └ 지역마다 생산되는 천연자원, 농산물, 공업 제품 등이 서로 달라.

(2) **상호 협력의 필요성에 따른 지역의 연결 사례**

자유 무역 협정(FTA)	국가 간에 상품·서비스 등을 자유롭게 사고팔기 위함
유럽 연합(EU)	유럽의 정치·경제 통합을 실현하기 위함
국제 연합(UN)	세계 평화와 안전 보장을 위함

2 연결된 세계에 대한 인식

(1) **⁺네트워크로의 세계**: 교통과 통신이 발달하면서 각 지역은 이전보다 더욱 긴밀하게 연결되어 네트워크를 형성함 자료❶

(2) **연결된 세계에 대한 인식의 중요성**

① 어느 한 지역을 이해하려면 해당 지역이 네트워크상에서 어느 위치에 있는지, 다른 지역과는 기능적으로 어떻게 연결되어 있는지 파악하는 것이 중요함

② 세계시민으로서 우리 삶이 세계와 긴밀하게 연결되어 있다는 사실을 인식하고 세계 여러 지역에서 벌어지는 다양한 현상에 관심을 가져야 함

❖ 세계 각 지역의 다양한 공간적 상호 작용

1 공간적 상호 작용

(1) **의미**: 지역 간 사람, 물자, 상품과 서비스, 정보 등의 이동과 소통이 이루어지는 것

(2) **공간적 상호 작용의 증가 요인** 시험단골 공간적 상호 작용이 증가한 배경을 묻는 문제가 자주 출제돼!

교통의 발달	사람과 물자의 이동이 더욱 쉽고 빨라졌으며, 이동할 수 있는 공간적 범위가 확대됨 자료❷
통신의 발달	다양한 정보를 시간과 거리에 관계없이 빠르게 주고받을 수 있게 됨 자료❸

(3) **사례**: 항공기를 타고 세계를 여행하는 것, 먼 지역에서 보낸 물건을 받는 것, 사회 관계망 서비스(SNS)로 전 세계 사람들이 실시간으로 소통하는 것 등

2 다양한 규모의 공간적 상호 작용

세계적 규모의 공간적 상호 작용	지구 반대편에서 하는 스포츠 경기를 실시간으로 보는 것, 특정 국가에서 생산한 제품을 전 세계에 판매하는 것 등 └ 전 세계에 걸쳐 생산·유통·판매 활동을 하는 초국적 기업에서 특히 활발하게 나타나.
국가적·지역적 규모의 공간적 상호 작용	전국 곳곳에서 열리는 지역 축제에 방문하여 지역 특산물을 사는 것, 스마트폰 애플리케이션으로 음식을 주문하고 배달 받는 것 등

교과서 속 자료

자료❶ 다양한 공간 스케일에서의 상호 작용

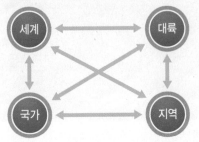

세계는 다양한 규모에서 서로 겹겹이 연결되어 있다. 네트워크를 통한 인식은 세계적 수준에서 지역 수준까지 다양한 공간 스케일에서 발생한다.

자료❷ 세계의 항공 네트워크

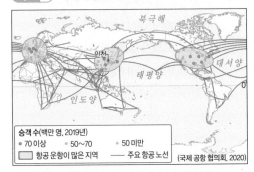

전 세계는 항공을 비롯한 여러 교통 네트워크로 연결되어 있다. 특히 세계 주요 도시의 공항들은 항공 노선으로 연결되어 있고 항공기 운항 횟수가 많아 사람과 화물의 이동에 중요한 역할을 한다.

자료❸ 세계의 주요 해저 케이블망

세계 각국에는 국가 및 대륙을 연결하여 정보를 주고받을 수 있는 세계 해저 케이블 네트워크가 구축되어 있다. 해저 케이블을 이용하여 실시간으로 정보를 주고받을 수 있게 되었다.

Plus 용어

+ **물자** 물건을 만드는 재료 또는 재료를 활용하여 생성된 것
+ **네트워크** 장소, 사람, 시설 등이 그물망처럼 연결되어 있는 것

대표 자료 확인하기

✦ 세계의 항공 네트워크

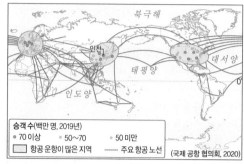

승객 수(백만 명, 2019년)
• 70 이상   • 50~70   • 50 미만
☐ 항공 운항이 많은 지역   — 주요 항공 노선
(국제 공항 협의회, 2020)

전 세계는 항공을 비롯한 여러 교통 네트워크로 연결되어 있다. 어느 한 지역을 이해하려면 해당 지역이 (①) 상에서 어느 위치에 있는지, 다른 지역과 어떻게 연결되어 있는지 파악하는 것이 중요하다.

✦ 세계의 주요 해저 케이블망

케이블 수(개)
— 10 이상
— 5~10
— 2~5
— 1
(『하크 세계 지도』, 2022)

해저 케이블은 세계 각국 및 대륙을 연결하고 있다. 해저 케이블을 이용하여 실시간으로 (②) 을/를 주고받을 수 있게 되었다.

한눈에 정리하기

✦ 지역의 연결성 증가

지역이 연결되는 까닭	지역 간에 부족한 것을 채우기 위해 사람과 물자 등이 이동하는 과정에서 지역이 서로 연결됨
연결된 세계에 대한 인식	세계 각 지역은 긴밀하게 연결되어 (①)을/를 형성함

✦ 공간적 상호 작용

의미	(②) 간 사람, 물자, 상품과 서비스, 정보 등의 이동과 소통이 이루어지는 것
증가 요인	교통 발달로 이동할 수 있는 공간적 범위가 확대되고, 통신 발달로 시간과 거리에 관계 없이 빠르게 정보를 주고받을 수 있게 됨

1 세계 각 지역은 국가 간에 상품·서비스 등을 자유롭게 사고팔기 위한 ( ) 등 상호 협력의 필요성에 따라 연결되고 있다.

2 다음 설명이 맞으면 ○표, 틀리면 ✕표를 하시오.

(1) 세계는 모두 같은 자연환경과 인문환경을 가진 지역으로 구성되어 있다. ( )

(2) 통신이 발달하면서 다양한 정보를 시간과 거리에 관계없이 빠르게 주고받을 수 있게 되었다. ( )

3 교통과 통신이 발달하면서 세계 각 지역은 이전보다 더욱 긴밀하게 연결되어 ( )을/를 형성하고 있다.

4 지역 간 사람, 물자, 상품과 서비스, 정보 등의 이동과 소통이 이루어지는 것을 ( )(이)라고 한다.

5 규모에 따른 공간적 상호 작용 사례를 옳게 연결하시오.

(1) 세계적 규모 •

(2) 국가적·지역적 규모 •

• ㉠ 애플리케이션으로 음식을 주문하고 배달 받는 것

• ㉡ 외국에서 하는 스포츠 경기를 실시간으로 관람하는 것

6 다음 설명이 맞으면 ○표, 틀리면 ✕표를 하시오.

(1) 공간적 상호 작용은 교통과 통신의 발달로 더욱 증가하게 되었다. ( )

(2) 어느 한 지역을 이해하려면 다른 지역과 어떻게 연결되어 있는지 파악하는 것이 중요하다. ( )

(3) 공간적 상호 작용은 세계적 규모에서 활발하고 국가와 지역 안에서는 아직 미흡한 상태이다. ( )

01 다음과 같은 상황이 가능해진 까닭으로 옳은 것은?

> • 먼 지역에서 보낸 물건을 빠르게 받을 수 있다.
> • 우리나라에서 생산한 물건을 전 세계로 판매한다.

① 이동하는 데 걸리는 시간이 늘어났다.
② 교통과 통신 기술이 빠르게 발달하였다.
③ 개인의 활동 범위가 지역으로 한정되었다.
④ 다른 지역으로 이동하는 데 제약이 커졌다.
⑤ 교통수단으로 이동할 수 있는 거리가 줄어들었다.

이 문제에서 나올 수 있는 선택지는 다~!

02 교통과 통신의 발달에 따라 이전과 달라진 생활 모습으로 옳지 <u>않은</u> 것은?

① 항공기를 타고 세계 곳곳을 여행할 수 있다.
② 경제활동은 국가에 한정되어 이루어지고 있다.
③ 외국에 사는 고모가 보낸 선물을 받을 수 있다.
④ 인터넷을 이용해 세계의 소식을 빠르게 알 수 있다.
⑤ 다른 국가의 기업에서 생산한 스마트폰을 구매할 수 있다.
⑥ 다른 국가에 사는 친구와 실시간으로 영상 통화를 할 수 있다.

03 다음 사례에서 나타나는 현상에 대해 옳은 설명을 한 학생을 고른 것은?

> 대한민국에 사는 김○○씨는 미국의 유명 인터넷 쇼핑몰에서 운동화를 주문하였다. 주문한 상품은 베트남에서 만들어져 김○○씨에게 배송된다.

> • 가영: 이러한 현상을 공간적 상호 작용이라고 해.
> • 나영: 상품의 이동은 같은 지역 내에서 이루어지고 있어.
> • 다영: 이러한 현상은 교통수단이 발달하면서 점차 증가하고 있어.
> • 라영: 이러한 현상은 통신 기술이 발달하면서 점차 감소하고 있어.

① 가영, 나영 ② 가영, 다영 ③ 나영, 다영
④ 나영, 라영 ⑤ 다영, 라영

04 다음과 같은 활동이 가능하게 된 까닭으로 적절한 것을 〈보기〉에서 고른 것은?

> 오늘날에는 전 세계 누구와도 영상 통화나 화상 회의 애플리케이션을 이용하여 실시간으로 정보를 주고받을 수 있다. 또한 화상 회의 기능을 이용하여 여러 나라의 사람들과 오케스트라 합주를 즐기기도 한다.

┤보기├
ㄱ. 항공기가 등장하였다.
ㄴ. 스마트폰이 대중화되었다.
ㄷ. 전자 상거래가 감소하였다.
ㄹ. 영상 전송 속도가 향상되었다.

① ㄱ, ㄴ ② ㄱ, ㄷ ③ ㄴ, ㄷ
④ ㄴ, ㄹ ⑤ ㄷ, ㄹ

중요해

05 다음은 공간적 상호 작용에 대한 설명이다. 밑줄 친 ㉠~㉤ 중 옳지 <u>않은</u> 것은?

> 교통과 통신의 발달로 ㉠ 사람, 상품, 서비스, 정보 등이 국경을 넘어 활발하게 이동하고 있다. 이에 따라 ㉡ 국가, 지역, 개인 등 여러 주체들은 서로 상호 작용을 하면서 세계적 규모의 연계성을 갖게 되었다. ㉢ 세계적 범위에서 공간적 상호 작용이 이루어지고 있으며, 특히 전 세계에 걸쳐 생산·유통·판매 활동을 하는 ㉣ 초국적 기업에서 이러한 상호 작용이 더욱 활발하게 나타나고 있다. 세계적 규모의 공간적 상호 작용이 증가하면서 ㉤ 국가나 지역적 규모의 상호 작용은 감소하였다.

① ㉠ ② ㉡ ③ ㉢ ④ ㉣ ⑤ ㉤

06 세계적 규모의 공간적 상호 작용 사례로 옳은 것은?

① 이웃 지역에서 생산된 특산물을 구입한다.
② 초국적 기업에서 생산한 티셔츠를 구입한다.
③ 전국 곳곳에서 열리는 지역 축제에 방문한다.
④ 스마트폰 애플리케이션으로 음식을 주문하고 배달받는다.
⑤ 주말에 다른 지역으로 가서 축구 동호회 사람들과 축구 시합을 한다.

07 그래프는 세계에서 이용객이 많은 항공 노선 순위를 나타낸 것이다. 이에 대한 분석으로 옳은 것은?

순위	국가 / 노선	이용객
1	대한민국 서울~제주	110만 359
2	일본 도쿄~삿포로	107만 6,317
3	베트남 하노이~호찌민	97만 7,591
4	일본 도쿄~후쿠오카	94만 4,938
5	오스트레일리아 시드니~멜버른	81만 1,441

*2023년 8월 기준 좌석 수임. (영국 항공 정보 업체 OGA, 2023)

① 항공기의 발달로 국가 내 이동이 감소하였다.
② 특정 지역을 벗어나려는 움직임이 증가하였다.
③ 통신 기술의 발달로 지역 내 연계성이 높아졌다.
④ 국가와 국가를 연결하는 노선의 이용객이 가장 많다.
⑤ 세계뿐만 아니라 국가와 지역 내에서 상호 작용도 활발하다.

어려워 ▽

08 다음 자료에 대한 설명으로 옳은 것만을 〈보기〉에서 있는 대로 고른 것은?

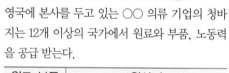

영국에 본사를 두고 있는 ○○ 의류 기업의 청바지는 12개 이상의 국가에서 원료와 부품, 노동력을 공급 받는다.

원료·부품	원산지
데님	베냉에서 자란 목화로 만들었으며, 독일에서 만든 염료로 이탈리아에서 직조하고 염색함
실	영국, 튀르키예, 헝가리에서 만든 실을 에스파냐에서 염색함
황동 버튼	나미비아산 구리와 오스트레일리아산 아연을 사용해 독일에서 만듦
지퍼	일본의 기술로 프랑스에서 제조함

┤ 보기 ├
ㄱ. 초국적 기업의 제품 생산 사례이다.
ㄴ. 청바지 생산에 여러 국가가 참여하고 있다.
ㄷ. 이러한 생산 활동은 교통이 발달하면서 가능해졌다.
ㄹ. 공간적 상호 작용이 증가하면 이러한 생산 활동은 감소한다.

① ㄱ, ㄴ ② ㄴ, ㄹ ③ ㄱ, ㄴ, ㄷ
④ ㄱ, ㄷ, ㄹ ⑤ ㄴ, ㄷ, ㄹ

서술형 문제

01 제시어를 모두 사용하여 공간적 상호 작용의 의미를 서술하시오.

• 소통 • 이동 • 지역

02 국가적·지역적 규모의 공간적 상호 작용 사례를 두 가지 서술하시오.

03 다음 자료를 참고하여 해저 케이블의 역할과 해저 케이블망이 구축된 이후 나타난 변화를 공간적 상호 작용의 측면에서 서술하시오.

(『하크 세계 지도』, 2022)

03. 세계와 지역의 상호 영향과 변화

세계화가 지역에 미치는 영향

1 세계화

(1) **의미**: 정치·경제·사회·문화 등의 인간 활동이 해당 지역이나 국가의 경계를 넘어 전 세계로 확대되는 현상

(2) **등장 배경**: 교통수단과 통신 기술이 발달하면서 시·공간 거리가 단축됨 → 지역 간 사람, 물자, 정보의 교류가 활발해짐

(3) **영향**: 지역 간 상호 의존성이 더욱 높아지고, 국경의 의미와 역할은 점차 줄어듦

2 세계화에 따른 지역의 변화

(1) **경제의 세계화** 자료 1 ┌─ 무역 자유화를 통해 전 세계적인 경제 발전을 목적으로 하는 국제기구야.

배경	세계 무역 기구(WTO)의 출범과 초국적 기업의 등장으로 상품과 생산 요소의 국가 간 자유로운 이동이 가능해짐
영향	• 전 세계가 하나의 거대한 시장으로 *통합됨 • 경제의 세계화가 일부 지역을 중심으로 이루어지면서 지역 간 경쟁이 심해지고 경제적 격차가 커지기도 함

(2) **문화의 세계화** 자료 2

배경	세계화로 세계 여러 지역의 다양한 분야의 문화가 확산됨
영향	• 전 세계 사람들이 같은 문화를 비슷한 시기에 함께 즐길 수 있게 됨 • 세계로 널리 퍼진 문화는 각 지역의 특성에 맞게 지역 문화와 융합되기도 함 • 지역의 전통문화가 *소멸되거나 정체성이 훼손될 수 있음 ┐

└─ '문화의 획일화'라고 해.

지역화가 세계에 미치는 영향

1 지역화

(1) **의미**: 지역적인 것이 세계적 차원에서 독자적인 가치를 지니게 되는 현상

(2) **등장 배경**: 세계화로 세계가 통합되는 가운데, 세계 각 지역은 고유한 전통이나 특성을 살려 다른 지역보다 독특하고 차별화된 경쟁력을 갖추고자 노력함

2 지역화에 따른 세계의 변화

(1) **지역화 전략** ┌─ I♥NY(뉴욕), I AMSTERDAM(암스테르담), SEOUL MY SOUL(서울) 등이 대표적이야.

지역 브랜드	지역의 상품이나 서비스, 축제 등을 특별한 상표로 인식하게 만드는 전략
장소 마케팅	지역의 특정 장소를 매력적인 상품으로 만드는 전략
지리적 표시제 자료 3	특정 지역의 기후, 지형, 토양 등의 지리적 요인과 관련 있는 상품에 생산지의 이름을 상표로 사용하는 제도

(2) **지역의 변화가 세계에 미친 영향**: 세계와 지역의 변화는 서로 영향을 주며 역동적으로 상호 작용함 → 세계시민으로서의 참여와 실천이 중요함 예 쿠리치바(브라질), 가스탕(영국) 등

교과서 쏙 자료

자료 1 국가별 패스트푸드점 분포

M사 매장이 있는 국가

대표적 햄버거 패스트푸드점인 M사는 전 세계 100개 이상의 국가에 진출해 있다. 우리나라에서 판매되는 M사 햄버거에 사용하는 소고기는 오스트레일리아에서, 새우는 타이에서 생산된 것이다. 이처럼 생산, 유통, 소비가 전 세계에 걸쳐 이루어진다.

자료 2 일상생활에서 볼 수 있는 문화의 세계화

↑ 피자   ↑ 재즈

피자는 이탈리아에서 유래하여 미국으로 전파되었다. 이후 피자의 크기가 커지고, 피자 속 재료가 다양해지면서 전 세계로 퍼져 나갔다. 재즈는 미국 남부에서 유럽의 악기와 아프리카의 리듬, 아프리카계 미국인의 감성 등을 바탕으로 탄생한 음악 분야이다. 오늘날 전 세계적으로 널리 연주되고 있다.

자료 3 지리적 표시제 상품

콜롬비아
콜롬비아(커피)

인도
다르질링(차)

에스파냐
아라곤(올리브유)

(세계 지적 재산권 기구(WIPO), 2023)

지리적 표시제는 특정 지역의 지리적 특성을 반영한 우수한 상품이 그 지역에서 생산·가공되었음을 증명하고 표시하는 제도이다.

Plus 용어

+ **통합** 둘 이상의 조직이나 기구를 하나로 합치는 것
+ **소멸** 사라져 없어지는 것

STEP **2** 개념 확인

대표 자료 확인하기

✦ 국가별 패스트푸드점 분포

경제의 (①   )(으)로 생산, 유통, 소비가 전 세계에 걸쳐 이루어지면서 세계의 시장이 하나로 통합되고 있다.

✦ 지리적 표시제 상품

세계 각 지역은 지리적 표시제를 비롯하여 지역 브랜드, 장소 마케팅 등 (②   ) 전략을 추진하여 지역의 경쟁력을 높이고 있다.

한눈에 정리하기

✦ 세계화와 지역화의 의미

세계화	정치·경제·사회·문화 등의 인간 활동이 해당 지역이나 국가의 (①) 을/를 넘어 전 세계로 확대되는 현상
지역화	지역적인 것이 세계적 차원에서 독자적인 (②)을/를 지니게 되는 현상

✦ 지역화 전략

지역 브랜드	지역의 상품이나 서비스, 축제 등을 특별한 (③) (으)로 인식하게 만드는 전략
(④)	지역의 특정 장소를 매력적인 상품으로 만드는 전략
지리적 표시제	특정 지역의 기후, 지형, 토양 등의 (⑤) 요인과 관련 있는 상품에 생산지의 이름을 상표로 사용하는 제도

---

1 정치·경제·사회·문화 등의 인간 활동이 해당 지역이나 국가의 경계를 넘어 전 세계로 확대되는 현상을 (   )(이)라고 한다.

2 다음 설명이 맞으면 ○표, 틀리면 ✕표를 하시오.

(1) 교통수단과 통신 기술이 발달하면서 시·공간 거리가 연장되었다. (   )

(2) 경제의 세계화로 세계가 하나의 거대한 시장으로 통합되고 있다. (   )

(3) 세계화로 지역의 전통문화가 소멸하거나 정체성이 훼손될 수 있다. (   )

3 다음 괄호 안의 내용 중 알맞은 말에 ○표를 하시오.

(1) (세계화, 지역화)로 널리 퍼진 문화는 각 지역의 특성에 맞게 지역 문화와 융합하기도 한다.

(2) (국제 연합, 세계 무역 기구)의 출범으로 상품, 자본, 노동력 등 생산 요소가 국가 간에 자유롭게 이동하게 되었다.

4 지역적인 것이 세계적 차원에서 독자적인 가치를 지니게 되는 현상을 (   )(이)라고 한다.

5 다음에서 설명하는 지역화 전략을 〈보기〉에서 골라 기호를 쓰시오.

┌─ 보기 ┐
ㄱ. 장소 마케팅   ㄴ. 지역 브랜드   ㄷ. 지리적 표시제
└─────────────────┘

(1) 지역의 특정 장소를 매력적인 상품으로 만드는 전략 (   )

(2) 지역의 상품이나 서비스, 축제 등을 특별한 상표로 인식하게 하는 전략 (   )

(3) 특정 지역의 지리적 요인과 관련 있는 상품에 생산지의 이름을 상표로 사용하는 제도 (   )

6 다음 설명이 맞으면 ○표, 틀리면 ✕표를 하시오.

(1) 세계 각 지역은 다른 지역보다 독특하고 차별화된 경쟁력을 갖추고자 노력하고 있다. (   )

(2) 세계와 지역의 변화는 서로 영향을 주며 역동적으로 상호 작용한다. (   )

03. 세계와 지역의 상호 영향과 변화 **019**

01 다음 사례와 관련 있는 현상으로 옳은 것은?

> • 다른 나라에서 유래한 음식을 우리나라에서도 맛볼 수 있다.
> • 우리나라의 영화, 드라마, 인터넷 만화 등이 해외로 수출되고 있다.
> • 김치와 불고기 등 우리나라의 음식이 외국인들 사이에서 큰 인기를 얻고 있다.

① 고령화 ② 도시화 ③ 산업화
④ 세계화 ⑤ 지역화

02 ㉠에 들어갈 국제기구를 쓰시오.

> 세계화는 여러 분야에 걸쳐 다양한 영향을 미치고 있다. 특히 (㉠)의 출범과 초국적 기업의 등장으로 전 세계가 거대한 하나의 시장으로 통합되고 있다.

(   )

중요해

03 선생님의 질문에 옳게 대답한 학생을 고른 것은?

> • 선생님: 세계화가 우리의 생활에 미친 영향은 무엇인가요?
> • 가영: 지역이나 국가의 경계가 더욱 강화되고 있어요.
> • 나영: 우리나라에서 생산한 물건만 구매할 수 있게 되었어요.
> • 다영: 전 세계 사람들이 같은 문화를 비슷한 시기에 즐길 수 있게 되었어요.
> • 라영: 서구 문화가 널리 퍼지면서 지역의 전통문화가 소멸하는 상황도 발생하고 있어요.

① 가영, 나영 ② 가영, 다영 ③ 나영, 다영
④ 나영, 라영 ⑤ 다영, 라영

04 세계화가 경제에 미친 영향으로 가장 적절한 것은?

① 세계 각지 사람들이 청바지를 즐겨 입는다.
② 서구 문화의 유입으로 지역 문화가 훼손되고 있다.
③ 세계의 다양한 음식을 우리나라에서 먹을 수 있다.
④ 우리나라의 음악이 외국 학생들에게 가장 인기 있는 음악으로 선정되기도 한다.
⑤ 상품과 생산 요소가 자유롭게 이동하면서 세계가 하나의 시장으로 통합되고 있다.

어려워 ▽

05 다음과 같은 현상에 대한 설명으로 가장 적절한 것은?

> 피자는 밀가루 반죽을 얇고 넓게 편 후 다양한 재료를 올려 구워 낸 것으로, 이탈리아에서 유래하였다. 19세기 말 이탈리아 이민자들이 미국으로 이주하면서 피자가 미국에 전파되었다. 이후 피자의 크기가 커지고, 피자 속 재료가 다양해지면서 전 세계로 퍼져 나가게 되었다. 우리나라에서는 불고기를 올린 불고기 피자가 판매되고 있다.

① 생산 요소의 국제적 이동이 감소하였다.
② 문화의 세계화로 전 세계의 문화가 동일해지고 있다.
③ 세계화에 대한 반발로 지역의 전통 문화가 강화되고 있다.
④ 초국적 기업의 등장으로 세계 시장이 하나로 통합되고 있다.
⑤ 세계화로 퍼진 문화는 지역의 문화와 융합되어 변화하기도 한다.

06 장소 마케팅에 대한 설명으로 옳은 것을 〈보기〉에서 고른 것은?

> ┤보기├
> ㄱ. 지역 경제 활성화에 기여한다.
> ㄴ. 세계의 보편적인 이미지를 만들게 된다.
> ㄷ. 지역을 홍보하여 관광 산업이 활성화된다.
> ㄹ. 지역 축제를 개최하면 지역 정체성이 훼손된다.

① ㄱ, ㄴ ② ㄱ, ㄷ ③ ㄴ, ㄷ
④ ㄴ, ㄹ ⑤ ㄷ, ㄹ

07 지도와 관계 깊은 지역화 전략에 대한 설명으로 옳은 것은?

(세계 지적 재산권 기구(WIPO), 2023)

① 지역의 경쟁력을 약화하는 전략이다.
② 전 세계의 공통된 문화를 상품화하는 것이다.
③ 지역의 특정 장소를 매력적인 상품으로 만드는 것이다.
④ 지역의 서비스나 축제를 특별한 상표로 인식하게 만드는 것이다.
⑤ 특정 지역의 지리적 요인과 관련 있는 상품에 생산지의 이름을 붙이는 것이다.

08 (가)에 들어갈 탐구 주제로 가장 적절한 것은?

• 탐구 주제: _____(가)
• 탐구 자료
1970년대 뉴욕시는 경기침체의 위기 상황을 벗어나고 부정적인 뉴욕의 이미지를 바꾸기 위해 'I ♥ NY'을 만들었다. 이후 뉴욕시는 활기찬 도시로 이미지를 탈바꿈하고 많은 사람이 찾는 도시가 되었다.

↑ 뉴욕의 기념품 가게

① 초국적 기업의 현지화 전략
② 지역 축제를 통한 관광객 유치
③ 지역 브랜드 개발과 지역 발전
④ 세계화의 확산과 문화의 획일화
⑤ 지리적 표시제가 지역 경제에 미치는 영향

서술형 문제

01 자료를 읽고 물음에 답하시오.

← 재즈를 연주하는 모습

재즈는 20세기 초 무렵 미국 남부 루이지애나주의 뉴올리언스에서 유럽의 악기와 아프리카의 리듬, 아프리카계 미국인의 감성 등을 바탕으로 탄생한 음악 분야이다. 진행되는 음악의 큰 틀 안에서 즉흥적으로 연주하는 것이 큰 특징이며, 오늘날 전 세계적으로 널리 연주되고 있다.

(1) 위 사례와 같은 현상을 무엇이라고 하는지 쓰시오.

_____

(2) 일상생활에 볼 수 있는 (1)의 영향을 두 가지 서술하시오.

_____

_____

_____

02 ㉠에 들어갈 용어를 쓰고, 그 의미를 서술하시오.

지역은 지역 브랜드, 장소 마케팅, 지리적 표시제 등 (㉠) 전략으로 다른 지역과 차별화된 이미지를 만들고, 관광객을 불러 모아 지역 경제를 활성화하고 있다.

_____

_____

_____

❶ 세계의 기후 분포

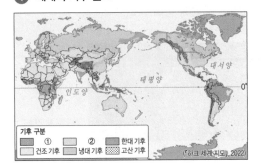

기후 구분
□ ① □ 건조 기후 □ ② □ 냉대 기후 □ 한대 기후 □ 고산 기후
(「하크 세계 지도」, 2022)

세계의 기후는 기온과 강수량을 기준으로 하여 ①□□ □□, 건조 기후, ②□□□, 냉대 기후, 한대 기후 등으로 구분할 수 있다.

정답 | ① 열대 기후 ② 온대 기후

❷ 위치의 영향을 받은 가옥 형태

⬆ 게르

⬆ 이글루

농업에 불리한 기후가 나타나는 몽골과 북극해 근처에서는 유목과 사냥 등 이동 생활을 하는 경우가 많다. 몽골에서는 조립과 해체가 쉬운 이동식 가옥인 ①□□□이/가 발달하였으며, 북극해 근처에서는 주변에서 쉽게 구할 수 있는 눈과 얼음으로 지은 집인 ②□□□이/가 발달하였다.

정답 | ① 게르 ② 이글루

❸ 세계의 항공 네트워크

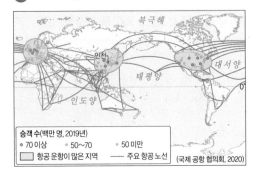

승객 수(백만 명, 2019년)
• 70 이상 • 50~70 • 50 미만
□ 항공 운항이 많은 지역 — 주요 항공 노선
(국제 공항 협의회, 2020)

①□□과/와 통신의 발달로 시간과 공간의 제약이 줄었고, 사람과 물자의 이동, 정보의 전달 등이 쉽고 빠르게 진행되면서 공간적 상호 작용이 급격히 ②□□하였다.

정답 | ① 교통 ② 증가

01 세계 여러 지역의 다양한 특성

✦ 위치의 중요성

(①)	일정한 곳을 차지하는 자리
위치와 지역의 특성	위치를 알면 기후, 지형 등 (②) 특성뿐만 아니라 인구, 산업, 문화 등 (③) 특성까지 이해할 수 있음

✦ 위치가 지역의 특성에 미치는 영향 ❶

자연 환경	• 저위도에서 고위도로 갈수록 (④)이/가 낮아짐 • 내륙 지역은 해안 지역보다 기온의 (⑤)이/가 크고 연 강수량이 적음 • (⑥)이/가 불안정한 지역에서는 지진과 화산 활동이 발생
인문 환경	• 기후가 온화하고 지형이 평탄한 곳에서는 도시와 산업이 발달함 • 자연환경이 열악한 지역에서는 자연환경에 적응한 생활양식과 문화가 발달함
위치의 중요성	위치에 따라 무역, 국제 관계, 문화 교류 등이 달라질 수 있으므로 위치의 중요성이 커지고 있음

✦ 세계 여러 지역의 다양한 특성 ❷

아랍 에미리트	사막이 넓게 발달 → 온몸을 감싸는 긴 옷을 입음
인도네시아	일 년 내내 덥고 습한 날씨 → 기름에 볶거나 (⑦)이/가 많이 들어간 음식 발달
일본	잦은 지진 피해 → (⑧)(으)로 집을 지음
페루	(⑨)가 나타남 → 오래전부터 도시가 발달함
몽골	넓은 초원 → 유목 생활을 위한 (⑩) 가옥 발달
미국 중부	넓은 평원 발달 → 기계를 이용한 대규모 밀·옥수수 농사가 발달
북극해 연안	농사가 어려운 기후 → 멀리 사냥을 나갈 때 잠시 머물기 위해 주변의 눈과 얼음으로 집을 지음

정답 | ① 위치 ② 자연환경 ③ 인문환경 ④ 기온 ⑤ 연교차 ⑥ 지각 ⑦ 향신료 ⑧ 내진 설계 ⑨ 고산 기후 ⑩ 이동식

02 세계 각 지역의 공간적 상호 작용

✦ 새로 연결된 지역 ❸

지역이 연결되는 까닭	지역 간에 부족한 것을 채우기 위해 사람과 물자 등이 이동하는 과정에서 상호 작용이 발생함
연결된 세계에 대한 인식의 중요성	(⑪)(으)로서 우리 삶이 세계와 긴밀하게 연결되어 있다는 사실을 인식하고 세계 여러 지역에서 벌어지는 다양한 현상에 관심을 가져야 함

✦ 공간적 상호 작용 ❹

의미		지역 간 사람, 물자, 상품과 서비스, 정보 등의 이동과 소통이 이루어지는 것
증가 배경	교통의 발달	사람과 물자 이동이 더욱 쉽고 빨라졌으며 이동할 수 있는 (⑫) 범위가 확대됨
	통신의 발달	다양한 정보를 시간과 거리에 제약 없이 주고받을 수 있게 됨

✦ 다양한 규모의 공간적 상호 작용

세계적 규모	해외여행, 다른 국가에서 하는 스포츠 경기를 실시간으로 관람, 특정 국가 생산 제품의 전 세계 판매 등 → (⑬) 기업에서 이러한 상호 작용이 더욱 활발함
국가적·지역적 규모	지역 축제에 방문하여 지역 특산물 구입, 스마트폰 애플리케이션으로 음식을 주문하고 배달 받는 것 등

| 정답 | ⑪ 시공간적 ⑫ 초국적 ⑬ 초국적

03 세계와 지역의 상호 영향과 변화

✦ 세계화가 지역에 미치는 영향 ❺

세계화		정치, 경제, 사회, 문화 등의 인간 활동이 해당 지역이나 국가의 경계를 넘어 전 세계로 확대되는 현상
원인		교통과 통신의 발달, (⑭)의 출범, 초국적 기업의 등장
영향	경제적 변화	• 상품과 생산 요소가 국가 간 자유롭게 이동함 • 전 세계가 거대한 하나의 시장으로 통합됨
	문화적 변화	• 널리 퍼진 문화가 지역 문화와 (⑮)되기도 함 • 지역의 전통 문화 소멸, 정체성 훼손되기도 함

✦ 지역화가 세계에 미치는 영향 ❻

지역화		지역적인 것이 세계적 차원에서 독자적인 가치를 지니게 되는 현상
지역화 전략	지역 브랜드	지역의 상품이나 서비스, 축제 등을 특별한 상표로 인식하게 만드는 전략
	(⑯)	지역의 특정 장소를 매력적인 상품으로 만드는 전략
	지리적 표시제	지역의 지리적 요인과 관련 있는 상품에 생산지의 이름을 상표로 사용하는 제도
지역의 변화가 세계에 미치는 영향		지역의 긍정적인 변화는 세계에도 영향을 미침 → 세계시민으로서 참여와 실천이 중요

| 정답 | ⑭ 세계무역기구 ⑮ 융합 ⑯ 장소 마케팅

❹ 세계의 주요 해저 케이블망

("하크 세계 지도", 2022)

세계 각국에는 국가 및 대륙을 연결하는 정보 통신망인 해저 케이블 네트워크가 구축되어 있다. 이러한 통신 기술의 발달로 세계적 규모의 ①▢▢▢▢▢▢이/가 활발히 이루어짐과 동시에 국가나 지역 내에서도 여러 주체들 간 ②▢▢▢이/가 높아지고 있다.

| 정답 | ① 공간적 상호 작용 ② 상호 의존성

❺ 국가별 패스트푸드점 분포

M사 매장이 있는 국가

①▢▢▢▢▢▢▢의 출범과 초국적 기업의 등장 이후 상품과 생산 요소의 국가 간 이동이 자유롭게 되면서 전 세계는 하나의 ②▢▢(으)로 통합되고 있다.

| 정답 | ① 세계 무역 기구 ② 시장

❻ 지리적 표시제 상품

에스파냐
아라곤(올리브유)

인도
다르질링(차)

콜롬비아
콜롬비아(커피)

(세계 지적 재산권 기구(WIPO), 2023)

지리적 표시제는 지역의 ①▢▢▢▢▢▢을/를 반영한 우수한 상품이 그 지역에서 ②▢▢·가공되었음을 증명하고 표시하는 제도이다.

| 정답 | ① 지리적 특성 ② 생산

01 세계 여러 지역의 다양한 특성

01 위치에 대한 설명으로 옳은 것은?

① 위치를 알면 그 지역의 기후 특성을 알 수 있다.
② 위도와 경도로 표현한 위치는 상황에 따라 바뀔 수 있다.
③ 절대적 위치는 주변 국가와 정치, 경제적 관계로 표현된다.
④ '아프리카는 유럽의 남쪽에 있다.'는 표현은 상대적 위치를 나타낸 것이다.
⑤ 위치를 통해 그 지역에 거주하는 사람들의 생활양식을 파악하기는 어렵다.

02 우리나라의 절대적 위치 특성으로 옳지 <u>않은</u> 것은?

① 중위도 지역에 있다.
② 동경 124~132°에 있다.
③ 동쪽은 태평양과 접해 있다.
④ 유라시아 대륙의 동쪽 끝에 있다.
⑤ 미국과 정치적·경제적으로 밀접하다.

03 (가), (나) 지역에 대한 설명으로 옳은 것을 〈보기〉에서 고른 것은?

↑ 나이로비

↑ 하얼빈

┤보기├
ㄱ. (가)는 해발 고도가 낮은 지역이다.
ㄴ. (가)는 주변 지역보다 기온이 높아 도시가 발달하였다.
ㄷ. (나)는 추운 겨울 날씨를 주제로 축제를 연다.
ㄹ. (가), (나)는 위치의 차이로 서로 다른 모습이 나타난다.

① ㄱ, ㄴ   ② ㄱ, ㄷ   ③ ㄴ, ㄷ
④ ㄴ, ㄹ   ⑤ ㄷ, ㄹ

04 다음은 위치와 지역의 특성에 대한 내용이다. 밑줄 친 ㉠~㉤ 중 옳지 <u>않은</u> 것은?

세계 여러 지역의 ㉠ 자연환경은 위치의 영향을 크게 받는다. ㉡ 경도에 따라 받게 되는 태양 에너지가 달라지면 적도와 극지방처럼 연평균 기온이 크게 차이나게 된다. 또한 ㉢ 바다에서 멀리 떨어진 내륙 지역은 해안 지역보다 기온의 연교차가 크다. ㉣ 지각이 불안정한 지역에서는 지진과 화산 활동이 발생하기도 한다. 이러한 ㉤ 자연환경 특성은 그 지역의 인문환경에도 많은 영향을 준다. 기후가 온화하고 하천 주변에 평지가 넓게 펼쳐진 지역에는 많은 사람들이 모여 살면서 도시와 여러 산업이 발달하였다.

① ㉠   ② ㉡   ③ ㉢   ④ ㉣   ⑤ ㉤

중요해

05 지도의 A~E 지역에 대한 설명으로 옳은 것은?

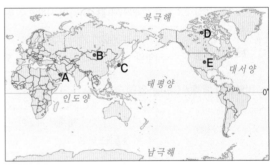

① A 지역에서는 온몸을 가리는 형태의 긴 옷을 입은 사람들을 볼 수 있다.
② B 지역은 우리나라보다 연 강수량이 많다.
③ C 지역은 일 년 내내 덥고 비가 많이 내린다.
④ D 지역에서는 더운 날씨에 대비한 가옥 형태가 나타난다.
⑤ E 지역에서는 유목 생활에 편리한 이동식 가옥이 발달하였다.

어려워 ▽

06 지도의 A, B 지역에 대한 설명으로 옳은 것을 〈보기〉에서 고른 것은?

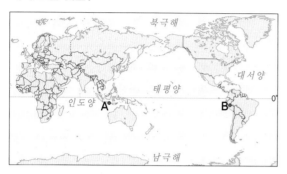

┤보기├
ㄱ. A에서는 눈과 얼음으로 만든 집에 머물기도 한다.
ㄴ. A에서는 기름에 볶거나 향신료를 사용한 음식이 발달하였다.
ㄷ. B에서는 일 년 내내 봄과 같은 날씨가 나타난다.
ㄹ. A와 B는 위도가 비슷하여 같은 기후가 나타난다.

① ㄱ, ㄴ   ② ㄱ, ㄷ   ③ ㄴ, ㄷ
④ ㄴ, ㄹ   ⑤ ㄷ, ㄹ

07 사진과 같은 경관을 볼 수 있는 지역에 대한 설명으로 옳은 것은?

① 바다와 인접해 있다.
② 적도 부근의 해발 고도가 높은 곳이다.
③ 기계를 이용한 대규모 밀농사가 발달하였다.
④ 지역 주민들은 주로 유목을 하면서 이동 생활을 한다.
⑤ 태양 에너지를 많이 받아서 사진과 같은 전통 가옥이 발달하였다.

02 세계 각 지역의 공간적 상호 작용

08 다음과 같은 상황이 가능하게 된 까닭으로 옳지 않은 것은?

> 지난주 월요일에 미국 인터넷 쇼핑몰에서 신발을 구매하였다. 약 1주일을 기다려 신발을 받았다. 신발의 태그를 살펴보니 베트남에서 생산했다고 쓰여 있었다.

① 교통수단이 발달하였다.
② 초국적 기업이 등장하였다.
③ 공간적 상호 작용이 감소하였다.
④ 세계적 규모의 연계성이 강화되었다.
⑤ 인터넷과 같은 통신 기술이 발달하였다.

09 세계 각 지역의 공간적 상호 작용에 대한 설명으로 옳은 것은?

① 세계적 규모의 이동은 감소하고 국가 내 이동이 활발해지고 있다.
② 사회 관계망 서비스로 전 세계 사람들 간 실시간 소통이 가능해졌다.
③ 통신 기술이 발달하면서 가까운 지역과의 공간적 상호 작용이 감소하였다.
④ 항공기가 등장하면서 다른 지역으로 이동하는 데 걸리는 시간이 증가하였다.
⑤ 상품의 이동은 활발하게 이루어지지만, 서비스의 이동은 이루어지지 않는다.

10 다음 글의 제목으로 가장 적절한 것은?

> 영국에 본사를 두고 있는 ○○ 의류 기업에서는 청바지 한 벌을 만들 때 전 세계에 있는 많은 업체와 협력하고 있다. 튀니지를 비롯한 베냉, 이탈리아, 튀르키예, 일본, 파키스탄, 오스트레일리아 등 12개 이상의 국가에서 원료와 부품, 노동력 등을 공급받는다.

① 도시화의 부정적 영향
② 실시간으로 연결되는 세계
③ 지역적 규모의 공간적 상호 작용 감소
④ 초국적 기업과 세계적 규모의 공간적 상호 작용
⑤ 스마트폰의 대중화와 사회 관계망 서비스의 확산

11 선생님의 질문에 옳게 대답한 학생을 고른 것은?

세계적 규모의 공간적 상호 작용의 사례를 말해 볼까요?

스마트폰 애플리케이션으로 통닭을 주문하고 배달받았어요.

우리나라 기업에서 생산한 자동차를 미국에서 판매하고 있어요.

미국에서 하는 야구 경기를 우리나라에서도 실시간으로 볼 수 있어요.

이웃 지역에서 열리는 지역 축제에 방문하여 지역 특산물을 구입하였어요.

① 가현, 나현 ② 가현, 다현 ③ 나현, 다현
④ 나현, 라현 ⑤ 다현, 라현

03 세계와 지역의 상호 영향과 변화

12 다음은 세계화의 등장 배경과 영향을 정리한 것이다. (가)에 들어갈 내용으로 옳은 것을 〈보기〉에서 고른 것은?

등장 배경	영향
• 교통·통신의 발달 • 초국적 기업의 등장 • 세계 무역 기구의 출범	(가)

┤보기├
ㄱ. 지역 간 경쟁이 심해지고 경제적 격차가 커지고 있다.
ㄴ. 자본, 노동 등 생산 요소의 국제적 이동이 감소하고 있다.
ㄷ. 청바지, 햄버거 등 세계 어디서나 비슷한 문화를 즐길 수 있다.
ㄹ. 지역 간 상호 의존성이 감소하며 국경의 의미와 역할이 커지고 있다.

① ㄱ, ㄴ ② ㄱ, ㄷ ③ ㄴ, ㄷ
④ ㄴ, ㄹ ⑤ ㄷ, ㄹ

13 ㉠에 들어갈 용어로 옳은 것은?

지역적인 것이 세계적 차원에서 독자적인 가치를 지니게 되는 현상을 (㉠)(이)라고 한다.

① 교외화 ② 도시화 ③ 산업화
④ 세계화 ⑤ 지역화

어려워 ▽

14 밑줄 친 부분에 대한 설명으로 가장 적절한 것은?

피자는 밀가루 반죽을 얇고 넓게 편 후 다양한 재료를 올려 구워낸 것으로, 이탈리아에서 유래하였다. 19세기 말 이탈리아 이민자들이 미국으로 이주하면서 피자가 미국에 전파되었다. 이후 피자의 크기가 커지고, 피자 속 재료가 다양해지면서 전 세계로 퍼져나가게 되었다. 이렇게 세계로 전파된 피자는 다시 각 지역의 특성에 맞춰서 다양한 맛과 모양으로 변화하고 있다.

① 지역의 고유한 특성은 그 지역에만 영향을 미친다.
② 공간적 상호 작용이 국가 내에서 이루어지고 있다.
③ 세계 모든 지역에서 똑같은 문화를 경험하게 된다.
④ 서구 문화의 유입으로 지역의 전통문화가 소멸되고 있다.
⑤ 세계화로 퍼진 문화가 각 지역의 문화와 융합하기도 한다.

15 다음 축제들의 공통점으로 옳은 것은?

↑ 베네치아 카니발

↑ 삿포로 눈 축제

① 지리적 표시제의 대표적인 사례이다.
② 세계화로 인한 문화 획일화를 보여주고 있다.
③ 이러한 상호 작용은 국가 내에서만 이루어진다.
④ 독특한 지형을 활용한 축제라는 공통점이 있다.
⑤ 지역의 관광 산업 발달과 지역 경제 활성화에 기여한다.

창의·융합

16 다음 사례의 지역화 전략에 대한 설명으로 옳은 것을 〈보기〉에서 고른 것은?

> • 마차렐라 디 부팔라 캄파나 치즈는 캄파니아 지역을 포함한 이탈리아 남서부의 7개 지역에서만 생산되며, 물소 젖을 이용하여 만든다. 이 치즈의 이름은 이탈리아어로 '잘라내다'라는 뜻인 'mozzare'에서 유래하였다.
> • 블루마운틴 커피는 카리브해 자메이카섬 블루마운틴의 산비탈에서 생산되는 제품을 말한다. 이 지역은 해발 고도 2,000m 이상의 고산 지역으로 기온이 낮고, 안개가 많이 끼며 강수량이 많다. 또한 토양은 배수가 잘 되고 비옥하여 커피 재배에 유리하다.

┤보기├
ㄱ. 지역의 정체성이 훼손되는 현상이 발생한다.
ㄴ. 해당 지역에 방문해야만 구매할 수 있는 제품이다.
ㄷ. 지역의 지리적 특성을 적극적으로 홍보하여 지역 경제를 활성화하는 방법이다.
ㄹ. 지역의 지리적 요인과 관련 있는 상품에 생산지의 이름을 상표로 사용한 것이다.

① ㄱ, ㄴ   ② ㄱ, ㄷ   ③ ㄴ, ㄷ
④ ㄴ, ㄹ   ⑤ ㄷ, ㄹ

중요해

17 다음 글을 통해 알 수 있는 내용으로 옳은 것은?

> 브라질의 쿠리치바, 독일의 프라이부르크 등은 '생태 도시'의 대표적인 사례이다. 생태 도시는 지역 내 전력을 태양광, 풍력 등과 같이 재생 가능 에너지에서 얻고, 자전거나 친환경 대중교통을 활용하도록 하며, 생활 모든 면에서 자원 절약과 재활용을 실천하는 곳이다. 이들 지역들은 자원 절약에만 힘쓰는 것이 아니라 이를 위해 공동체 정신 강화하여 시민들이 서로 돕고 함께 노력하는 모습을 유지하고 있다. 이런 생태 도시의 사례가 전 세계로 알려지면서 세계 각국에서 이를 따르는 도시들이 점차 증가하고 있다.

① 지역의 변화는 정부의 주도로만 가능하다.
② 지역의 좋은 변화는 세계의 변화를 이끌 수 있다.
③ 지역의 변화는 세계가 먼저 변화하여야만 가능하다.
④ 지역화를 통해 증가한 관광 수입은 지역 개발을 위해 재투자해야 한다.
⑤ 지역의 변화가 국가 간 경계를 넘어 전파되기에 여러 가지 한계점이 있다.

서술형 ✛ 논술형 문제

18 위치의 영향을 받은 생활 모습 사례를 두 가지 서술하시오.

_____

_____

_____

19 다음 글을 읽고 물음에 답하시오.

> (가) 전 세계 항공 노선은 국제선과 국내선을 통틀어 5만여 개에 이른다. 그 가운데 우리나라의 서울과 제주를 잇는 항공 노선은 세계에서 이용객이 많은 것으로 유명하다. 영국의 항공 운항 정보 업체에 따르면 2023년 1월에서 8월까지 김포 공항과 제주 공항 구간의 이용객 수는 약 110만 명으로 조사되었다.
> (나) 언제 어디서나 인터넷을 빠르고 편하게 사용할 수 있게 된 것은 수천km 길이의 해저 케이블 때문이다. 해저 케이블은 대륙과 대륙, 국가와 국가, 육지와 섬을 연결하여 정보를 주고받는다. 컴퓨터 네트워크로 전송되는 정보의 99% 이상이 해저 케이블로 전송되고 있고, 인공위성이 차지하는 비율은 1% 수준이다.

(1) (가), (나)를 규모에 따라 구분하여 쓰시오.
• (가): (   ) 규모의 공간적 상호 작용
• (나): (   ) 규모의 공간적 상호 작용

(2) (가), (나)를 참고하여 우리가 동영상 콘텐츠를 만들 때 지녀야 하는 태도를 세계시민의 측면에서 논술하시오.

_____

_____

_____

_____

_____

_____

Ⅱ

아시아

01 아시아의 국가 및 주요 도시와 자연환경 ····· 030쪽

02 아시아의 종교와 생활양식 ····· 034쪽

03 아시아의 인구 구조와 변화 ····· 038쪽

04 아시아의 산업 발달과 변화 ····· 042쪽

01. 아시아의 국가 및 주요 도시와 자연환경

🔷 아시아의 국가와 주요 도시

1 아시아의 위치와 특징

(1) **위치**: 동쪽으로 태평양, 남쪽으로 인도양과 접하며, 우랄산맥과 캅카스산맥을 경계로 유럽과 구분됨

(2) **특징**: 세계에서 가장 넓고, 가장 많은 인구가 살고 있음
  └ 세계 인구 1위인 인도와 2위인 중국이 모두 아시아에 있어.

2 아시아의 국가와 주요 도시

(1) 아시아의 지역 구분과 주요 국가 [자료 1]

동아시아	대한민국, 중국, 일본 등
동남아시아	타이, 베트남, 필리핀, 인도네시아, 말레이시아 등
남부아시아	인도, 네팔, 파키스탄, 방글라데시 등
서남아시아	사우디아라비아, 아랍에미리트, 이란, 이라크 등
중앙아시아	카자흐스탄, 우즈베키스탄, 투르크메니스탄 등

(2) **주요 도시**: 서울(대한민국), 도쿄(일본), 방콕(타이), 싱가포르(싱가포르), 베이징(중국), 사마르칸트(우즈베키스탄), 두바이(아랍에미리트), 도하(카타르) 등

🔷 아시아의 자연환경

1 아시아의 지형 [자료 2]

여러 국가에 걸쳐 흐르는 국제 하천이야.

산지	히말라야산맥과 티베트고원은 해발 고도가 높으며 지각 운동이 활발하여 지진이 자주 일어나고, 중국과 주변 국가의 경계가 됨
하천	황허강, 티그리스·유프라테스강, 메콩강 등의 큰 하천이 흐름
사막	아라비아반도 주변으로 룹알할리 사막 등이 넓게 분포함
화산	⁺환태평양 조산대에 있는 지역에서는 지진과 화산 활동이 활발함

└ 일본, 필리핀, 인도네시아 등이 있어.

[시험 단골] 아시아의 지역별 기후 특징을 묻는 문제가 자주 출제돼!

2 아시아의 기후 [자료 3]

동아시아	• 온대 기후와 냉대 기후가 주로 나타남 • 계절풍의 영향으로 여름은 덥고 습하며 겨울은 춥고 건조함
동남아시아· 남부아시아	• 주로 기온이 높은 열대 기후가 나타남 • 계절풍의 영향을 받는 지역에서는 벼농사가 발달함
중앙아시아· 서남아시아	• 건조 기후가 넓게 분포함 • 초원이 발달한 지역에서는 주로 유목을 하고, 사막이 발달한 지역에서는 ⁺관개 농업을 함

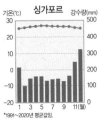

⬆ 열대 기후

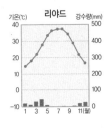

⬆ 건조 기후

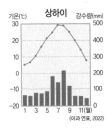

⬆ 온대 기후

[교과서 쏙 자료]

[자료 1] **아시아의 지역 구분**

(월드 팩트북, 2023)

아시아는 동아시아, 동남아시아, 남부아시아, 서남아시아, 중앙아시아로 구분한다.

[자료 2] **아시아의 주요 지형**

아시아는 지역에 따라 산지, 사막, 하천 등 다양한 지형이 발달하였다.

[자료 3] **아시아의 기후 분포**

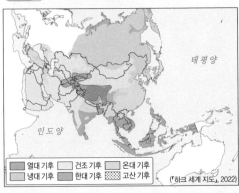

열대 기후	건조 기후	온대 기후
냉대 기후	한대 기후	고산 기후

(『하크 세계 지도』, 2022)

아시아는 위도와 지형 분포에 따라 다양한 기후가 분포한다.

[Plus 용어]

+ **환태평양 조산대** 태평양을 둘러 싼 형태의 조산대로, 화산과 지진 활동이 자주 일어나는 지역
+ **관개 농업** 저수지, 보 등 인공적인 물 관리 시설을 만들어 물을 공급하여 농작물을 재배하는 농업

STEP 2 개념 확인

정답과 해설 06쪽

대표 자료 확인하기

✦ 아시아의 지역 구분

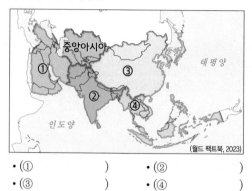

(월드 팩트북, 2023)

- (①   )   • (②   )
- (③   )   • (④   )

✦ 아시아의 기후 분포

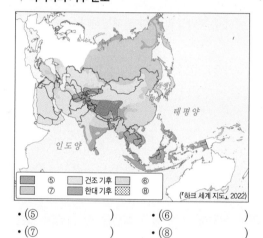

| ⑤ | 건조 기후 | ⑥ |
| ⑦ | 한대 기후 | ⑧ |

「하크 세계 지도」, 2022)

- (⑤   )   • (⑥   )
- (⑦   )   • (⑧   )

한눈에 정리하기

✦ 아시아의 위치와 지역 구분

| 위치 | 동쪽으로 태평양, 남쪽으로 인도양과 접하며 (①   )과/와 캅카스산맥을 기준으로 유럽과 구분됨 |
| 지역 구분 | 동아시아, 동남아시아, 남부아시아, 서남아시아, 중앙아시아로 구분함 |

✦ 아시아의 자연환경

| 주요 지형 | • 인도의 북쪽에 (②   )와/과 티베트고원이 있음
• 중앙아시아와 서남아시아에는 사막이 분포함 |
| 기후 분포 | • 동남아시아·남부아시아: 열대 기후
• 중앙아시아·(③   ): 건조 기후
• 동아시아: 온대 기후와 냉대 기후 |

---

1 아시아는 동쪽으로 (㉠   ), 남쪽으로 인도양과 접해 있으며 우랄산맥과 캅카스산맥을 경계로 (㉡   )과/와 구분된다.

2 아시아의 지역과 주요 국가를 옳게 연결하시오.

(1) 동아시아   •   • ㉠ 인도, 네팔 등
(2) 남부아시아   •   • ㉡ 중국, 일본 등
(3) 동남아시아   •   • ㉢ 타이, 베트남 등
(4) 서남아시아   •   • ㉣ 카자흐스탄, 우즈베키스탄 등
(5) 중앙아시아   •   • ㉤ 사우디아라비아, 아랍에미리트 등

3 아시아의 주요 도시에 대한 설명이 맞으면 ○표, 틀리면 ✕표를 하시오.

(1) 베이징과 사마르칸트에는 오래된 유적지가 많다.   (   )
(2) 자카르타는 사막 위에 세워진 도시로, 이곳에는 현대적 건축물들이 많다.   (   )
(3) 해마다 많은 사람이 찾는 아시아의 대표 관광 도시로는 방콕, 싱가포르 등이 있다.   (   )

4 지도에 표시된 ①, ②에 해당하는 지형의 이름을 쓰시오.

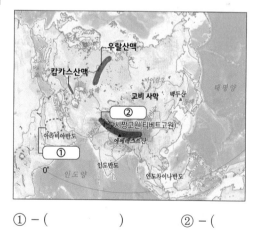

① – (   )   ② – (   )

5 다음 괄호 안의 내용 중 알맞은 말에 ○표를 하시오.

(1) 서남아시아는 (밀림, 사막)이 넓게 나타나며 관개 농업이 이루어진다.
(2) 계절풍의 영향을 받아 강수량이 많은 지역에서는 (밀, 쌀) 생산량이 많다.
(3) 동아시아는 (계절풍, 편서풍)의 영향으로 여름은 덥고 습하며 겨울은 춥고 건조하다.

STEP 3 중단원 확인 문제

이 문제에서 나올 수 있는 선택지는 다~!

01 지도의 A 대륙에 대한 설명으로 옳지 <u>않은</u> 것은?

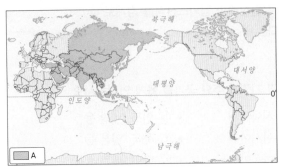

① 서쪽으로 유럽과 접한다.
② 동쪽으로 대서양과 접한다.
③ 세계에서 가장 넓은 대륙이다.
④ 세계에서 가장 높은 산이 있다.
⑤ 세계에서 인구가 가장 많은 대륙이다.
⑥ 크게 다섯 개의 지역으로 구분할 수 있다.

02 다음 학생들이 함께 갈 수 있는 여행지로 옳은 것은?

> • 가영: 난 추위를 많이 타서 일 년 내내 더운 곳으로 여행을 갈 거야. 뜨거운 태양 아래 펼쳐진 멋진 바다에서 수영을 하고 싶어.
> • 나영: 난 역사가 오래된 불교 사원에 방문하고, 시끌벅적한 야시장도 체험해 보고 싶어.

① 타이 방콕
② 중국 하얼빈
③ 몽골 울란바토르
④ 사우디아라비아 메카
⑤ 우즈베키스탄 사마르칸트

03 동남아시아에 있는 국가로 옳은 것을 〈보기〉에서 고른 것은?

> ┤보기├
> ㄱ. 몽골   ㄴ. 인도
> ㄷ. 필리핀   ㄹ. 인도네시아

① ㄱ, ㄴ   ② ㄱ, ㄷ   ③ ㄴ, ㄷ
④ ㄴ, ㄹ   ⑤ ㄷ, ㄹ

04 밑줄 친 부분에 들어갈 내용으로 가장 적절한 것은?

카타르 도하에서 _____

① 사막 속 빌딩 숲을 거닐다.
② 실크로드로 여행을 떠나다.
③ 불교 사원과 야시장에 방문하다.
④ 산 위에 세워진 도시를 탐방하다.
⑤ 초원에서 유목민들의 생활을 체험하다.

05 지도의 A 산맥에 대해 옳은 설명을 한 학생을 고른 것은?

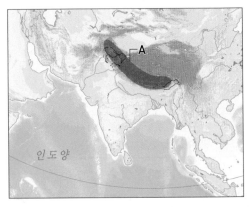

> • 가현: 해발 고도가 높고 험준한 산맥이야.
> • 나현: 이 산맥에는 세계에서 가장 높은 산이 있어.
> • 다현: 산맥 주변에서는 지진과 해일이 자주 발생해.
> • 라현: 유럽과 아시아를 구분하는 경계가 되는 산맥이야.

① 가현, 나현   ② 가현, 다현   ③ 나현, 다현
④ 나현, 라현   ⑤ 다현, 라현

06 다음 조건을 모두 충족하는 강으로 옳은 것은?

> • 조건 1. 세계에서 가장 큰 대륙에 있다.
> • 조건 2. 미얀마, 타이, 라오스, 캄보디아 등을 거쳐 흐르는 국제 하천이다.
> • 조건 3. 티베트고원에서 발원하여 인도차이나반도 를 지나 바다로 흐른다.

① 메콩강　　　　　② 황허강
③ 갠지스강　　　　④ 인더스강
⑤ 티그리스강

중요해 ☆
07 아시아의 기후에 대한 설명으로 옳은 것을 〈보기〉 에서 고른 것은?

┤보기├
ㄱ. 서남아시아는 일 년 내내 비가 거의 내리지 않는다.
ㄴ. 저위도에 있는 동남아시아는 주로 냉대 기후가 나 타난다.
ㄷ. 동남아시아의 싱가포르에서는 일 년 내내 덥고 비 가 많이 내린다.
ㄹ. 동아시아는 편서풍의 영향으로 여름은 덥고 습하 며 겨울은 춥고 건조하다.

① ㄱ, ㄴ　　　　② ㄱ, ㄷ　　　　③ ㄴ, ㄷ
④ ㄴ, ㄹ　　　　⑤ ㄷ, ㄹ

08 ㉠에 들어갈 내용을 쓰시오.

> 아시아에서 (㉠)의 영향을 받는 지역은 여름이 덥 고 습하며 강수량이 많다. 이 지역에서는 벼농사가 발 달하였다.

(　　　　)

어려워 ▽

09 (가), (나) 기후 그래프가 나타나는 지역을 지도에서 고 른 것은?

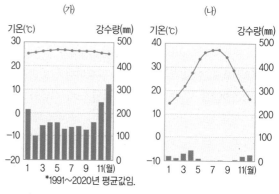
*1991~2020년 평균값임.

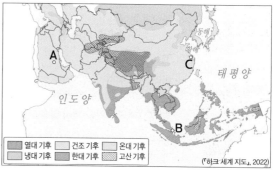
『하크 세계 지도』, 2022)

열대 기후 　건조 기후 　온대 기후
냉대 기후 　한대 기후 　고산 기후

　　(가)　(나)
① 　A　 　B
② 　A　 　C
③ 　B　 　A
④ 　B　 　C
⑤ 　C　 　A

서술형 문제

01 동아시아의 기후 특징을 제시어를 모두 사용하여 서술하시오.

> • 계절풍　　　• 기온의 연교차　　　• 강수량

_____

_____

_____

02. 아시아의 종교와 생활양식

◆ 아시아의 종교 생활양식과 문화경관

1 아시아의 주요 종교와 분포 [자료1]

(1) **불교**: 싯다르타(석가모니)가 ⁺창시하였으며, 인도 북동부에서 발생하여 동남아시아와 동아시아로 전파됨

(2) **힌두교**: 인도 북부 지역에서 발생하여 인도의 주요 종교로 자리 잡음

(3) **이슬람교**: 무함마드가 창시하였으며, 서남아시아의 아라비아반도에서 발생하여 중앙아시아와 북부 아프리카까지 전파됨

(4) **크리스트교**: 예수 그리스도가 창시하였으며, 팔레스타인 지역에서 시작하여 유럽과 주변 지역으로 전파됨

2 종교와 관련된 문화경관과 생활양식 [자료2]

시험 단골 종교와 관련된 생활양식을 묻는 문제가 자주 출제돼!

불교	• 불상과 탑이 있는 불교 사원을 볼 수 있음 • 부처의 가르침에 따라 살생을 금지하고 개인의 수행과 명상을 통한 깨달음을 중시함
힌두교	• 여러 신을 섬기며, 인도의 카스트 제도에 영향을 줌 • 갠지스강을 성스러운 강으로 여기며, 소를 신성한 동물로 생각해 소고기를 먹지 않음
이슬람교	• 둥근 돔과 첨탑이 있는 사원인 모스크를 볼 수 있음 • '쿠란'이라는 경전을 따르며 돼지고기와 술을 금기시함
크리스트교	• 십자가를 세운 성당이나 교회를 볼 수 있음 • 성경의 가르침을 따름

하루에 다섯 번 정해진 시간에 기도하고, 할랄 음식을 먹으며 살면서 한 번 이상 메카에서 성지 순례를 해야 함

◆ 아시아의 종교 갈등과 공존

1 종교 갈등

(1) **발생 원인**: 서로 다른 종교의 차이를 이해하지 않거나 인정하지 않음 → 민족 갈등·영토 분쟁으로 확대되기도 함

(2) **종교 갈등 발생 지역**

미얀마	다수의 불교도와 소수의 이슬람교도 간 갈등
카슈미르	힌두교를 믿는 인도와 이슬람교를 믿는 파키스탄 간 갈등
이스라엘-팔레스타인	유대교를 믿는 유대인과 이슬람교를 믿는 아랍인 간 영토와 종교 갈등 [자료3]
스리랑카	불교를 믿는 신할리즈족과 힌두교를 믿는 타밀족 간 갈등

2 다양한 종교의 공존

(1) **공존을 위해 필요한 태도**: ⁺다문화주의 관점에서 서로의 종교 문화 차이를 이해하고 존중하려는 태도와 자세가 중요함

(2) **종교 공존 지역**: 여러 국가에서 종교의 자유를 법으로 보장하거나 인종과 민족 간 차별을 줄이고자 노력하고 있음

말레이시아	이슬람교가 국교이지만 다른 종교를 인정함
싱가포르	여러 민족이 함께 살기 위한 주택 분양 정책을 제도화하여 종교가 다른 민족의 갈등을 줄여 나가고 있음

공공 주택에 여러 민족이 정해진 비율대로 입주할 수 있도록 하고 있어.

자료1 아시아의 종교 분포

불교
힌두교
이슬람교
크리스트교
유대교
기타

(『내셔널 지오그래픽 세계 지도』, 2022 · 『월드 팩트북』, 2023)

아시아에는 불교, 이슬람교, 크리스트교와 힌두교와 유대교, 각 지역의 토착 신앙과 같은 다양한 종교가 분포한다.

필리핀은 식민 지배의 영향으로 크리스트교를 믿는 사람이 많아.

자료2 종교와 관련된 문화경관

↑ 불교 사원(미얀마)

↑ 힌두교 사원(인도)

↑ 이슬람교 사원(이란)

↑ 크리스트교 성당(필리핀)

종교가 추구하는 가치관과 세계관이 상징적 건물로 표현되어 주변과 구분되는 독특한 문화경관이 나타나기도 한다.

자료3 이스라엘 - 팔레스타인 종교 갈등

레바논
시리아
지중해
팔레스타인
요르단
이스라엘
이집트
0 50km

← 이스라엘과 팔레스타인의 영토

이스라엘의 예루살렘에는 크리스트교, 이슬람교, 유대교의 성지가 모두 있어 오래전부터 종교 갈등을 겪었다.

⁺ **창시** 어떤 사상이나 학설을 처음으로 시작하거나 내세우는 것

⁺ **다문화주의** 한 사회 속에 다른 인종, 문화가 공존하며 서로를 존중하는 것을 목적으로 하는 사상이나 정책

✦ 아시아의 종교 분포

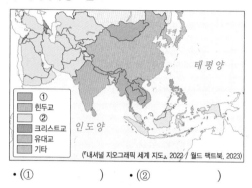

태평양

①
힌두교
②
크리스트교
유대교
기타

인도양

(『내셔널 지오그래픽 세계 지도』, 2022 / 월드 팩트북, 2023)

• (①) • (②)

✦ 종교와 관련된 문화경관

⬆ 불교 사원(미얀마)

⬆ 힌두교 사원(인도)

⬆ 이슬람교 사원(이란)

⬆ 크리스트교 성당(필리핀)

(③)	불상과 불탑 등이 있는 사원
(④)	수많은 신으로 장식한 사원
이슬람교	둥근 지붕과 뾰족한 첨탑이 있는 (⑤)
크리스트교	높은 (⑥)과/와 십자가가 있는 성당과 교회

✦ 아시아의 주요 종교와 분포

불교	(①) 북동부에서 발생하여 동남아시아와 동아시아로 전파됨
힌두교	인도 북부 지역에서 발생하였으며 인도의 주요 종교로 자리 잡음
이슬람교	서남아시아의 (②)에서 발생하여 중앙아시아와 북부 아프리카까지 전파됨
크리스트교	(③) 지역에서 시작하여 유럽과 주변 지역으로 전파됨

1 각 종교에 대한 설명을 옳게 연결하시오.

(1) 불교 •
(2) 힌두교 •
(3) 이슬람교 •
(4) 크리스트교 •

• ㉠ 인도 북부 지역에서 발생하였으며 인도의 주요 종교임
• ㉡ 팔레스타인 지역에서 시작하여 유럽과 주변 지역으로 전파됨
• ㉢ 인도 북동부에서 발생하여 동남아시아와 동아시아로 전파됨
• ㉣ 서남아시아에서 발생하여 중앙아시아, 북부 아프리카로 전파됨

2 각 종교의 생활 모습에 대한 설명이 맞으면 ○표, 틀리면 ×표를 하시오.

(1) 힌두교에서는 한 명의 신을 섬긴다. ( )
(2) 이슬람교에서는 '성경'이라는 경전을 따른다. ( )
(3) 불교에서는 부처에 가르침에 따라 살생을 하지 않는다. ( )
(4) 크리스트교에서는 십자가를 중요한 상징물로 사용한다. ( )
(5) 이슬람교에서는 소를 신성한 동물로 생각해 소고기를 먹지 않는다. ( )

3 ( )은/는 서로 다른 종교의 차이를 이해하지 않거나 인정하지 않을 때 발생한다.

4 다음에서 설명하는 종교 갈등이 발생하는 지역을 〈보기〉에서 골라 기호를 쓰시오.

┌보기┐
ㄱ. 미얀마 　ㄴ. 스리랑카 　ㄷ. 이스라엘-팔레스타인
└───┘

(1) 다수의 불교도 주민과 소수의 이슬람교도 간에 갈등이 있다. ( )
(2) 불교를 믿는 민족과 힌두교를 믿는 민족 사이에 갈등이 있다. ( )
(3) 유대교를 믿는 유대인과 이슬람교를 믿는 아랍인 사이에 갈등이 있다. ( )

5 종교의 공존을 위해 ( ) 관점에서 서로의 종교 차이를 이해하고 존중하려는 태도와 자세가 중요하다.

01 다음에서 설명하는 국가로 옳은 것은?

인도가 영국에서 독립할 때 분리되었으며, 국기에 이슬람교를 상징하는 초승달과 별이 그려져 있다.

① 베트남　　　　② 필리핀
③ 이스라엘　　　④ 파키스탄
⑤ 인도네시아

이 문제에서 나올 수 있는 선택지는 다~!

02 지도의 ㉠~㉣ 종교에 대한 설명으로 옳지 <u>않은</u> 것은?

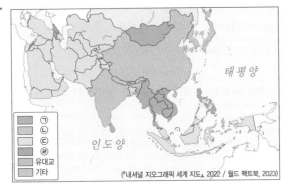

	㉠
	㉡
	㉢
	㉣
	유대교
	기타

태평양
인도양

(『내셔널 지오그래픽 세계 지도』, 2022 / 월드 팩트북, 2023)

① ㉠은 싯다르타가 창시하였다.
② ㉡은 여러 신을 섬기는 다신교이다.
③ ㉡은 갠지스강을 성스러운 강으로 여긴다.
④ ㉢은 서남아시아 지역에서 발생하였다.
⑤ ㉢은 소를 신성하게 여겨 소고기를 먹지 않는다.
⑥ ㉣은 십자가를 중요한 상징물로 여긴다.
⑦ ㉠~㉣ 모두 아시아에서 시작되어 주변 국가로 전파되었다.

03 다음에서 설명하는 종교로 옳은 것은?

여러 신을 믿는 종교로, 사원의 지붕과 벽면을 수많은 신으로 장식한다. 또한 소를 신성하게 여겨 소고기를 먹지 않는다.

① 불교　　　　② 유대교
③ 힌두교　　　④ 이슬람교
⑤ 크리스트교

04 불교에 대한 설명으로 옳은 것을 〈보기〉에서 고른 것은?

┌ 보기 ┐
ㄱ. 무함마드가 창시하였다.
ㄴ. 개인의 수행과 명상을 통한 깨달음을 중시한다.
ㄷ. 인도에서 동남아시아와 동아시아로 전파되었다.
ㄹ. 갠지스강을 신성하게 여겨 사람들은 갠지스강에서 몸을 씻기도 한다.

① ㄱ, ㄴ　　② ㄱ, ㄷ　　③ ㄴ, ㄷ
④ ㄴ, ㄹ　　⑤ ㄷ, ㄹ

어려워 ▽

05 지도의 A 국가에서 볼 수 있는 종교 경관으로 옳은 것은?

A
동해
인도양

① 　②
③ 　④
⑤

06 크리스트교와 관련 있는 생활양식으로 옳은 것은?

① 돼지고기와 술을 먹지 않는다.
② 성당이나 교회에 나가 예배를 드린다.
③ 명상과 수행을 통해 깨달음을 얻고자 한다.
④ 생명을 함부로 죽이지 않으며 채식을 선호한다.
⑤ 하루에 다섯 번 정해진 시간에 메카를 향해 기도한다.

07 ㉠, ㉡에 들어갈 용어를 옳게 연결한 것은?

(㉠) 조사 보고서

1. 창시자: 무함마드
2. 발상지: 서남아시아의 아라비아반도
3. 특징
   (1) '쿠란'이라는 경전에 따라 생활함
   (2) (㉡)을/를 불결하게 여겨 (㉡)고기를 먹지 않음

	㉠	㉡
①	힌두교	소
②	힌두교	돼지
③	이슬람교	소
④	이슬람교	돼지
⑤	크리스트교	소

08 아시아의 종교에 관한 설명으로 옳은 것을 〈보기〉에서 고른 것은?

┤보기├
ㄱ. 중앙아시아에는 크리스트교를 믿는 사람이 가장 많다.
ㄴ. 사우디아라비아에는 불교 성지가 있어 많은 사람이 찾는다.
ㄷ. 인도에서 소를 신성하게 생각하는 것은 힌두교와 관련 있다.
ㄹ. 필리핀은 식민 지배의 영향으로 주민 대부분이 크리스트교를 믿는다.

① ㄱ, ㄴ 　② ㄱ, ㄷ 　③ ㄴ, ㄷ
④ ㄴ, ㄹ 　⑤ ㄷ, ㄹ

09 다음에서 설명하는 국가를 쓰시오.

이 국가의 수도인 예루살렘에는 유대교, 이슬람교, 크리스트교의 성지가 모두 있어 오래전부터 갈등을 겪어왔다. 오늘날에는 유대교를 믿는 유대인과 이슬람교를 믿는 아랍인 사이의 종교 및 영토 갈등이 발생하고 있다.

(　　　　　)

01 다음 자료와 같은 갈등이 발생하는 지역을 쓰고, 이 지역의 갈등을 종교적 측면에서 서술하시오.

인도가 영국에서 독립할 당시 이 지역은 파키스탄에 포함될 예정이었다. 하지만 이 지역의 지배층이 통치권을 인도에 넘기면서 이 지역을 둘러싼 인도와 파키스탄 간 갈등이 시작되었다.

_____

_____

_____

02 밑줄 친 부분에 해당하는 정책을 두 가지 서술하시오.

싱가포르는 영국, 중국, 인도, 말레이시아 등의 영향을 받아 여러 언어와 종교가 섞인 문화가 나타난다. 그래서 과거에는 중국계와 말레이계 간에 크고 작은 갈등이 많았다. 싱가포르에서는 이러한 문화 갈등을 해결하고자 <u>문화 공존을 위한 여러 정책</u>을 추진하였다.

_____

_____

03. 아시아의 인구 구조와 변화

🔷 아시아의 인구 특징

1 아시아의 인구 성장과 인구 분포

┌ 생활 수준의 향상과 의료 기술의 발달 등이 영향을 미쳤어.

(1) **인구 성장**: 1950년대부터 사망률이 낮아지면서 인구가 빠르게 증가함 → 경제 발전과 +산아 제한 정책 등의 영향으로 출생률이 감소하여 인구 증가율이 낮아짐

(2) **아시아의 인구 분포** 자료1 ┌ 아시아는 인구 부양력이 높은 쌀을 재배하여 인구가 밀집하였어.

동아시아	• 남부아시아 다음으로 인구가 많은 지역임 • 최근 인구 성장이 정체되고 있음
동남아시아	• 인구가 증가하는 추세임 • 인도네시아의 인구가 가장 많음
남부아시아	• 아시아에서 인구가 가장 많음 • 인도, 파키스탄, 방글라데시 등에서 인구가 많음 자료2
서남아시아· 중앙아시아	• 상대적으로 인구가 적지만 출생률이 높음 • 일부 산유국을 중심으로 인구 유입이 많음

2 아시아의 인구 이동

경제적 요인	• 대한민국, 일본 등 경제 수준이 높은 국가로 이동이 활발함 • 사우디아라비아와 아랍에미리트와 같이 개발이 활발한 국가로 일자리를 찾아 이주하는 청장년층이 많음
정치적 요인	민족 탄압과 내전, 분쟁, 극심한 경제난을 겪고 있는 아프가니스탄, 시리아, 미얀마 등의 국가에서는 난민이 발생함

🔷 아시아의 인구 구조 변화 특징 자료3

1 인구의 중요성: 한 국가의 인구는 노동력을 제공하고 상품을 소비한다는 점에서 생산과 소비 지표로서 국가 성장에 매우 중요함

2 인구 증가로 성장 잠재력을 갖춘 지역

(1) **인구 증가 지역**: 인도, 파키스탄, 필리핀 등 출생률이 높은 국가의 인구 증가 속도가 빠름 → +중위 연령이 낮음

(2) **인구 증가의 영향**

긍정적 영향	성장 잠재력이 커서 많은 초국적 기업들이 진출함
부정적 영향	사회 기반 시설이 부족한 일부 국가에서 인구가 급격히 증가하면 지역 내 식량, 일자리, 주택 문제 등이 발생함

3 인구 감소를 막고자 노력하는 지역

(1) **인구 감소 지역**: 대한민국과 일본 등 경제 수준이 높은 국가에서는 저출산·고령화 현상이 나타남 → 중위 연령이 높음

(2) **인구 감소의 영향**: 생산 가능 인구가 감소하여 경제 성장이 어려워지고, 노년층을 부양하는 비용이 커짐
┌ 경제 활동에 참여할 수 있는 15세부터 64세까지의 인구야.

(3) **인구 감소를 막기 위한 노력**

① 출산과 육아에 대한 지원을 강화하는 정책을 추진함

② 노인 복지와 같은 사회 보장 제도를 마련함 ┌ 고령자를 위한 임대 주택, 노인 돌봄 서비스 운영 등이 있어.

③ 개방적인 이민 정책을 추진하여 노동력 부족 문제를 해소함

교과서 쏙 자료

자료1 세계 대륙별 인구 비율

오세아니아 0.6
유럽 9.4
아메리카 13.0
아프리카 17.6
총인구 79억 929만 명 (2021년)
아시아 59.4(%)

(국제 연합, 2022)

아시아에는 전 세계 인구의 약 60%(47억 명, 2021년 기준)가 거주한다. 아시아는 인구 부양력이 높은 쌀을 재배하여 오래전부터 인구가 밀집하였다.

자료2 중국과 인도의 인구수 변화

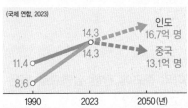

(국제 연합, 2023)

인도 16.7억 명
중국 13.1억 명
14.3
14.3
11.4
8.6
1990   2023   2050 (년)

중국은 '한 자녀 정책'을 추진하면서 인구 증가율이 점차 감소하였고, 2023년에는 세계 인구 1위 국가의 자리를 인도에게 내주었다. 오늘날 중국은 저출산에 따른 인구 감소를 우려하여 출산 장려 정책을 시행하고 있다.

자료3 파키스탄과 일본의 인구 피라미드

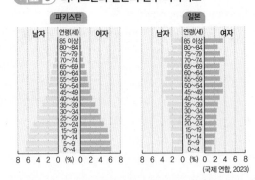

(국제 연합, 2023)

출생률이 높은 파키스탄은 유소년층 인구 비율이 높고, 저출산·고령화 현상이 나타나는 일본은 노년층 인구 비율이 높다.

Plus 용어

+ **산아 제한 정책** 아이를 덜 낳도록 유도하는 정책

+ **중위 연령** 총인구를 연령순으로 나열할 때 정중앙에 있는 사람의 해당 연령

대표 자료 확인하기

✦ **중국과 인도의 인구수 변화**

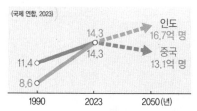

(①   )은/는 '한 자녀 정책'을 추진하면서 인구 증가율이 점차 감소하였다. 2023년부터 (②   )이/가 (①   )의 인구를 넘어서면서 세계 인구 1위 국가가 되었다.

✦ **파키스탄과 일본의 인구 피라미드**

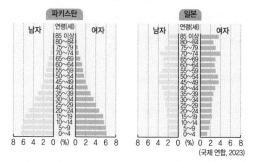

파키스탄은 (③   )이/가 높아 유소년층의 비율이 매우 높고 노년층의 비율이 상대적으로 낮다. 반면 일본은 (③   )이/가 낮아 유소년층의 비율은 매우 낮고 노년층의 비율이 높다.

한눈에 정리하기

✦ **아시아의 인구 특징**

인구 성장	1950년대 이후 (①)이/가 낮아지면서 인구가 성장함
인구 이동	• 경제적 요인에 따른 인구 이동이 활발함 • 민족 탄압, 내전, 극심한 경제난을 겪는 지역에서는 (②)이/가 발생함

✦ **아시아의 인구 구조 변화**

인구가 증가하는 지역	인도, 파키스탄 등은 출생률이 높아 인구 증가 속도가 빠름
인구가 감소하는 지역	대한민국과 일본을 비롯하여 경제 수준이 높은 국가에서는 저출산·(③)이/가 나타나 인구가 감소함

1 아시아의 인구는 1950년대부터 빠르게 증가하다가 경제 발전과 (   )의 시행으로 인구 증가율이 낮아졌다.

2 다음 설명이 맞으면 ○표, 틀리면 ✕표를 하시오.

(1) 서남아시아는 아시아에서 인구가 가장 많은 지역이다.
(   )

(2) 아시아에서 인구가 가장 많은 국가는 인도네시아이다.
(   )

(3) 아시아 대륙 내에서 다른 국가로 이주하는 사람은 거의 없다.
(   )

(4) 민족 탄압, 내전, 분쟁, 극심한 경제난을 겪는 지역에서는 난민이 발생한다.
(   )

3 한 국가의 인구는 (   )을/를 제공하고 상품을 소비한다는 점에서 생산과 소비 지표로서 국가 성장에 매우 중요하다.

4 다음 괄호 안의 내용 중 알맞은 말에 ○표를 하시오.

(1) 인도, 파키스탄, 필리핀 등 (출생률, 사망률)이 높은 국가의 인구 성장 속도가 빠르다.
(2) 경제 수준이 높은 국가에서는 출생률이 (높아지고, 낮아지고) 기대 수명이 늘어나면서 노년층 인구 비율이 증가하고 있다.

5 저출산·고령화 현상이 계속되면 (   )을/를 부양하는 비용이 커진다.

6 아시아에서 나타나는 인구 문제와 그에 대한 인구 정책을 옳게 선으로 연결하시오.

(1) 고령화   •   • ㉠ 개방적인 이민 정책
(2) 노동력 부족   •   • ㉡ 노인 자립 지원 정책

01 ㉠, ㉡에 들어갈 말을 옳게 연결한 것은?

아시아는 1950년대부터 (㉠)이 낮아지면서 인구가 빠르게 증가하였다. 이후 경제 발전과 산아 제한 정책 등을 시행하면서 (㉡)이 감소하여 인구 증가율이 낮아지고 있다.

	㉠	㉡		㉠	㉡
①	사망률	출생률	②	사망률	고령화율
③	출생률	사망률	④	출생률	고령화율
⑤	고령화율	출생률			

이 문제에서 나올 수 있는 선택지는 다~!

02 아시아의 인구 특징으로 옳지 <u>않은</u> 것은?

① 오늘날 인구 증가율이 낮아지고 있다.
② 경제적 요인에 따른 인구 이동이 활발하다.
③ 내전, 분쟁, 경제난 등으로 난민이 발생하고 있다.
④ 대한민국, 일본 등 경제 수준이 높은 국가의 출생률이 높다.
⑤ 1950년대부터 사망률이 낮아지면서 인구가 빠르게 증가하였다.
⑥ 인구 부양력이 높은 쌀을 주식으로 하여 과거부터 인구가 밀집하였다.
⑦ 오늘날 인도, 중국, 인도네시아, 파키스탄 등에 많은 사람이 살고 있다.

중요해

03 아시아의 인구가 1950년대부터 급격히 증가한 까닭으로 옳은 것을 〈보기〉에서 고른 것은?

┤보기├
ㄱ. 생활 수준 향상
ㄴ. 의료 기술 발달
ㄷ. 산아 제한 정책 시행
ㄹ. 인구 부양력이 낮은 밀 재배

① ㄱ, ㄴ　　② ㄱ, ㄷ　　③ ㄴ, ㄷ
④ ㄴ, ㄹ　　⑤ ㄷ, ㄹ

어려워 ♥

04 다음 자료는 우리나라의 인구를 1로 하여 세계 여러 국가의 인구를 비교한 것이다. ㉠, ㉡ 국가에 대한 설명으로 옳은 것을 〈보기〉에서 고른 것은?

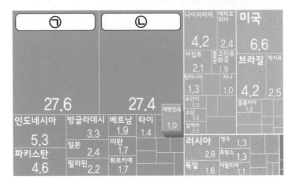

┤보기├
ㄱ. ㉠은 '한 자녀 정책'을 시행하면서 출생률이 감소하였다.
ㄴ. ㉡은 아시아에서 인구가 가장 많다.
ㄷ. ㉠은 인도, ㉡은 중국이다.
ㄹ. ㉠, ㉡은 성장 잠재력이 커서 많은 초국적 기업이 진출하고 있다.

① ㄱ, ㄴ　　② ㄱ, ㄷ　　③ ㄴ, ㄷ
④ ㄴ, ㄹ　　⑤ ㄷ, ㄹ

05 그래프는 아시아 인구 순위 1위와 2위 국가의 인구 수 변화를 나타낸 것이다. ㉠ 국가에 대한 설명으로 옳지 <u>않은</u> 것은?

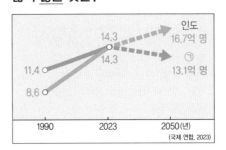

① ㉠은 중국이다.
② 세계에서 인구가 가장 많은 국가이다.
③ 사망률의 감소보다 출생률의 감소가 크다.
④ 산아 제한 정책을 시행하여 인구 증가율이 감소하였다.
⑤ 오늘날에는 인구 감소를 우려하여 출산 장려 정책을 시행하고 있다.

06 ㉠에 들어갈 용어를 쓰시오.

> 저출산·고령화 현상이 계속되면 경제 활동에 참여할 수 있는 15세부터 64세까지의 인구인 (㉠)이/가 감소하여 경제 성장이 어려워진다.

(   )

07 밑줄 친 인구 정책으로 가장 적절한 것은?

> ## ○○ 신문
>
> 싱가포르 정부는 인구 증가율 감소와 만성적인 노동력 부족 문제를 해결하려는 인구 정책을 펼쳐 왔다. 이러한 인구 정책의 결과 2023년 합계 출산율이 사상 최저치인 0.97명으로 예측되지만, 오히려 인구는 30년 전보다 85% 증가하였다. 오늘날 전체 인구의 30% 이상은 다른 나라에서 온 이민자들로 구성되어 있다.

① 사회 기반 시설 건설
② 사회 보장 제도 마련
③ 의료 기술 발전 투자
④ 출산 장려 정책 시행
⑤ 개방적인 이민 정책 실시

08 다음과 같은 국가에서 발생할 수 있는 문제로 옳은 것은?

> 아시아에서는 인도, 파키스탄, 필리핀 등 출생률이 높은 국가의 인구 증가 속도가 빠르다. 이처럼 인구 증가율이 높은 국가는 성장 잠재력이 높지만, 사회 기반 시설이 갖추어지지 않은 채 인구가 급격하게 증가한다면 여러 사회 문제가 발생할 수도 있다.

① 생산 가능 인구가 감소한다.
② 국가 내 이민자 비율이 증가한다.
③ 일자리 문제, 주택 문제 등이 발생한다.
④ 노년층 인구를 부양하는 비용이 증가한다.
⑤ 초국적 기업의 생산 공장이 다른 국가로 이전한다.

01 ㉠, ㉡ 국가의 공통점을 인구 이동의 측면에서 서술하시오.

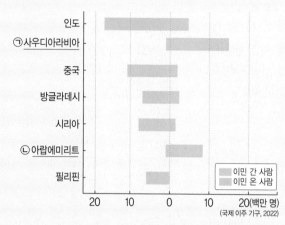

(국제 이주 기구, 2022)

_____

_____

_____

02 다음 글을 읽고 물음에 답하시오.

> 일본은 2010년 이후 노인 인구 비율이 20%가 넘는 초고령 사회로 진입하였다. 이에 대비하여 일본 정부는 여러 사회 보장 제도를 마련하고 있다.

(1) 윗글에서 나타나는 현상을 무엇이라고 하는지 쓰시오.

_____

(2) (1)로 발생하는 문제를 해결하기 위한 정책을 두 가지 서술하시오.

_____

_____

_____

04. 아시아의 산업 발달과 변화

⬥ 아시아의 산업 변화

1 아시아의 주요 산업

천연자원 생산업	• 동남아시아와 남부아시아는 벼농사 및 ⁺플랜테이션 농업이 발달함 • 서남아시아는 풍부한 매장량을 바탕으로 석유와 천연가스를 생산함 자료1
제조업	• 대한민국, 일본, 중국 등은 제조업 성장을 바탕으로 경제 성장을 이룸 └ 중국은 과거에 '세계의 공장'이라고 불리기도 했다. • 오늘날 인도, 동남아시아 국가에서는 풍부한 노동력을 바탕으로 섬유·의류, 전자 제품을 생산함 자료2 • 대한민국, 일본 등에서는 ⁺가공 무역으로 자동차, 철강, 석유 화학 제품을 수출함 └ 노동 집약적 제조업이라고 해.
서비스업·첨단 산업	대한민국, 일본, 중국 등에서는 부가 가치가 높은 서비스업과 첨단 산업이 발달함

2 아시아의 산업 변화 특징과 주요 국가의 산업 변화

(1) **산업 변화의 특징:** 산업 구조의 고도화가 나타나며, 특정 산업에 의존하기보다 다양한 산업을 발전시키고자 노력함
└ 전체 산업에서 제조업과 서비스업의 비중이 높아지는 현상이야.
└ 산업 구조의 다각화라고 해.

(2) **주요 국가의 산업 변화**

중국	다양한 기술력으로 첨단 산업 육성
일본	부품·소재 산업, 로봇 산업 등 첨단 산업 분야 개발
인도	정보 통신 산업(IT) 등 다양한 산업이 발달하며, 벵갈루루 등은 소프트웨어 개발의 중심지로 성장함
베트남, 인도네시아	저임금 노동력과 풍부한 자원을 이용하여 신흥 공업 국가로 성장함
사우디아라비아, 아랍에미리트	석유 고갈에 대비하여 천연자원으로 축적한 자본을 관광·문화·물류 산업에 투자함

⬥ 아시아와 우리나라의 산업 변화와 영향

1 아시아의 산업 변화가 우리나라에 미친 영향 자료3

(1) **우리나라 산업의 특징:** 경제에서 무역이 차지하는 비중이 높아 이웃한 국가의 산업 구조 변화나 세계 경제 변화에 영향을 크게 받음

(2) **아시아와 우리나라의 산업 변화:** 중국, 인도, 베트남 등의 제조업이 성장하면서 우리나라의 노동력 기반 산업의 경쟁력이 약화됨 → 연구 개발, 기술 혁신을 바탕으로 고부가 가치 산업을 육성함
└ 우리나라에 있던 가발 공장, 신발 공장 등이 더 저렴한 노동력을 찾아 해외로 이전하였어.

2 우리나라의 산업 변화가 아시아에 미친 영향

(1) **우리나라 기업의 해외 진출:** 서남아시아의 기반 시설 구축에 참여하고, 인건비가 저렴하거나 넓은 소비 시장을 확보할 수 있는 아시아 국가에 생산 공장을 건설함

(2) **문화 산업의 성장:** 우리나라의 문화 콘텐츠가 아시아 국가를 중심으로 전 세계에서 큰 인기를 얻음 → 관광, 미용, 의료 산업 시장의 확대로 이어짐

교과서 쏙 자료

자료1 서남아시아의 천연자원

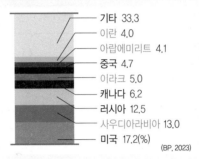

기타	33.3
이란	4.0
아랍에미리트	4.1
중국	4.7
이라크	5.0
캐나다	6.2
러시아	12.5
사우디아라비아	13.0
미국	17.2(%)

(BP, 2023)

⬆ 세계 10대 석유 생산국(2022년)

서남아시아의 사우디아라비아, 이라크, 아랍에미리트 등은 세계적인 석유 생산국이다.

자료2 아시아의 의류 산업

중국	176(32.1%)
방글라데시	35(6.5%)
베트남	31(5.7%)
이탈리아	27
독일	26

(세계 무역 기구, 2023)

⬆ 세계 주요 의류 수출국(2021년)

의류 수출 시장에서 중국, 방글라데시, 베트남 등 아시아 국가가 높은 비율을 차지한다. 아시아는 풍부한 노동력을 바탕으로 노동 집약적 제조업이 발달하였다.

자료3 아시아와 우리나라의 산업 변화

⬆ 연도별 선박 생산량   ⬆ 연도별 자동차 생산량

1990년대에는 일본이 선박, 자동차 분야에서 우위를 차지하였으나 우리나라와 중국이 성장하면서 산업 각 분야에서 치열하게 경쟁하고 있다. 오늘날 선박 분야에서는 우리나라와 중국이, 자동차 분야에서는 중국의 세계 시장 점유율이 높다.

Plus 용어

+ **플랜테이션** 선진국의 자본과 기술, 원주민의 노동력을 결합하여 열대 기후에서 대규모로 상업적 농작물을 재배하는 농업

+ **가공 무역** 해외에서 원료나 제품을 사서 새로운 제품으로 만든 후 다시 외국에 판매하는 방식의 무역

STEP 2 개념 확인

✦ 서남아시아의 천연자원

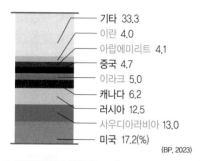

기타 33.3
이란 4.0
아랍에미리트 4.1
중국 4.7
이라크 5.0
캐나다 6.2
러시아 12.5
사우디아라비아 13.0
미국 17.2(%)

(BP, 2023)

⬆ 세계 10대 석유 생산국(2022년)

서남아시아에는 석유와 천연가스가 많이 매장되어 있다. (①), 이라크, 아랍에미리트 등이 주요 석유 생산국이다.

✦ 아시아의 의류 산업

중국	176 (32.1%)
방글라데시	35 (6.5%)
베트남	31 (5.7%)
이탈리아	27
독일	26

(세계 무역 기구, 2023)

⬆ 세계 주요 의류 수출국(2021년)

세계 의류 수출 시장에서 중국, 방글라데시, 베트남 등 아시아 국가가 높은 비율을 차지하고 있다. 인구가 많고 (②)이/가 풍부한 국가에서는 섬유, 의류, 신발, 전자 제품을 생산하는 등의 (③)이/가 발달하였다.

✦ 아시아 주요 국가의 산업 변화

중국	풍부한 (①)과/와 자원을 바탕으로 공업이 발달함 → 오늘날에는 첨단 산업을 육성함
인도	농업, 제조업, 정보 통신 산업(IT) 등의 다양한 산업이 발달하였으며, 벵갈루루 등이 소프트웨어 개발의 중심지로 성장함
베트남, 인도네시아	벼농사 및 (②) 농업 → 저임금 노동력과 풍부한 자원을 이용하여 신흥 공업 국가로 성장함
사우디아라비아, 아랍에미리트	풍부한 매장량을 바탕으로 석유와 천연가스 생산 → 천연자원으로 축적한 자본을 관광 산업 등에 투자함

1 서남아시아는 석유와 천연가스 매장량과 생산량이 많아 ( )을/를 생산하는 산업을 중심으로 발전하였다.

2 다음 빈칸에 들어갈 알맞은 산업을 쓰시오.

> 대한민국, 일본, 중국 등은 ( )의 성장을 바탕으로 경제 성장을 이루었다. 오늘날에는 인도, 동남아시아 국가에서는 풍부한 노동력을 바탕으로 섬유·의류, 전자 제품 등을 생산하고 있다.

3 오늘날 아시아의 여러 국가에서는 제조업과 서비스업의 비중이 높아지는 현상인 산업 구조의 ( )이/가 나타난다.

4 다음 괄호 안의 내용 중 알맞은 말에 ○표를 하시오.

(1) (인도, 베트남)의 벵갈루루와 하이데라바드는 정보 통신 산업(IT)의 중심지로 성장하고 있다.

(2) '세계의 공장'이라고 불리는 (일본, 중국)은 풍부한 노동력과 자원을 이용하여 세계적인 공업 국가로 성장하였다.

(3) 사우디아라비아, 아랍에미리트 등은 석유와 천연가스 수출로 축적한 자본을 (관광 산업, 노동 집약적 제조업)에 투자하면서 새로운 성장 동력으로 삼고 있다.

5 우리나라의 기업들은 ( )이/가 저렴하거나 넓은 소비 시장을 확보할 수 있는 아시아의 국가에 공장을 세우고 현지 인력을 고용하여 제품을 생산한다.

6 다음 설명이 맞으면 ○표, 틀리면 ✕표를 하시오.

(1) 아시아의 산업이 변화하면서 우리나라는 점점 아시아의 여러 국가들의 제품 생산지가 되고 있다. ( )

(2) 중국, 인도, 베트남 등의 국가가 저임금 노동력을 바탕으로 대규모 생산 시설을 갖추면서 우리나라의 노동력 기반 산업의 경쟁력이 약화되었다. ( )

STEP 3 중단원 확인 문제

01 ㉠, ㉡에 들어갈 말을 옳게 연결한 것은?

> 동남아시아와 남부아시아는 벼농사가 발달하여 쌀 생산량이 많고 (㉠)으로 천연고무, 사탕수수, 커피, 차 등을 재배한다. 인구가 많은 중국, 인도, 동남아시아 국가들은 풍부한 노동력을 바탕으로 섬유·의류, 전자 제품 등을 생산하는 (㉡)이 발달하였다.

	㉠	㉡
①	수목 농업	중화학 공업
②	수목 농업	노동 집약적 제조업
③	혼합 농업	노동 집약적 제조업
④	플랜테이션 농업	중화학 공업
⑤	플랜테이션 농업	노동 집약적 제조업

어려워 ♡

02 A~E 중 사진과 같은 산업 경관을 볼 수 있는 국가를 지도에서 고른 것은?

↑ 사탕수수 재배

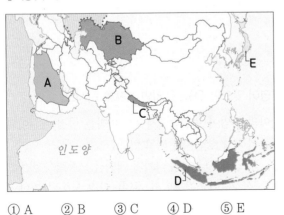

① A ② B ③ C ④ D ⑤ E

03 밑줄 친 ㉠~㉤의 내용 중 옳지 않은 것은?

> 아시아에는 다양한 산업이 발달하였다. ㉠ 중앙아시아는 세계적인 쌀 생산지이며, ㉡ 서남아시아는 석유와 천연가스를 생산하는 산업이 발달하였다. ㉢ 인구가 많은 중국, 인도는 섬유·의류, 전자 제품 등을 생산하는 노동 집약적 제조업이 발달하였다. ㉣ 대한민국과 일본은 가공 무역으로 자동차, 철강 등을 수출하고 있으며, ㉤ 최근에는 고부가 가치 첨단 산업과 문화 산업을 육성하고 있다.

① ㉠ ② ㉡ ③ ㉢ ④ ㉣ ⑤ ㉤

중요해 ✦

04 ㉠, ㉡에 해당하는 국가를 지도에서 찾아 옳게 연결한 것은?

> • (㉠)의 대표 산업은 자동차 산업이다. (㉠)의 자동차 기업들은 약 2만 개의 자동차 부품을 공급받고자 전 세계에 걸쳐 공급망을 구축하고 있다. 또한 만화 영화 산업으로 높은 부가 가치를 창출하고 있다.
>
> • (㉡)은/는 노동 집약적인 산업이 발달하였다. 또한 계절풍의 영향으로 여름에 비가 많이 내려 벼농사도 발달하였다.

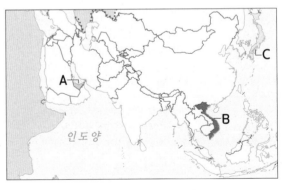

	㉠	㉡			㉠	㉡
①	A	B		②	A	C
③	B	A		④	C	A
⑤	C	B				

이 문제에서 나올 수 있는 선택지는 다~!

05 아시아에서 나타나는 산업 변화로 옳지 <u>않은</u> 것은?

① 대한민국은 노동 집약적 제조업의 비율이 줄어들었다.

② 중국은 다양한 기술력을 바탕으로 첨단 산업을 육성하고 있다.

③ 인도는 제조업과 서비스업의 비율을 낮추고 농업의 비율을 늘리고 있다.

④ 일본은 첨단 산업 분야에서 경쟁력을 유지하고자 연구 개발에 투자하고 있다.

⑤ 아랍에미리트는 천연자원 수출로 축적한 자본을 관광 산업에 투자하고 있다.

⑥ 베트남은 초국적 기업의 생산 공장이 들어서면서 신흥 공업 국가로 발돋움하고 있다.

06 ㉠에 들어갈 지역을 쓰시오.

(㉠)은/는 세계적으로 석유와 천연가스의 매장량과 생산량이 많다. 이 지역의 산업은 주로 천연자원을 생산하는 산업을 중심으로 발달하였다. 오늘날에는 천연자원을 수출하여 축적한 자본을 관광·문화·물류 산업 등에 투자하면서 산업 구조를 다변화하고자 노력하고 있다.

(   )

07 ㉠에 들어갈 말로 적절한 것은?

중국, 인도, 베트남 등의 국가가 저임금 노동력과 대규모 생산 시설을 갖추면서 우리나라의 노동력 기반 산업의 경쟁력이 약화되었다. 이후 우리나라는 연구 개발, 기술 혁신을 바탕으로 (㉠)을/를 육성하였다.

① 벼농사　　　　　② 가공 무역
③ 고부가 가치 산업　④ 노동 집약적 제조업
⑤ 천연자원 생산 산업

01 다음 글을 읽고 인도의 산업 구조 변화 과정을 서술하시오.

오늘 어머니께서 할머니, 할아버지의 이야기를 해 주셨다. 할머니와 할아버지는 젊은 시절에 농장에서 밀, 옥수수, 향신료 등을 재배하셨다고 한다. 어머니는 할머니와 할아버지를 생각하면 농장에서 열심히 일하시는 모습이 떠오른다고 하셨다. 나는 어머니를 생각하면 재봉틀 앞에 앉아 계시는 모습이 떠오른다. 어머니는 섬유 공장에서 오랫동안 일하셨다. 나는 곧 대학교를 졸업하고 하이데라바드에 있는 외국계 정보 통신 기업에서 근무할 예정이다. 나의 자녀들은 나를 어떤 모습으로 기억할까?

02 다음과 같이 아시아의 산업 변화가 우리나라에 영향을 미치는 까닭을 서술하시오.

아시아의 국가들은 농업 중심의 산업 구조에서 벗어나 제조업과 서비스업을 육성하며 산업 구조를 고도화하고자 노력하고 있다. 이는 우리나라에도 큰 영향을 미치고 있는데, 특히 중국의 제조업이 고도화되어 중국산 핵심 부품의 생산력이 높아졌고, 이에 따라 우리나라의 관련 업체들이 타격을 받기도 하였다.

표와 자료로 정리하는 대단원

❶ 아시아의 지역 구분

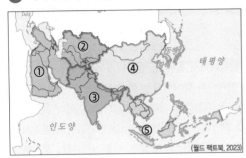

(월드 팩트북, 2023)

① ☐☐☐☐   ② ☐☐☐☐☐
③ ☐☐☐☐   ④ ☐☐☐☐
⑤ ☐☐☐☐

| 정답 | ① 서남아시아 ② 중앙아시아 ③ 남부아시아 ④ 동아시아 ⑤ 동남아시아

❷ 아시아의 주요 지형

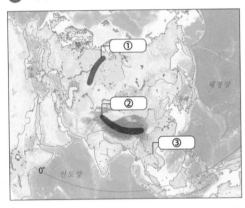

① ☐☐☐   ② ☐☐☐☐☐☐
③ ☐☐☐

| 정답 | ① 알타이산맥 ② 히말라야산맥 ③ 메콩강

❸ 아시아의 기후 분포

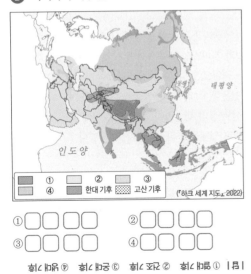

(『하크 세계 지도』, 2022)

① ☐☐☐   ② ☐☐☐☐
③ ☐☐☐   ④ ☐☐☐

| 정답 | ① 열대 기후 ② 건조 기후 ③ 온대 기후 ④ 냉대 기후

01 아시아의 국가 및 주요 도시와 자연환경

✦ 아시아의 주요 국가 및 주요 도시 ❶

지역별 주요 국가	• (①): 대한민국, 중국, 일본 등 • 동남아시아: 타이, 베트남, 인도네시아, 말레이시아 등 • 남부아시아: 인도, 네팔, 파키스탄, 방글라데시 등 • 서남아시아: 이란, 이라크, 아랍에미리트, 사우디아라비아 등 • 중앙아시아: 카자흐스탄, 우즈베키스탄, 투르크메니스탄 등
주요 도시	서울, 방콕, 싱가포르, 베이징, 사마르칸트, 두바이, 도하 등

✦ 아시아의 자연환경 ❷ ❸

지형	산지	(②): 해발 고도가 높고 험준하며 중국과 주변 국가의 경계가 됨
	하천	황허강, 티그리스·유프라테스강, 메콩강 등의 큰 하천이 분포함
	사막	아라비아반도 주변으로 룹알할리 사막 등이 분포
	화산	일본, 필리핀, 인도네시아 등 (③) 조산대에서 활발
기후	동아시아	• 온대 기후, 냉대 기후가 나타남 • 계절풍의 영향으로 여름은 덥고 습하며 겨울은 춥고 건조함
	동남아시아· 남부아시아	열대 기후가 나타나 기온이 높고 강수량 많음
	서남아시아	건조 기후가 나타나 연중 (④)이/가 매우 적음

| 정답 | ① 동아시아 ② 히말라야산맥 ③ 환태평양 ④ 강수량

02 아시아의 종교와 생활양식

✦ 아시아 종교의 특징과 생활양식 ❹

불교	• 특징: 석가모니가 창시, 인도 북동부에서 동남아시아와 동아시아로 전파 • 생활양식: 수행과 명상을 통한 깨달음 중시
힌두교	• 특징: 다신교, 인도 북부에서 발생 • 생활양식: (⑤)을/를 먹지 않으며 갠지스강에서 목욕, 사리 착용
이슬람교	• 특징: 무함마드가 창시, 서남아시아에서 중앙아시아와 북부 아프리카로 전파 • 생활양식: (⑥)(이)라는 경전을 따르고 하루에 5번 기도, 메카에서 성지순례, 돼지고기와 술을 금함
크리스트교	• 특징: 예수 그리스도가 창시, 팔레스타인 지역에서 유럽과 그 주변으로 전파 • 생활양식: 성경이라는 경전을 따르며 (⑦)을/를 상징으로 사용

| 정답 | ① 소고기 ② 쿠란(코란) ③ 십자가

✦ 아시아 종교의 공존과 갈등

종교 갈등 지역	이스라엘과 팔레스타인 분쟁, 미얀마, 카슈미르, 스리랑카 등
종교 공존 지역	말레이시아, 싱가포르 등

|정답| ⑤ 고기 ⑥ 불교 ⑦ 자카르타

03 아시아의 인구 구조와 변화

✦ 아시아의 인구 분포와 이동

인구 성장		생활 수준 향상, 의료 기술 발달 등으로 사망률이 감소하면서 인구가 성장함
인구 분포		남부아시아에 인구가 가장 많으며, (⑧)농사 지대에 인구 밀집
인구 이동	경제적 이동	일자리를 찾아 이주하는 사람이 많음
	정치적 이동	내전, 경제난을 겪고 있는 아프가니스탄, 시리아, 미얀마 등에서 (⑨) 발생

✦ 인구 증가 지역과 인구 감소 지역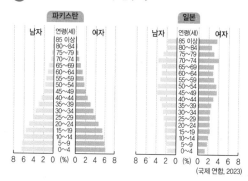

인구 증가 지역	출생률이 높은 국가 → 사회 기반 시설이 부족하면 식량 부족, 일자리, 주택 문제 등이 발생함
인구 감소 지역	(⑩)·고령화 현상이 나타나는 국가 → 경제 성장이 둔화되고 노년층 부양 비용이 증가함

|정답| ⑧ 벼 ⑨ 난민 ⑩ 저출산

04 아시아의 산업 발달과 변화

✦ 아시아 산업의 특징과 변화

산업 특징	• 동남아시아, 남부아시아: 벼농사와 플랜테이션 • 서남아시아: 석유와 천연가스 생산 • 중국, 인도, 동남아시아 국가들: (⑪) 집약적 제조업 발달 • 우리나라와 일본: 첨단 산업과 문화 산업 발달
산업 구조의 변화	• 인도: 농업, 제조업, 첨단 산업 발달 • 베트남, 인도네시아: 신흥 (⑫) 국가로 성장하고 있음 • 사우디아라비아, 아랍에미리트: 천연자원으로 축적한 자본을 관광, 문화, 물류 산업 등에 투자

✦ 아시아와 우리나라의 산업 변화와 영향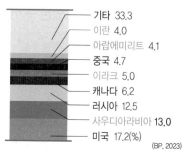

아시아의 산업 변화가 우리나라에 미친 영향	중국, 인도 등의 국가에서 저임금을 활용한 제조업이 성장하자 (⑬) 가치 산업 육성
우리나라의 산업 변화가 아시아에 미친 영향	영화, 음악, 만화 등 문화 산업의 성장으로 관광, 미용, 의료 산업 시장도 확대되고 있음

|정답| ⑪ 노동 ⑫ 공업 ⑬ 고부가

④ 아시아의 종교 분포

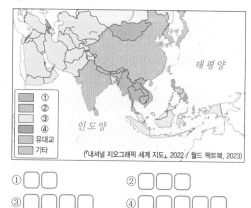

(『내셔널 지오그래픽 세계 지도』, 2022 / 월드 팩트북, 2023)

① ☐☐   ② ☐☐☐
③ ☐☐☐   ④ ☐☐☐☐

|정답| ① 불교 ② 힌두교 ③ 이슬람교 ④ 크리스트교

⑤ 파키스탄과 일본의 인구 구조

(국제 연합, 2023)

• 파키스탄은 ① ☐☐☐이/가 높아서 유소년 인구 비율이 높고, 노년 인구 비율이 상대적으로 낮다.
• 일본은 출생률이 낮고 전체 인구에서 노년 인구 비율이 높아지는 ② ☐☐☐ 문제를 겪고 있다.

|정답| ① 출생률 ② 고령화

⑥ 서남아시아의 천연자원 생산업

| 기타 33.3 |
| 이란 4.0 |
| 아랍에미리트 4.1 |
| 중국 4.7 |
| 이라크 5.0 |
| 캐나다 6.2 |
| 러시아 12.5 |
| 사우디아라비아 13.0 |
| 미국 17.2(%) |

(BP, 2023)
↑ 세계 10대 석유 생산국(2022년)

서남아시아에는 석유와 천연가스가 많이 매장되어 있다. ① ☐☐☐☐☐☐, ② ☐☐☐, 아랍에미리트 등이 주요 석유 생산국이다. 아시아는 석유, 천연가스 등 산업에 필요한 주요 천연자원을 공급하고 있다.

|정답| ① 사우디아라비아 ② 이라크

01 아시아의 국가 및 주요 도시와 자연환경

01 아시아에 대한 설명으로 옳은 것은?

① 아메리카 대륙과 이어져 있다.
② 세계에서 두 번째로 큰 대륙이다.
③ 히말라야산맥, 티베트고원 등이 있다.
④ 대한민국과 일본은 동남아시아에 속한다.
⑤ 대부분 지역에서 건조 기후가 나타나 인구가 적다.

중요해

02 지도의 A~E 지역에 대한 설명으로 옳은 것은?

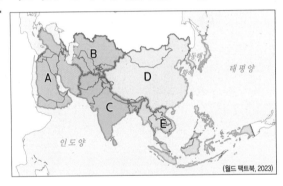

(월드 팩트북, 2023)

① A는 일 년 내내 기온이 높고, 강수량이 많다.
② B는 온대 기후가 주로 나타난다.
③ C는 대부분 지역에서 냉대 기후가 나타난다.
④ D는 아시아에서 인구수가 가장 많은 지역이다.
⑤ E는 기후의 영향으로 벼농사가 발달하였다.

03 다음에서 설명하는 도시가 있는 국가로 옳은 것은?

베이징은 역사가 오래된 정치와 행정의 중심지로, 이곳에서는 많은 유물과 유적을 볼 수 있습니다.

① 몽골   ② 중국
③ 베트남   ④ 아랍에미리트
⑤ 우즈베키스탄

04 ㉠, ㉡에 들어갈 용어를 옳게 연결한 것은?

1. 주제: 아시아의 지형
2. 조사한 내용
   (1) (㉠): 서남아시아에서 넓게 나타나는 지형 경관으로, 건조 기후의 영향으로 형성됨
   (2) (㉡): 일본, 인도네시아, 필리핀에서 자주 발생하는 지형 관련 자연재해임

	㉠	㉡		㉠	㉡
①	사막	가뭄	②	사막	지진
③	사막	폭설	④	열대림	지진
⑤	열대림	폭설			

05 ㉠에 들어갈 내용으로 옳은 것은?

적도와 가까운 인도네시아는 일 년 내내 기온이 높고 강수량이 많은 (㉠)이/가 나타난다. 늦은 오후에는 세찬 소나기인 스콜이 내린다.

① 열대 기후   ② 건조 기후
③ 온대 기후   ④ 냉대 기후
⑤ 한대 기후

02 아시아의 종교와 생활양식

06 지도의 A에서 주로 믿는 종교에 대한 설명으로 옳은 것은?

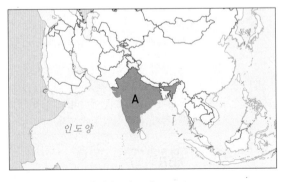

① 쿠란이라는 경전을 따른다.
② 돼지고기와 술을 금기시한다.
③ 팔레스타인 지역에서 시작되었다.
④ 갠지스강을 성스러운 강으로 여긴다.
⑤ 부처의 가르침에 따라 살생을 금지한다.

07 사진과 관련 있는 종교를 믿는 신자의 비율이 가장 높은 국가를 지도에서 고른 것은?

← 크리스트교 성당

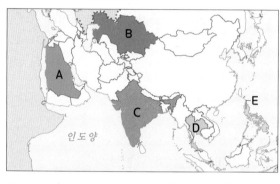

① A ② B ③ C ④ D ⑤ E

08 ㉠에 들어갈 국가로 옳은 것은?

> • 쏨: 내가 사는 (㉠)은/는 주로 불교를 믿어. 그래서 소년들은 집을 떠나 몇 개월 동안 승려 생활을 하면서 불교 신자들이 주는 음식을 받고 복을 빌어주는 탁발 의식과 같은 다양한 수행 생활을 해.

① 이란 ② 인도 ③ 라오스
④ 이스라엘 ⑤ 파키스탄

09 이슬람교를 믿는 지역에서 볼 수 있는 모습으로 적절한 것을 〈보기〉에서 고른 것은?

┤보기├
ㄱ. 불탑이 있는 사원
ㄴ. 할랄 음식을 파는 음식점
ㄷ. 돼지고기가 들어간 햄버거를 먹는 사람들
ㄹ. 시간에 맞추어 하루 다섯 번 기도를 드리는 사람들

① ㄱ, ㄴ ② ㄱ, ㄷ ③ ㄴ, ㄷ
④ ㄴ, ㄹ ⑤ ㄷ, ㄹ

창의 융합

10 다음 종교 분쟁에 대한 설명으로 옳은 것만을 〈보기〉에서 있는 대로 고른 것은?

> 제1차 세계 대전 당시 영국은 아랍인들에게 영국을 지원하는 대가로 전쟁 후 이 지역에 아랍 민족의 국가 건설을 도와주겠다고 약속하였다. 그러나 영국은 유대인들에게도 같은 약속을 하였다. 전쟁이 끝나고 유대인들이 유럽 국가의 지원으로 이 지역에 국가를 세우면서 분쟁이 본격화되었다.

┤보기├
ㄱ. 불교와 이슬람교를 믿는 사람들 간 갈등이다.
ㄴ. 종교, 민족, 영토 분쟁이 복합적으로 나타난다.
ㄷ. 여러 종교의 성지가 있어 오래전부터 종교 갈등을 겪었다.

① ㄱ ② ㄴ ③ ㄷ
④ ㄱ, ㄴ ⑤ ㄴ, ㄷ

03 아시아의 인구 구조와 변화

11 다음과 같은 인구 피라미드가 나타나는 ㈎, ㈏ 국가에 대한 설명으로 옳은 것은?

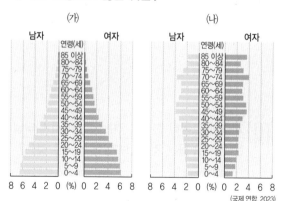

(국제 연합, 2023)

① ㈎는 인구가 감소한다.
② ㈏는 기대 수명이 짧다.
③ ㈏는 유소년층 인구 비율이 높다.
④ ㈎는 ㈏보다 경제 수준이 높다.
⑤ ㈎는 ㈏보다 노년층을 부양하는 비용이 적다.

어려워 ▽

12 다음은 우리나라 인구를 1로 하여 세계 여러 국가의 인구를 비교한 것이다. 자료를 분석한 내용으로 옳은 것은?

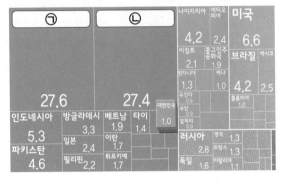

① ㉠은 인도, ㉡은 중국이다.
② 일본은 우리나라 인구의 약 4배이다.
③ 우리나라는 아시아에서 인구가 가장 많다.
④ 방글라데시와 필리핀은 우리나라보다 인구가 적다.
⑤ 전 세계 인구 1위, 2위, 3위 국가는 모두 아시아에 있다.

13 ㉠에 들어갈 국가로 옳지 않은 것은?

> 아시아에서는 (㉠) 등 출생률이 높은 국가의 인구 증가 속도가 빠르다. 반면 경제 수준이 높은 국가에서는 결혼과 출산에 대한 가치관이 변화하면서 출산율이 낮아졌다.

① 인도   ② 일본
③ 필리핀   ④ 파키스탄
⑤ 방글라데시

14 저출산·고령화 현상을 겪는 국가에서 나타날 수 있는 변화로 옳은 것을 〈보기〉에서 고른 것은?

┌ 보기 ┐
ㄱ. 노동력이 줄어든다.
ㄴ. 중위 연령이 낮아진다.
ㄷ. 노년층 부양비가 증가한다.
ㄹ. 식량 부족 문제가 발생한다.

① ㄱ, ㄴ   ② ㄱ, ㄷ   ③ ㄴ, ㄷ
④ ㄴ, ㄹ   ⑤ ㄷ, ㄹ

15 일본에서 다음과 같은 정책을 추진한 까닭으로 가장 적절한 것은?

> 일본 정부는 고령자를 위한 임대 주택, 노인 돌봄 서비스를 운영하고, 요양 로봇을 개발하는 등의 정책을 추진하고 있다.

① 성비 불균형을 해결하고자 한다.
② 노인 인구 증가에 대비하고자 한다.
③ 노동력 부족 문제를 해결하고자 한다.
④ 출산과 육아에 대한 지원을 강화하고자 한다.
⑤ 경제 활동에 참여할 수 있는 인구를 늘리고자 한다.

04 아시아의 산업 발달과 변화

16 아시아의 산업에 대한 설명으로 옳은 것만을 〈보기〉에서 있는 대로 고른 것은?

┌ 보기 ┐
ㄱ. 서남아시아는 영화, 음악, 만화 등 문화 산업이 발달하였다.
ㄴ. 동남아시아와 남부아시아는 벼농사와 플랜테이션 농업이 발달하였다.
ㄷ. 우리나라와 일본은 가공 무역으로 자동차, 철강 제품 등을 수출하고 있다.
ㄹ. 중국, 인도, 동남아시아 국가들은 풍부한 노동력을 바탕으로 노동 집약적 제조업이 발달하였다.

① ㄱ, ㄴ   ② ㄴ, ㄷ   ③ ㄴ, ㄹ
④ ㄱ, ㄴ, ㄷ   ⑤ ㄴ, ㄷ, ㄹ

17 다음과 같은 아시아의 산업으로 옳은 것은?

> 인도에서는 열대 기후와 풍부한 노동력을 바탕으로 다양한 농작물을 재배한다. 인도는 설탕의 원료인 사탕수수의 세계적인 생산국이자 수출국이다. 사탕수수는 현지의 노동력과 선진국의 자본이 결합한 형태로 재배된다.

① 문화 산업   ② 첨단 산업
③ 플랜테이션 농업   ④ 노동 집약적 제조업
⑤ 천연자원 생산 산업

18 밑줄 친 부분에 들어갈 대답으로 가장 적절한 것은?

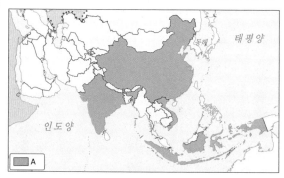

- 선생님: 지도의 A 지역에서 노동 집약적 제조업이 발달할 수 있었던 까닭은 무엇일까요?
- 가형: _____
- 선생님: 이 지역에서 주로 생산하는 제품으로는 무엇이 있을까요?
- 나형: 섬유·의류, 전자 제품 등이 있습니다.

① 다른 국가로의 접근성이 높기 때문입니다.
② 기온이 높고 강수량이 많은 기후 때문입니다.
③ 투자, 혁신을 통한 기술력이 뛰어나기 때문입니다.
④ 인구가 많고 저렴한 노동력이 풍부하기 때문입니다.
⑤ 석유, 천연가스 등 천연자원 매장량이 많기 때문입니다.

중요해 ☆
19 오늘날 아시아 국가에서 나타난 산업 변화에 대해 옳게 이야기한 학생을 고른 것은?

- 가현: 중국은 제조업과 서비스업의 비율을 낮추고 농업의 비율을 높이고 있어.
- 나현: 아랍에미리트는 천연자원 수출로 축적한 자본을 관광 산업에 투자하고 있어.
- 다현: 일본은 첨단 산업 분야에서 경쟁력을 유지하고자 연구 개발에 투자하고 있어.
- 라현: 대한민국은 저렴한 노동력과 풍부한 자원을 중심으로 신흥 공업 국가로 발돋움하고 있어.

① 가현, 나현 ② 가현, 다현 ③ 나현, 다현
④ 나현, 라현 ⑤ 다현, 라현

서술형 + 논술형 문제

20 다음 글을 읽고 물음에 답하시오.

(가) 인도가 중국을 제치고 세계에서 인구가 가장 많은 국가가 되었다. 인도는 출생률이 매우 높은 국가이다. 오늘날에는 생활 수준이 향상되고 의료 기술이 발달하면서 사망률이 감소하면서 인구가 급격하게 증가하였다.

(나) 일본은 2010년 이후 노인 인구 비율이 20%가 넘는 초고령 사회로 진입하였다. 결혼과 출산에 대한 가치관이 변화하면서 출산율이 낮아지고, 의료 기술의 발달로 노년층의 인구 비율이 증가하였기 때문이다. 일본 정부는 고령자를 위한 임대 주택, 노인 돌봄 서비스를 운영하고, 요양 로봇을 개발하는 등 노인의 자립을 지원하는 정책을 추진하고 있다.

(1) (가), (나)에서 발생하는 인구 문제를 한 가지씩 서술하시오.

_____
_____
_____

(2) (가), (나)를 참고하여 우리나라의 인구 문제를 해결하려면 어떠한 노력이 필요한지 논술하시오.

_____
_____
_____
_____
_____

III

유럽

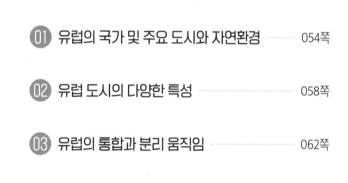

01 유럽의 국가 및 주요 도시와 자연환경 ·········· 054쪽

02 유럽 도시의 다양한 특성 ·················· 058쪽

03 유럽의 통합과 분리 움직임 ·············· 062쪽

01. 유럽의 국가 및 주요 도시와 자연환경

✦ 유럽의 국가와 주요 도시

❶ 유럽의 지역 구분과 국가
유럽과 아시아를 하나로 묶어 부르는 이름이야.
(1) 위치: 유라시아 대륙의 서부에 있으며, 서쪽으로 대서양, 남쪽으로 지중해와 접하고 동쪽의 우랄산맥을 경계로 아시아와 구분됨

(2) 지역 구분과 국가 자료1

서부 유럽	영국, 프랑스, 독일, 스위스, 네덜란드 등
북부 유럽	스웨덴, 핀란드, 노르웨이, 아이슬란드 등
남부 유럽	에스파냐, 포르투갈, 이탈리아, 그리스 등
동부 유럽	러시아, 우크라이나, 폴란드, 헝가리 등

❷ 유럽의 주요 도시: 런던(영국), 파리(프랑스), 베를린(독일), 마드리드(에스파냐), 로마(이탈리아), 모스크바(러시아)
— 각 국가의 수도에 인구가 밀집하고 있어.

✦ 유럽의 자연환경

❶ 유럽의 지형 자료2

시험단골 유럽의 주요 지형의 위치와 특성을 묻는 문제가 자주 출제돼!

산지	북부에는 해발 고도가 낮은 스칸디나비아산맥, 남부에는 형성 시기가 비교적 오래되지 않아 해발 고도가 높고 험준한 알프스산맥이 있음
평야·하천	• 프랑스 평원과 북독일 평원에서 동유럽 평원으로 이어짐 • 평원에는 라인강을 비롯한 여러 하천이 흐름
빙하	알프스산맥과 북부 유럽에 분포함 ㉖ 송네 피오르(노르웨이), 마터호른(스위스, 이탈리아) 등
화산	아이슬란드, 이탈리아 남부에 분포함 ㉖ 파그라달스피아들 화산(아이슬란드), 베수비오 화산(이탈리아) 등

❷ 유럽의 기후 자료3

시험단골 유럽의 지역별 기후 특성을 묻는 문제가 자주 출제돼!

서부 유럽	• 바다에서 불어오는 편서풍의 영향으로 기온의 연교차가 작고, 강수량이 연중 고른 서안 해양성 기후가 나타남 • 혼합 농업, 낙농업이 발달함
남부 유럽	• 여름이 덥고 건조하며 겨울은 온화하고 비가 많이 내리는 지중해성 기후가 나타남 _{여름철의 강한 햇볕을 차단하기 위해 가옥의 벽을 흰색으로 칠해.} • 올리브, 포도 등을 재배하는 수목 농업이 발달함
동부 및 북부 유럽	• 대륙의 영향으로 겨울이 길고 추운 냉대 기후가 나타남 • 냉대 기후 지역에는 침엽수림 지대인 타이가가 분포함

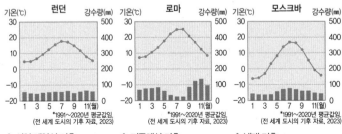

⬆ 서안 해양성 기후   ⬆ 지중해성 기후   ⬆ 냉대 기후

교과서 쏙 자료

자료1 유럽의 지역 구분

유럽은 위치와 문화적 특성에 따라 서부 유럽, 북부 유럽, 남부 유럽, 동부 유럽으로 구분할 수 있다.

자료2 유럽의 주요 지형

유럽은 북부와 남부에 높은 산지가 있고, 중앙에는 평원이 펼쳐져 있다. 평원을 흐르는 라인강 등의 하천은 운하로 연결되어 교통로로 이용되기도 한다.
— 기후 특성상 연중 강수량이 고르고, 하천의 유량 변화가 적어 수운 교통이 발달하였어.

자료3 유럽의 기후 분포

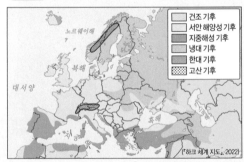

유럽은 중위도에 자리하고, 바다의 영향을 많이 받아 온대 기후인 서안 해양성 기후와 지중해성 기후, 그리고 냉대 기후 등이 나타난다.

Plus 용어

+ **혼합 농업** 식량 작물, 사료 작물을 재배하고 가축을 함께 기르는 농업
+ **수목 농업** 여름철의 고온 건조한 기후에 잘 견디는 포도, 올리브, 코르크나무 등을 재배하는 농업

대표 자료 확인하기

✦ 유럽의 지역 구분

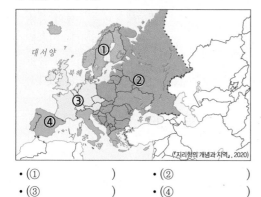

「지리학의 개념과 지역」, 2020

- ① ( ) • ② ( )
- ③ ( ) • ④ ( )

✦ 유럽의 기후 분포

「하크 세계 지도」, 2022

유럽은 중위도에 자리하고, 바다의 영향을 많이 받아 (⑤   ), (⑥   ) 등 온대 기후와 겨울이 길고 추운 (⑦   )이/가 나타난다.

한눈에 정리하기

✦ 유럽의 위치와 지역 구분

위치	유라시아 대륙의 서부에 있으며 동쪽의 (①)을/를 경계로 아시아와 구분됨
지역 구분	서부 유럽, 북부 유럽, 남부 유럽, 동부 유럽으로 구분함

✦ 유럽의 지형

산지	북부에는 해발 고도가 낮은 (②), 남부에는 형성 시기가 오래되지 않아 해발 고도가 높고 험준한 (③)이/가 있음
평야·하천	• 프랑스 평원과 북동일 평원에서 동유럽 평원으로 이어짐 • 평원에는 라인강 등 여러 하천이 흐름

1 유럽은 서쪽으로 (㉠   ), 남쪽으로 지중해와 접하고, 동쪽의 우랄산맥을 경계로 (㉡   )과/와 구분된다.

2 유럽의 지역 구분에 따른 알맞은 국가를 〈보기〉에서 골라 각각 기호를 쓰시오.

┌ 보기 ┐
ㄱ. 그리스   ㄴ. 스위스   ㄷ. 폴란드
ㄹ. 프랑스   ㅁ. 노르웨이   ㅂ. 에스파냐

(1) 남부 유럽: (   ) (2) 동부 유럽: (   )
(3) 북부 유럽: (   ) (4) 서부 유럽: (   )

3 유럽의 국가와 수도를 옳게 연결하시오.

(1) 독일   •   • ㉠ 런던
(2) 영국   •   • ㉡ 로마
(3) 러시아   •   • ㉢ 베를린
(4) 이탈리아   •   • ㉣ 모스크바

4 지도에 표시된 ①, ②에 해당하는 지형의 이름을 쓰시오.

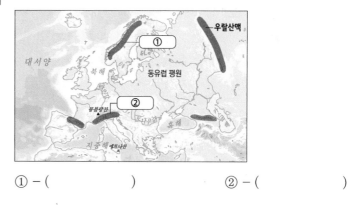

① – (   )   ② – (   )

5 다음 괄호 안의 내용 중 알맞은 말에 ○표를 하시오.

(1) 남부 유럽은 포도 등을 재배하는 (수목 농업, 혼합 농업)이 발달하였다.

(2) 북부 유럽과 동부 유럽은 대륙의 영향으로 겨울이 길고 추운 (냉대 기후, 열대 기후)가 나타난다.

(3) 서부 유럽은 바다에서 불어오는 (계절풍, 편서풍)의 영향으로 기온의 연교차가 작고, 계절별 강수량이 고른 서안 해양성 기후가 나타난다.

이 문제에서 나올 수 있는 선택지는 다~!

01 지도에 표시된 A 대륙에 대한 설명으로 옳지 <u>않은</u> 것은?

① 남쪽으로 지중해와 접한다.
② 서쪽으로 대서양과 접한다.
③ 유라시아 대륙 서부에 위치한다.
④ 우랄산맥을 경계로 아시아와 구분된다.
⑤ 히말라야산맥, 데칸고원 등의 지형이 있다.
⑥ 위치와 문화적 특성에 따라 서부 유럽, 북부 유럽, 남부 유럽, 동부 유럽으로 구분할 수 있다.

02 남부 유럽에 해당하는 국가로 옳은 것을 〈보기〉에서 고른 것은?

┌ 보기 ┐
ㄱ. 영국   ㄴ. 에스파냐
ㄷ. 이탈리아   ㄹ. 우크라이나
└─────────────────┘

① ㄱ, ㄴ   ② ㄱ, ㄷ   ③ ㄴ, ㄷ
④ ㄴ, ㄹ   ⑤ ㄷ, ㄹ

03 다음에서 설명하는 도시로 옳은 것은?

이탈리아의 수도로, 가톨릭교의 중심지인 '바티칸'이 시내에 있다. 잘 보존된 역사 유적이 많아 세계적인 관광지로 유명하다.

① 런던   ② 로마   ③ 파리
④ 베를린   ⑤ 마드리드

04 다음과 같은 경관을 볼 수 있는 국가로 옳은 것은?

마터호른은 알프스 산맥에 있는 피라미드 모양의 산봉우리이다. 이것은 빙하의 침식 작용으로 형성되었다.

① 벨기에   ② 스위스   ③ 헝가리
④ 에스파냐   ⑤ 포르투갈

어려워 ♡

05 A~E 지형에 대한 설명으로 옳지 <u>않은</u> 것은?

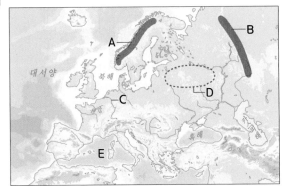

① A는 알프스산맥보다 해발 고도가 높고 험준하다.
② B는 유럽과 아시아를 구분한다.
③ C는 운하로 연결되어 교통로로 이용되고 있다.
④ D에는 넓고 평평한 평야가 펼쳐져 있다.
⑤ E와 인접한 지역은 여름철 휴양지로 인기가 많다.

06 유럽의 자연환경 특성에 대한 설명으로 옳은 것은?

① 서부 유럽의 대부분 지역에서는 냉대 기후가 나타난다.
② 남부 유럽의 지중해 연안에서는 서안 해양성 기후가 나타난다.
③ 유럽의 중앙에는 프랑스 평원, 북독일 평원 등 평야 지대가 펼쳐져 있다.
④ 불가리아와 이탈리아에서는 피오르, 빙하호 등의 빙하 지형을 볼 수 있다.
⑤ 유럽은 비슷한 위도의 대륙 동안보다 바다의 영향을 많이 받아 여름과 겨울의 기온 차이가 크다.

07 다음과 같은 기후가 나타나는 지역에 대한 설명으로 옳은 것을 〈보기〉에서 고른 것은?

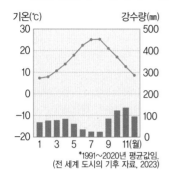

*1991~2020년 평균값임.
(전 세계 도시의 기후 자료, 2023)

┌─ 보기 ─────────────────────────
ㄱ. 타이가라고 불리는 침엽수림이 넓게 나타난다.
ㄴ. 편서풍의 영향으로 강수량이 일 년 내내 고른 편이다.
ㄷ. 여름은 덥고 건조하며, 겨울은 따뜻하고 비가 자주 내린다.
ㄹ. 건조한 여름을 잘 견디는 포도, 올리브 등을 재배하는 수목 농업이 발달하였다.
─────────────────────────────────

① ㄱ, ㄴ   ② ㄱ, ㄷ   ③ ㄴ, ㄷ
④ ㄴ, ㄹ   ⑤ ㄷ, ㄹ

중요해

08 지도는 유럽의 기후 분포를 나타낸 것이다. A~C 지역에 대한 설명으로 옳은 것은?

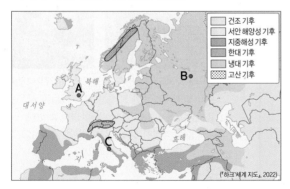

① A 지역은 계절풍의 영향으로 여름철에 강수가 집중된다.
② B 지역은 바다의 영향으로 겨울이 따뜻하다.
③ C 지역에서는 겨울철에 오로라를 볼 수 있다.
④ A 지역은 B 지역보다 겨울철 기온이 낮다.
⑤ A, C 지역은 온대 기후에 속한다.

09 다음에서 설명하는 기후로 옳은 것은?

┌─────────────────────────────────
│ 북부 유럽과 동부 유럽은 대륙의 영향으로 기온의 변
│ 화가 심하며, 겨울이 길고 춥다. 침엽수림 지대인 타
│ 이가가 넓게 분포한다.
└─────────────────────────────────

① 건조 기후   ② 냉대 기후   ③ 열대 기후
④ 온대 기후   ⑤ 한대 기후

서술형 문제

01 제시어를 모두 사용하여 스칸디나비아산맥과 알프스산맥의 특징을 비교하여 서술하시오.

┌─────────────────────────────────
│ • 해발 고도   • 형성 시기
└─────────────────────────────────

_____

_____

_____

02 자료를 보고 물음에 답하시오.

그리스의 산토리니섬은 (㉠)가 나타나는 지역이다. 이 지역에서는 전통 가옥의 ㉡ 외벽을 주로 흰색으로 칠한다.

(1) ㉠에 들어갈 기후를 쓰시오.

_____

(2) 밑줄 친 ㉡과 같은 가옥을 짓는 까닭을 기후와 관련하여 서술하시오.

_____

_____

_____

02. 유럽 도시의 다양한 특성

🔷 유럽 도시의 기능과 특징

1 다양한 특성이 있는 유럽의 도시 [자료1]

제네바 (스위스)	세계 무역 기구(WTO), 세계 보건 기구(WHO) 등 세계적으로 영향력이 큰 국제기구의 본부가 많음
아테네 (그리스)	파르테논 신전, 아크로폴리스 등의 고대 유적이 있고, 민주주의가 시작된 곳으로 알려져 있음
베네치아 (이탈리아)	120여 개의 섬으로 이루어진 수상 도시로, 관광용 배인 곤돌라를 타고 도시를 둘러볼 수 있음
로테르담 (네덜란드)	세계 물류 산업의 중심지 역할을 하고, 철도·도로·항공 교통이 발달하여 유럽의 관문으로 불림
브뤼셀 (벨기에)	유럽 연합(EU)의 본부와 북대서양 조약 기구(NATO)의 본부가 있어 유럽의 수도라고 불림
프랑크푸르트 (독일)	유럽 연합(EU)의 중앙은행이 있어 경제·금융·보험 분야에서 세계적으로 영향력이 있음
빈 (오스트리아)	유명한 예술가들이 활동한 고전 음악의 성지로, 구시가지 전체가 유네스코 세계 문화유산에 등재됨

2 산업 변화에 따른 도시의 기능 변화: 사회가 발달할수록 서비스업이 성장하며 제조업 중심 도시에서 서비스업 중심 도시로 변화함 📌 빌바오 (에스파냐), 맨체스터(영국) 등 [자료2]

🔷 유럽의 지속가능한 도시

1 지속가능한 도시의 등장 〔시험 단골〕 지속가능한 도시의 의미를 묻는 문제가 자주 출제돼!

(1) 등장 배경: ⁺산업화, 도시화로 발생한 도시 문제와 기후위기 문제 등을 해결하기 위함

(2) 의미: 자연환경을 보호하고 경제적·사회적·문화적 측면에서 균형적인 발전을 추구하는 도시

2 지속가능한 도시를 만들기 위한 노력 [자료3]

(1) 친환경 정책의 실천: ⁺탄소중립을 목표로 녹지 공간 확보, 재생 에너지를 활용한 전력 생산 비율 확대, 이산화 탄소 배출을 줄이는 정책 추진 등

(2) 지속가능한 도시를 만들기 위한 다양한 노력

프라이부르크 (독일)	태양광 지붕을 설치한 주택 건축을 장려하고, 일상용품의 재활용률을 높여 쓰레기 발생을 최소화함
코펜하겐 (덴마크)	대부분의 에너지를 풍력으로 충당하며, 광역 자전거 고속 도로를 운영하는 등 자전거 이용을 장려하는 정책을 추진함
말뫼 (스웨덴)	풍력, 태양열 등 재생 에너지만을 사용하는 건물이 있고, 재생 에너지를 생산하는 정책을 펼침
오슬로 (노르웨이)	전기 자동차의 비율을 높이고자 전기 자동차 사용 시 세금 면제, 통행료 감면 등 다양한 혜택을 제공함

└ 노르웨이 정부는 2025년부터 화석 에너지를 사용하는 자동차의 운행과 판매를 금지하는 친환경 정책을 선언하였어.

자료1 기능에 따른 유럽 도시의 구분

경제·금융 도시	프랑크푸르트(독일), 런던(영국) 등
관광 도시	바르셀로나(에스파냐), 베네치아(이탈리아), 아테네(그리스) 등
문화·예술 도시	파리(프랑스), 빈(오스트리아) 등
환경·생태 도시	프라이부르크(독일), 스톡홀름(스웨덴), 암스테르담(네덜란드) 등
세계 도시	런던(영국), 파리(프랑스) 등

유럽은 일찍이 산업화가 진행되고 오랜 기간 도시가 성장하면서 다양한 기능과 특징을 가진 도시가 발달하였다.

자료2 산업 변화에 따른 도시의 기능 변화

⬆ 1970년대 빌바오의 모습　⬆ 오늘날 빌바오의 모습

빌바오는 과거 공업 도시였으나 철강 산업이 쇠퇴하자 지역 경제를 살리고자 네르비온강 주변을 정비하고 문화 시설을 만들어 관광객을 유치하고 있다.
└ 구겐하임 미술관을 건립하였어.

자료3 유럽 도시의 탄소중립 정책

⬆ 프라이부르크의 태양광 지붕　⬆ 오슬로의 전기 자동차

유럽의 지속가능한 도시는 화석 에너지 사용을 줄이고 신·재생 에너지 사용량을 늘리고 있다. 또한 대중교통과 자전거 등의 교통수단을 확대하고, 자동차 사용을 줄이려고 노력하고 있다.

+ **산업화** 농림어업 중심의 산업 구조에서 제조업과 서비스업의 비율이 높아지는 현상

+ **탄소중립** 이산화 탄소를 배출한 만큼 이산화 탄소를 흡수하는 대책을 세워 실질적인 이산화 탄소 배출을 '0'으로 만드는 것

대표 자료 확인하기

✦ 산업 변화에 따른 도시의 기능 변화

↑ 에스파냐 빌바오

(① 　　　　　)은/는 철강 산업이 쇠퇴하자 지역 경제를 살리기 위해 네르비온강 주변을 정비하고 문화 시설을 만들었다.

✦ 지속가능한 도시를 만들기 위한 노력

↑ 태양광 지붕　　　　↑ 전기 자동차

독일의 (② 　　　　　)은/는 태양광 등과 같은 신·재생 에너지 사용량을 늘리고 있다. 노르웨이의 (③ 　　　　　)은/는 대중교통 등의 교통수단을 확대하고, 자동차 사용을 줄이려고 노력하고 있다.

한눈에 정리하기

✦ 유럽 도시의 다양한 기능

경제·금융 도시	프랑크푸르트(독일), 런던(영국) 등
관광 도시	바르셀로나(에스파냐), 베네치아(이탈리아) 등
문화·예술 도시	파리(프랑스), 빈(오스트리아) 등
환경·생태 도시	프라이부르크(독일), 스톡홀름(스웨덴) 등
(① 　　　　)	런던(영국), 파리(프랑스) 등

✦ 지속가능한 도시의 등장

등장 배경	(② 　　　　　), 도시화로 발생한 도시 문제와 기후위기 문제 등을 해결하기 위함
의미	자연환경을 보호하고 경제적·사회적·문화적 측면에서 균형적인 발전을 추구하는 도시

1 도시의 기능에 따른 유럽의 도시를 옳게 연결하시오.

(1) 경제·금융 도시 •　　　• ㉠ 빈, 파리
(2) 문화·예술 도시 •　　　• ㉡ 런던, 프랑크푸르트
(3) 환경·생태 도시 •　　　• ㉢ 스톡홀름, 프라이부르크

2 다음 설명이 맞으면 ○표, 틀리면 ✕표를 하시오.

(1) 유럽은 일찍이 산업화가 진행되어 다양한 기능을 가진 도시들이 발달하였다. 　　　(　　)
(2) 제조업이 발달하였던 도시가 오늘날 서비스업 중심 도시로 변화하기도 한다. 　　　(　　)
(3) 제네바는 유럽 연합의 중앙은행이 있어 경제·금융·보험 분야에서 세계적으로 영향력이 있다. 　　　(　　)

3 다음 괄호 안의 내용 중 알맞은 말에 ○표를 하시오.

(1) (아테네, 베네치아)에는 파르테논 신전, 아크로폴리스 등의 고대 유적이 남아 있다.
(2) (브뤼셀, 로테르담)은 유럽 연합(EU)의 본부와 북대서양 조약 기구(NATO)의 본부가 있어 유럽의 수도라고 불린다.

4 다음에서 설명하는 용어를 쓰시오.

> • 산업화, 도시화로 발생한 도시 문제와 기후위기 문제를 해결하고자 등장한 개념이다.
> • 자연환경을 보호하고 경제적·사회적·문화적 측면에서 균형적인 발전을 추구하는 도시를 말한다.

(　　　　　)

5 다음에서 설명하는 도시를 〈보기〉에서 골라 기호를 쓰시오.

> 보기
> ㄱ. 오슬로　　　　ㄴ. 코펜하겐　　　　ㄷ. 프라이부르크

(1) 태양광 지붕을 설치한 주택 건설을 장려하고, 일상용품의 재활용률을 높이고자 한다. 　　　(　　)
(2) 전기 자동차의 비율을 높이고자 전기 자동차 사용 시 세금 면제 등 다양한 혜택을 제공한다. 　　　(　　)
(3) 대부분의 에너지를 풍력으로 충당하며, 광역 자전거 고속 도로를 운영하는 등 자전거 이용을 장려한다. 　　　(　　)

01 제시된 도시들의 공통점으로 가장 적절한 것은?

> • 스웨덴의 스톡홀름　　• 독일의 프라이부르크

① 세계 경제의 중심지 역할을 한다.
② 지식·정보 산업, 첨단 기술 산업이 발달하였다.
③ 사람과 환경이 조화를 이루는 환경·생태 도시이다.
④ 독특한 자연환경을 바탕으로 관광 산업이 발달하였다.
⑤ 다양한 문화나 역사 유적을 바탕으로 관광 산업이 발달하였다.

이 문제에서 나올 수 있는 선택지는 다~!

02 다음 중 유럽 여행을 다녀온 학생의 소감으로 적절하지 <u>않은</u> 것은?

① 가영: 곤돌라를 타고 수상 도시를 둘러보았어.
② 나영: 사막에 세워진 현대 도시를 구경하였어.
③ 다영: 세계 무역 기구(WTO) 본부에 방문하였어.
④ 라영: 파르테논 신전 앞에서 기념사진을 찍었어.
⑤ 마영: 슈베르트, 베토벤 등 유명한 예술가들이 활동한 도시를 둘러보았어.
⑥ 바영: 천재 건축가로 불리는 가우디의 작품인 사그라다 파밀리아 성당과 구엘 공원을 관람하였어.

03 다음에서 설명하는 도시로 옳은 것은?

> 이 도시는 올림픽이 최초로 열린 곳이며, 민주주의가 시작된 곳으로 알려져 있다. 이곳에서는 고대 유적지인 파르테논 신전, 아크로폴리스 등을 볼 수 있다.

① 런던　　② 파리　　③ 아테네
④ 모스크바　　⑤ 암스테르담

04 지도에 표시된 A 국가의 수도에 대한 설명으로 옳은 것은?

① 빅 벤, 타워 브리지를 볼 수 있다.
② 유명한 예술가들이 활동한 고전 음악의 성지이다.
③ 유럽 연합(EU)의 본부가 있어 유럽의 수도라고 불린다.
④ 구시가지 전체가 유네스코 세계 문화유산에 등재되었다.
⑤ 유럽에서 인구가 가장 많은 도시이며 붉은 광장, 크렘린 궁전이 유명하다.

05 다음에서 설명하는 도시를 지도의 A～E에서 고른 것은?

> 유럽의 관문이라 불리는 북해 연안의 항구 도시이다. 라인강의 하류에 있어 항구 뿐 아니라 철도·도로·항공 교통이 발달하였다. 오늘날 세계 물류 산업의 중심지 역할을 한다.

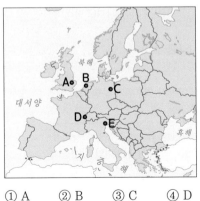

① A　　② B　　③ C　　④ D　　⑤ E

06 ㉠에 들어갈 도시를 쓰시오.

(㉠) # 조선업 # 관광 산업 # 구겐하임 미술관
에스파냐

(   )

07 지속가능한 도시에 대한 설명으로 옳은 것을 〈보기〉에서 고른 것은?

┤보기├
ㄱ. 경제 발전을 위해 탄소를 많이 배출하는 도시이다.
ㄴ. 환경과 자연보다는 인간의 편의와 개발을 추구한다.
ㄷ. 도시 문제와 기후위기 문제 등을 해결하기 위해 등장하였다.
ㄹ. 경제적·사회적·문화적 측면에서 균형적인 발전을 추구하는 도시이다.

① ㄱ, ㄴ   ② ㄱ, ㄷ   ③ ㄴ, ㄷ
④ ㄴ, ㄹ   ⑤ ㄷ, ㄹ

중요해

08 다음 글을 읽고 알 수 있는 지속가능한 도시의 특징으로 가장 적절한 것은?

스웨덴 말뫼에는 태양열, 풍력, 바이오가스 등을 사용하는 지속가능한 주거 지역이 조성되고 있다. 특히 '터닝 토르소'라는 건물은 풍력 발전으로 만든 전기를 사용하고, 태양열을 이용하여 난방을 한다.

① 자가용 이용을 장려한다.
② 주거 지역 내 대중교통 출입을 금지한다.
③ 녹지 공간을 줄이고 주거용 건물을 짓는다.
④ 화석 에너지 대신 신·재생 에너지를 사용한다.
⑤ 도심에 독특한 건물을 지어 랜드마크로 만든다.

어려워 ▽

09 다음 신문 기사를 읽은 학생의 반응으로 가장 적절한 것은?

○○ 신문

탄소 배출 감소에 힘쓰는 도시, 오슬로
2017년 노르웨이 정부는 2025년부터 (㉠)을/를 사용하는 자동차의 운행과 판매를 금지하는 정책을 선언하였다. 이에 따라 오슬로는 전기 자동차 사용 시 세금 면제, 통행료 감면, 공영 주차장 주차비 할인 등의 보조 정책을 펼치고 있다.

① 가민: 오슬로는 지속가능한 도시이구나.
② 나민: ㉠에 들어갈 말은 '신·재생 에너지'겠네.
③ 다민: 이 도시는 녹지 공간이 차지하는 비율을 낮추겠네.
④ 라민: 이런 도시가 많아지면 이상 기후 현상이 심화될 거야.
⑤ 마민: 이 도시는 이산화 탄소와 같은 온실가스 배출량을 전혀 신경 쓰지 않는구나.

서술형 문제

01 다음에서 설명하는 도시의 노력 사례를 두 가지 서술하시오.

유럽은 산업 혁명을 거치며 경제가 성장하였지만 스모그나 산성비 등의 환경 문제를 겪었으며, 최근에는 폭염, 홍수 등 자연재해도 잦아지고 있다. 이러한 문제를 해결하기 위해 유럽의 여러 도시에서는 여러 가지 노력을 하고 있다.

_____

_____

_____

03. 유럽의 통합과 분리 움직임

◆ 유럽의 통합이 미친 영향

1 유럽 연합의 형성 배경과 특징

(1) **형성 배경**: 두 차례의 세계 대전 이후 유럽의 경제 발전과 평화를 위해 유럽의 통합을 추진함 → 1993년 유럽 연합(EU)이 출범함 자료①

(2) **특징**

① 유럽 의회, 유럽 연합 집행 위원회 등을 구성하여 정치적 통합을 지향함 → 국가를 초월한 입법, 사법, 행정 기능을 갖춤

② 유럽 중앙은행을 설립하고, 유로(Euro)라는 단일 화폐를 사용함

③ 회원국 간 관세를 없애 상품, 자본, 노동력, 서비스 등의 자유로운 이동을 추구함

2 유럽의 통합이 주민 생활에 미친 영향

시험 단골 ▶ 유럽의 통합으로 주민 생활이 어떻게 달라졌는지를 묻는 문제가 자주 출제돼!

긍정적 영향	• 셴겐 조약으로 비자·여권 없이 자유롭게 국경을 이동함 • 다른 국가에 있는 대학에 진학하거나 외국인에 대한 취업 규제 없이 일할 수 있음
부정적 영향	동부 유럽과 서부 유럽의 경제적 격차 심화, 남부 유럽의 재정 적자 확대 등의 문제가 발생함

◆ 유럽의 분리 움직임이 미친 영향

시험 단골 ▶ 분리·독립 움직임이 나타나는 지역의 사례를 제시하고 어떤 지역인지 묻는 문제가 자주 출제돼!

1 유럽에서의 분리·독립 움직임 자료②

(1) **분리·독립 움직임이 나타나는 까닭**: 경제, 문화 등의 차이로 갈등이 발생하여 분리·독립을 요구하는 지역이 있음

(2) **분리·독립 움직임이 나타나는 지역**

영국의 스코틀랜드	스코틀랜드는 잉글랜드와 민족, 문화가 달라 영국으로부터 분리·독립을 요구함
에스파냐의 카탈루냐	경제적으로 부유한 카탈루냐 지역은 고유한 역사와 문화를 가지고 있어 에스파냐로부터 독립을 요구함
벨기에의 플랑드르	서로 다른 언어를 사용하는 플랑드르 지역과 왈롱 지역 간에 경제적 격차가 커지면서 갈등이 나타남 자료③

(3) **분리·독립 움직임의 영향**: 이주민과 난민에 대한 적대감 조성으로 문화적 갈등 발생, 유럽 연합의 결속력과 지속력 약화 등

2 영국의 유럽 연합 탈퇴(브렉시트)

(1) **탈퇴 배경**: 과도한 유럽 연합 분담금 지불, 이주민 유입에 따른 문화 갈등 발생, 원주민과 이주민 간 노동 시장에서의 경쟁 심화 등 → 2020년 1월 유럽 연합에서 탈퇴함

(2) **영향**

영국	• 긍정적 영향: 유럽 연합 분담금으로 지출하던 비용을 교육, 연구·개발 등 다양한 분야에 투자할 수 있음 • 부정적 영향: 외국인 노동자의 유출로 노동력 부족 문제 발생, 유럽의 다른 국가와의 자유로운 무역이 어려워짐
유럽 연합	유럽 연합 내 무역량 감소로 유럽의 경제 성장 둔화

└ 다른 회원국의 탈퇴 가능성이 높아질 수 있어.

교과서 쏙 자료

자료① 유럽 연합 가입 국가

유로를 사용하는 지역을 '유로존'이라고 불러.

가입국 / 후보국 / 탈퇴국 / € 유로 사용국

유럽 연합은 유럽의 정치적·경제적 통합을 실현하기 위한 유럽 국가들의 연합 기구로, 2024년 기준 유럽 연합 가입국은 총 27개국이다.

자료② 분리 움직임이 나타나는 지역

유럽에서 분리 움직임이 나타나는 지역으로는 영국의 스코틀랜드, 에스파냐의 카탈루냐, 벨기에의 플랑드르, 이탈리아의 파다니아 지역 등이 있다.

자료③ 플랑드르 지역의 분리 움직임

플랑드르 지역은 고부가 가치의 지식 산업이 발달하였고, 왈롱 지역은 농업·광공업 중심의 산업이 발달하였어.

벨기에의 플랑드르 지역은 네덜란드어, 왈롱 지역은 프랑스어를 사용하며 플랑드르 지역은 왈롱 지역보다 소득 수준이 높다. 플랑드르 주민들은 언어와 경제적 격차가 커지면서 분리 독립을 요구하고 있다.

Plus 용어

+ **셴겐 조약** 유럽 각국이 국경 검문, 여권 검사 면제 등을 통해 국가 간 통행에 제한이 없도록 한다는 내용의 조약

+ **브렉시트(Brexit)** 영국의 유럽 연합 탈퇴를 뜻하는 용어로 영국을 뜻하는 브리튼(Britain)과 탈퇴를 뜻하는 엑시트(Exit)를 합친 말

대표 자료 확인하기

✦ 유럽 연합 가입 국가

| 가입국 |
| 후보국 |
| 탈퇴국 |
| € 유로 사용국 |

(유럽 연합, 2023)

2024년 기준 유럽 연합 가입국은 총 27개국이다. (①   )이/가 유럽 연합에서 탈퇴한 한편, (②   ), 우크라이나 등은 유럽 연합 가입을 희망하고 있다.

✦ 플랑드르 지역의 분리 움직임

| 독일어 | 프랑스어 |
| ③ | 네덜란드어·프랑스어 |

◀ 벨기에의 지역별 언어 분포

(『세계의 여러 지역』, 2023)

벨기에의 플랑드르 지역은 (③   )을/를 사용하며, 왈롱 지역은 프랑스어를 사용한다. 이들 지역은 언어와 경제 수준 차이로 분리 움직임이 나타나고 있다.

한눈에 정리하기

✦ 유럽 연합의 형성 배경과 특징

형성 배경	두 차례의 세계 대전 이후 유럽의 경제 발전과 평화를 위해 유럽의 통합을 추진함
특징	• (①)(이)라는 단일 화폐를 사용함 • 회원국 간 (②)을/를 없애 상품, 자본, 노동력, 서비스 등의 자유로운 이동을 추구함

✦ 영국의 유럽 연합 탈퇴의 영향

영국	• 유럽 연합 분담금으로 지출하던 비용을 다양한 분야에 투자할 수 있음 • 외국인 노동자의 유출로 노동력 부족
유럽 연합	유럽 연합 내 무역량 감소로 유럽의 경제 성장 둔화

---

1 (   )은/는 유럽의 정치적·경제적 통합을 실현하기 위해 1993년에 출범한 국제기구이다.

2 다음 설명이 맞으면 ○표, 틀리면 ✕표를 하시오.

(1) 유럽 연합의 회원국 대부분이 '프랑'이라는 단일 화폐를 사용한다.   (   )

(2) 유럽 연합은 회원국 간 관세를 없애 상품, 자본, 노동력, 서비스 등의 자유로운 이동을 추구한다.   (   )

(3) 유럽 연합 회원국들은 유럽 의회, 유럽 연합 집행 위원회 등을 구성하며 유럽의 정치적 통합을 지향한다.   (   )

3 다음 빈칸에 들어갈 알맞은 말을 쓰시오.

(1) 유럽 연합의 시민들은 (   )에 따라 비자나 여권 없이 자유롭게 국경을 이동할 수 있다.

(2) 유럽 연합은 서부 유럽과 (   )의 경제적 격차, 남부 유럽의 재정 적자 확대 등의 문제가 발생하고 있다.

4 다음 괄호 안의 내용 중 알맞은 말에 ○표를 하시오.

(1) (바스크, 스코틀랜드)는 잉글랜드와 민족, 문화가 달라 영국으로부터 독립을 요구하고 있다.

(2) 경제적으로 부유한 카탈루냐 지역은 고유한 문화를 가지고 있어 (에스파냐, 포르투갈)로부터 독립을 요구하고 있다.

(3) (벨기에, 스위스)에서는 네덜란드어를 사용하는 플랑드르 지역과 프랑스어 사용하는 왈롱 지역 간에 갈등이 발생하고 있다.

5 다음 설명이 맞으면 ○표, 틀리면 ✕표를 하시오.

(1) 2024년 기준 영국은 유럽 연합의 회원국이다.   (   )

(2) 유럽 연합을 탈퇴하는 국가가 생기면 유럽 연합 내 교역량이 감소하여 유럽의 경제 성장이 둔화될 수 있다.   (   )

중요해 ☆

01 밑줄 친 '국제기구'에 대한 설명으로 옳은 것을 〈보기〉에서 고른 것은?

← 본부

이 국제 기구는 유럽의 정치·경제 통합을 실현하기 위한 유럽 국가들의 연합 기구로, 벨기에 브뤼셀에 본부를 두고 있다.

┤ 보기 ├

ㄱ. 벨기에의 행정 기능을 주로 담당하고 있다.
ㄴ. 회원국 간 경제 협력을 위해 유럽 중앙은행을 설립하였다.
ㄷ. 유럽의 정치적·경제적 통합을 실현하고자 1945년에 출범하였다.
ㄹ. 유럽 의회, 유럽 연합 집행 위원회 등을 구성하여 정치적 통합을 추구하고 있다.

① ㄱ, ㄴ   ② ㄱ, ㄷ   ③ ㄴ, ㄷ
④ ㄴ, ㄹ   ⑤ ㄷ, ㄹ

02 지도의 A, B 국가에 대한 설명으로 옳은 것은?

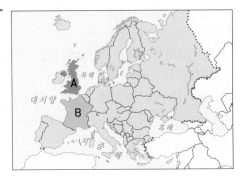

① A는 유럽 연합 회원국이다.
② B는 유럽 연합 가입을 희망하고 있다.
③ A에 사는 주민이 B를 여행할 때는 여권이 필요하다.
④ B에서 생산한 물건을 A에 팔 때는 때 관세를 내지 않는다.
⑤ A, B는 같은 화폐를 사용한다.

이 문제에서 나올 수 있는 선택지는 다~!

03 지도는 유럽 연합 가입국을 나타낸 것이다. 이에 대한 설명으로 옳지 않은 것은?

(유럽 연합, 2023)

① 북부 유럽은 모두 유럽 연합 가입국이다.
② 영국은 유럽 연합에 가입하였으나 탈퇴하였다.
③ 2024년 기준 유럽 연합 가입국은 총 27개국이다.
④ 세르비아, 우크라이나는 유럽 연합 가입 후보국이다.
⑤ 유럽 연합 가입국 중 유로를 사용하지 않는 국가도 있다.
⑥ 노르웨이, 스위스와 같이 유럽 연합 가입을 희망하지 않는 국가도 있다.

04 다음 글의 밑줄 친 부분에 들어갈 내용으로 가장 적절한 것은?

지리적으로 유럽과 아시아에 걸쳐 있는 튀르키예는 국토 대부분이 아시아 대륙에 있어 아시아 국가로 분류되는 경우가 많다. 오늘날 튀르키예는 유럽 연합에 가입하려고 노력하고 있다. 이는 튀르키예가 유럽 연합에 가입할 경우 _____ 때문이다.

① 국제 연합 가입국과 교류가 감소하기
② '프랑'이라는 단일 화폐를 사용할 수 있기
③ 북대서양 조약 기구(NATO)에서 탈퇴할 수 있기
④ 유럽 국가들과 무역이 증가하여 경제적 이익이 커지기
⑤ 유럽 연합 회원국으로 국제 사회에서 영향력이 작아지기

05 밑줄 친 ㉠~㉤ 중 옳지 않은 것은?

> ㉠ 유럽은 국가 간 통합을 통해 지역 발전을 추구하고 있다. 그러나 ㉡ 유럽에서는 한 국가 내에서 분리 독립의 움직임이 나타나는 지역도 있다. 이러한 ㉢ 국가 내에서 분리 움직임은 경제, 문화적 차이 등으로 발생한다. ㉣ 영국의 파다니아와 이탈리아의 스코틀랜드 등이 대표적이다. ㉤ 지역 내 분리 독립 움직임은 주민들의 화합과 통합에 부정적인 영향을 미친다.

① ㉠   ② ㉡   ③ ㉢   ④ ㉣   ⑤ ㉤

06 ㉠에 공통으로 들어갈 지역으로 옳은 것은?

> 벨기에의 (㉠) 지역은 네덜란드어를 사용하여 프랑스어를 사용하는 왈롱 지역과 갈등을 겪고 있다. (㉠)와 왈롱 지역의 경제적 격차가 커지면서 갈등이 더욱 심해지고 있다.

① 바스크   ② 카탈루냐
③ 파다니아   ④ 플랑드르
⑤ 스코틀랜드

어려워 ✔

07 다음 현상이 영국과 유럽 연합에 미친 영향을 추론한 것으로 적절하지 않은 것은?

> **○○ 신문**
>
> **영국, 유럽 연합에서 탈퇴하다**
> 영국은 2016년 6월 치러진 국민 투표 결과에 따라 유럽 연합 탈퇴를 결정하였고, 2020년 유럽 연합 탈퇴가 공식 승인되었다. 이로써 영국은 유럽 연합을 탈퇴하는 첫 회원국으로 기록되었다.

① 유럽 내 무역이 감소할 것이다.
② 영국 내 외국인 노동자가 증가할 것이다.
③ 영국에 이어서 유럽 연합을 탈퇴하는 국가가 나타날 수 있다.
④ 영국을 여행하려는 유럽 연합 회원국 시민들은 여권을 준비해야 할 것이다.
⑤ 영국 국민이 유럽 연합 회원국에 취업할 때 외국인 취업 규정이 적용될 것이다.

서술형 문제

01 다음에서 설명하는 조약의 명칭을 쓰고, 이 조약이 주민 생활에 미친 영향을 서술하시오.

> 1985년 독일, 프랑스, 네덜란드, 벨기에, 룩셈부르크 5개국만으로 시작된 이 조약은 2024년 기준 유럽 연합의 가입국뿐만 아니라 유럽 지역 내의 29개 국가로 규모가 확대되었다.

02 다음과 같은 현상이 나타나는 까닭을 서술하시오.

> 에스파냐 축구 리그에서 마드리드와 바르셀로나의 경기는 많은 사람에게 큰 주목을 받는다. 두 지역은 서로 적대하는 감정이 커서 항상 치열한 경기를 치른다. 바르셀로나가 속한 카탈루냐 지역은 에스파냐에서 분리 독립을 희망하고 있다.

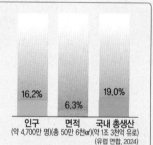

16.2% 6.3% 19.0%
인구
(약 4,700만 명)
면적
(총 50만 6천㎢)
국내 총생산
(약 1조 3천억 유로)
(유럽 연합, 2024)

↑ 카탈루냐 지역이 에스파냐에서 차지하는 지표별 비율

03 영국이 유럽 연합을 탈퇴한 배경을 두 가지 서술하시오.

표와 자료로 정리하는 대단원

① 유럽의 지역 구분

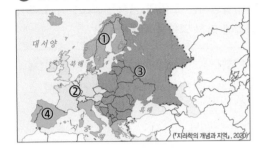

(「지리학의 개념과 지역」, 2020)

①⬜⬜⬜⬜   ②⬜⬜⬜⬜
③⬜⬜⬜⬜   ④⬜⬜⬜⬜

| 정답 | ① 북부 유럽 ② 서부 유럽 ③ 동부 유럽 ④ 남부 유럽

② 유럽의 주요 지형

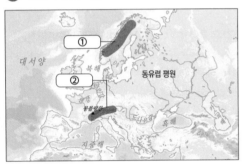

• 유럽 북부의 ①⬜⬜⬜⬜⬜⬜⬜⬜은/는 오랜 기간 침식을 받아 해발 고도가 낮다.

• 남부에 위치한 ②⬜⬜⬜⬜⬜은/는 형성된 지 비교적 오래되지 않아 해발 고도가 높고 험준하다.

| 정답 | ① 스칸디나비아산맥 ② 알프스산맥

③ 유럽의 기후 분포

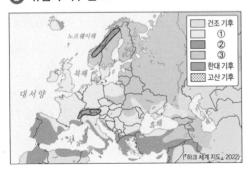

(「하크 세계 지도」, 2022)

①⬜⬜⬜⬜⬜⬜⬜
②⬜⬜⬜⬜⬜⬜
③⬜⬜⬜⬜

| 정답 | ① 서안 해양성 기후 ② 지중해성 기후 ③ 냉대 기후

---

01 유럽의 국가 및 주요 도시와 자연환경

✦ 유럽의 국가와 주요 도시 ①

위치	(①) 대륙의 서부에 있으며, 서쪽으로 대서양, 남쪽으로 지중해와 접하고 동쪽의 우랄산맥을 경계로 아시아와 구분됨
지역 구분과 국가	• (②): 영국, 프랑스, 독일, 스위스, 네덜란드 등 • 북부 유럽: 스웨덴, 핀란드, 노르웨이 등 • 남부 유럽: 에스파냐, 포르투갈, 이탈리아, 그리스 등 • 동부 유럽: 러시아, 우크라이나, 폴란드 등
주요 도시	런던(영국), 파리(프랑스), 베를린(독일), 마드리드(에스파냐), 로마(이탈리아), 모스크바(러시아)

✦ 유럽의 자연환경 ② ③

지형	산지	• 알프스산맥: 유럽 남부, 비교적 해발 고도가 (③) • (④)산맥: 유럽 북부, 비교적 해발 고도 낮음
	평야·하천	• 프랑스 평원과 북독일 평원에서 동유럽 평원으로 이어짐 • 평원에는 라인강을 비롯한 여러 하천이 흐름
	빙하	알프스산맥과 북부 유럽에 분포함
	화산	아이슬란드, 이탈리아 남부에 분포함
기후	서부 유럽	• 바다에서 불어오는 (⑤)의 영향으로 기온의 연교차가 작고, 강수량이 연중 고른 서안 해양성 기후가 나타남 • 혼합 농업, 낙농업이 발달함
	남부 유럽	• 여름이 덥고 건조하며 겨울은 온화하고 비가 많이 내리는 지중해성 기후가 나타남 • 올리브, 포도 등을 재배하는 (⑥)이/가 발달함
	동부 및 북부 유럽	• 대륙의 영향으로 겨울이 길고 추운 냉대 기후가 나타남 • 냉대 기후 지역에는 침엽수림 지대인 타이가가 분포함

| 정답 | ① 유라시아 ② 서부 유럽 ③ 높음 ④ 스칸디나비아 ⑤ 편서풍 ⑥ 수목 농업

---

02 유럽 도시의 다양한 특성

✦ 다양한 특성이 있는 유럽의 도시

(⑥)	세계 무역 기구(WTO) 등 국제기구의 본부가 많음
아테네	파르테논 신전 등의 고대 유적으로 유명함
베네치아	관광용 배인 곤돌라를 타고 도시를 둘러볼 수 있음
로테르담	세계 물류 산업의 중심지 역할을 함
(⑦)	유럽 연합(EU)의 본부가 있어 유럽의 수도라고 불림
빈	유명한 예술가들이 활동한 고전 음악의 성지임

✦ 유럽의 지속가능한 도시 ❹

(⑧)	• 등장 배경: 산업화, 도시화로 발생한 도시 문제와 기후위기 문제 등을 해결하기 위함 • 의미: 자연환경을 보호하고 경제적·사회적·문화적 측면에서 균형적인 발전을 추구하는 도시
지속가능한 도시를 만들기 위한 노력	• (⑨): 태양광 지붕을 설치한 주택 건축을 장려하고, 일상용품의 재활용률을 높여 쓰레기 발생을 최소화함 • 코펜하겐: 대부분의 에너지를 풍력으로 충당하며, 광역 자전거 고속 도로를 운영하는 등 자전거 이용을 장려하는 정책을 추진함 • 말뫼: 풍력, 태양열 등 재생 에너지만을 사용하는 건물이 있고, 재생 에너지를 생산하는 정책을 펼침 • 오슬로: 전기 자동차의 비율을 높이고자 전기 자동차 사용 시 세금 면제, 통행료 감면 등 다양한 혜택을 제공함

| 정답 | ⑥ 재개발 ⑦ 뉴어바니즘 ⑧ 도시 재생 사업 ⑨ 프라이부르크

❹ 지속가능한 도시를 만들기 위한 노력

▲ 프라이부르크의 태양광 지붕   ▲ 오슬로의 전기 자동차

유럽의 지속가능한 도시는 화석 에너지의 사용을 줄이고 ①☐·☐☐ ☐☐☐ 사용량을 늘리고 있다. 또한 자전거 등의 교통수단을 확대하고, ②☐☐☐ 사용을 줄이려고 노력하고 있다.

| 정답 | ① 풍력·태양 에너지 ② 자동차

---

03 유럽의 통합과 분리 움직임

✦ 유럽의 통합이 미친 영향 ❺

유럽 연합의 형성 배경	두 차례의 세계 대전 이후 유럽의 경제 발전과 평화를 위해 1993년 (⑩) 출범
유럽 연합의 특징	• 유럽 의회, 집행 위원회 등을 구성하여 정치적 통합을 지향함 • (⑪)(이)라는 단일 화폐를 사용함 • 회원국 간 관세를 없애 상품, 자본, 노동력, 서비스 등의 자유로운 이동을 추구함
유럽 통합이 주민 생활에 미친 영향	• 긍정적 영향: (⑫)(으)로 비자·여권 없이 자유롭게 국경을 이동함, 다른 회원국에 있는 대학이나 회사에 다닐 수 있음 • 부정적 영향: 동부 유럽과 서부 유럽의 경제적 격차 심화, 남부 유럽의 재정 적자 확대 등의 문제가 발생함

✦ 유럽의 분리 움직임이 미친 영향 ❻

분리·독립 움직임이 나타나는 까닭	경제, 문화 등의 차이로 갈등이 발생하여 분리·독립을 요구하는 지역이 있음
분리·독립 움직임이 나타나는 지역	에스파냐의 카탈루냐, 벨기에의 (⑬), 영국의 스코틀랜드·북아일랜드, 이탈리아의 파다니아 등
영국의 유럽 연합 탈퇴	영국은 과도한 유럽 연합 분담금 지불, 이주민 유입에 따른 문제 발생 등의 이유로 2020년 1월 유럽 연합을 탈퇴함
영국의 유럽 연합 탈퇴의 영향	• 영국: 유럽 연합 분담금으로 지불하던 비용을 교육, 연구·개발 등 다양한 분야에 투자할 수 있음, 외국인 노동자의 유출로 노동력 부족 문제 발생 등 • 유럽 연합: 유럽 연합 내 무역량 감소로 유럽의 경제 성장 둔화

| 정답 | ⑩ 유럽 연합(EU) ⑪ 유로 ⑫ 솅겐 협정 ⑬ 플랑드르

❺ 유럽 연합 가입국

(유럽 연합, 2023)

유럽의 정치적·경제적 통합을 실현하고자 유럽 연합이 출범하였으며, 2020년 ①☐☐의 탈퇴로 2024년 기준 유럽 연합 가입국은 총 ②☐☐개국이다.

| 정답 | ① 영국 ② 27

❻ 분리 움직임이 나타나는 지역

(「지리학의 개념과 지역」, 2020)

① ☐☐의 스코틀랜드와 북아일랜드
② ☐☐☐의 플랑드르
③ ☐☐☐☐의 카탈루냐

| 정답 | ① 영국 ② 벨기에 ③ 에스파냐

01 유럽의 국가 및 주요 도시와 자연환경

01 지도는 유럽을 지역별로 구분한 것이다. A~D 지역에 대한 설명으로 옳은 것은?

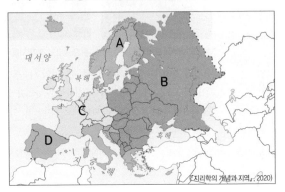

[『지리학의 개념과 지역』, 2020]

① A는 산업과 경제가 발달하였으며 주요 국가로 영국, 프랑스 등이 있다.
② B는 세계의 근대화와 산업화를 주도하였다.
③ C는 발전 잠재력이 큰 지역으로 주요 국가로 러시아가 있다.
④ D에는 아름다운 해안을 볼 수 있는 에스파냐, 이탈리아 등이 있다.
⑤ A~D는 종교에 따라 지역을 구분한 것이다.

중요해

02 사진과 같은 모습을 볼 수 있는 (가), (나) 도시에 대한 설명으로 옳은 것은?

(가)

↑ 콜로세움

(나)

↑ 루브르 박물관

① (가)는 프랑스의 수도이다.
② (가)에는 빅 벤이라는 랜드마크가 있다.
③ (나)에는 가톨릭교의 중심지인 바티칸이 있다.
④ (나)는 유명한 미술품이 많아 세계 문화·예술의 중심지로 불린다.
⑤ (가)는 동부 유럽, (나)는 북부 유럽에 속한다.

03 다음은 유럽의 주요 국가를 조사한 보고서이다. 밑줄 친 ㉠~㉤ 중 옳지 않은 것은?

> **유럽의 주요 국가**
> 1. 영국
> (1) 위치: ㉠ 서부 유럽
> (2) 수도: ㉡ 런던
> (3) 특징: ㉢ 금융 산업이 발달하였다.
> 2. 에스파냐
> (1) 위치: ㉣ 남부 유럽
> (2) 수도: 마드리드
> (3) 특징: ㉤ 피오르 등의 빙하 지형을 볼 수 있다.

① ㉠   ② ㉡   ③ ㉢   ④ ㉣   ⑤ ㉤

04 유럽의 지형에 대한 설명으로 옳지 않은 것은?

① 북부와 남부에 높은 산지가 있다.
② 중부와 동부에 넓은 평원이 펼쳐져 있다.
③ 화산 지형은 아이슬란드에서 볼 수 있다.
④ 빙하 지형은 이탈리아 남부에서 볼 수 있다.
⑤ 알프스산맥은 형성 시기가 비교적 오래되지 않아 해발 고도가 높고 험준하다.

05 사진과 같은 지형을 볼 수 있는 국가를 지도에서 고른 것은?

↑ 송네 피오르

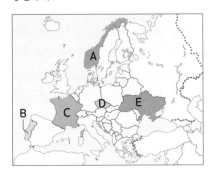

① A
② B
③ C
④ D
⑤ E

06 (가), (나) **기후 지역에 대한 설명으로 옳은 것은? (단,** (가), (나) **지역은 런던, 모스크바 중 하나임.)**

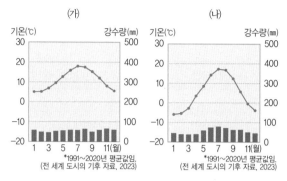

① (가) 지역은 여름철이 덥고 건조하다.
② (가) 지역은 계절별로 강수량 차이가 크다.
③ (가) 지역은 일 년 내내 편서풍의 영향을 받는다.
④ (나) 지역은 겨울철이 온화하고 비가 자주 내린다.
⑤ (나) 지역에서는 포도, 올리브 등을 기르는 수목 농업이 발달하였다.

07 밑줄 친 부분의 이유로 가장 적절한 것은?

> 유럽은 중앙부에 넓은 평원이 펼쳐져 있다. 이 평원에는 라인강을 비롯한 여러 하천이 흐르는데, 운하로 연결되어 교통로로 이용하기도 한다.

① 겨울이 춥고 길기 때문이다.
② 기온의 연교차가 크기 때문이다.
③ 겨울에 눈이 많이 내리기 때문이다.
④ 계절별로 강수량이 고르기 때문이다.
⑤ 대륙에서 강한 바람이 불어오기 때문이다.

02 유럽 도시의 다양한 특성

08 유럽의 도시에 대한 설명으로 옳지 않은 것은?
① 환경·생태 도시에는 스톡홀름과 암스테르담이 있다.
② 유럽은 산업화와 도시화가 비교적 늦게 진행되어 도시가 적다.
③ 빌바오와 같이 산업 구조가 변화하면서 도시의 기능이 달라지기도 한다.
④ 역사적·문화적 배경의 차이로 도시마다 다양한 기능과 특징이 나타난다.
⑤ 유럽에는 세계 경제의 중심지 역할을 하는 런던, 파리 등의 세계 도시가 있다.

09 다음 도시들이 갖는 공통점으로 옳은 것은?

> • 체코 프라하 • 그리스 아테네
> • 이탈리아 베네치아 • 에스파냐 바르셀로나

① 지중해 연안의 휴양 도시이다.
② 세계 경제의 중심지 역할을 한다.
③ 옛 역사를 간직한 문화유산이 많다.
④ 각종 공업이 발달하였고 항만이 있다.
⑤ 세계적인 첨단 산업 관련 기업과 산업 단지가 있다.

창의·융합

10 다음은 유럽 여행 기행문이다. 첫째 날과 둘째 날에 방문한 도시를 옳게 연결한 것은?

> 첫째 날에는 세계적으로 번성한 무역항이 있는 도시를 둘러보았다. 이 도시는 유럽의 관문이라고 불린다. 둘째 날에는 유럽 연합(EU)의 본부를 견학하였다. 이 도시에는 유럽 연합과 북대서양 조약 기구의 본부가 있어 유럽의 수도라고 불리기도 한다.

	첫째 날	둘째 날
①	로테르담	파리
②	로테르담	브뤼셀
③	로테르담	제네바
④	베네치아	브뤼셀
⑤	베네치아	제네바

11 다음에서 설명하는 도시로 옳은 것은?

> 이 도시에는 독일 연방 은행과 독일 증권 거래소뿐만 아니라 유럽 연합(EU)의 중앙은행이 있어 경제·금융·보험 분야에서 세계적으로 영향력이 있는 도시이다.

① 런던　　　　　② 파리
③ 아테네　　　　④ 암스테르담
⑤ 프랑크푸르트

12 제시된 도시의 공통점으로 가장 적절한 것은?

• 노르웨이의 오슬로　　• 독일의 프라이부르크

① 제조업을 바탕으로 경제가 성장하고 있다.
② 폭염, 홍수 등의 자연재해의 피해를 복구하였다.
③ 이산화 탄소와 같은 온실가스 배출량을 늘리고 있다.
④ 신·재생 에너지를 활용한 전력 생산 비율을 낮추고 있다.
⑤ 기후위기에 대응할 수 있는 지속가능한 도시로 주목받고 있다.

13 다음과 같은 정책을 시행하는 이유로 가장 적절한 것은?

덴마크의 코펜하겐에서는 자동차 대신 자전거 이용을 장려하는 정책을 펼치고 있다. 시민들은 자전거 전용 도로를 이용하여 도심으로 쉽게 이동할 수 있으며, 자전거 전용 도로를 차도나 인도와 완전히 분리하여 이용자들의 안전을 보장하고 있다.

① 제조업이 쇠퇴하고 있기 때문이다.
② 첨단 산업을 육성해야 하기 때문이다.
③ 이산화 탄소 등 탄소 배출량을 줄여야 하기 때문이다.
④ 재생 에너지를 활용한 전력 생산 비율을 높여야 하기 때문이다.
⑤ 자전거 전용 도로보다 자동차 전용 도로의 건설 비용이 더 비싸기 때문이다.

03 유럽의 통합과 분리 움직임

14 밑줄 친 ㉠~㉤ 중 옳지 않은 것은?

㉠ 유럽 국가들은 지리적으로 가까워 일찍부터 교류가 많았다. 이들은 ㉡ 정치적·경제적 통합을 위해 1993년 유럽 연합을 결성하였다. ㉢ 유럽 연합은 회원국 간의 관세를 없애 상품, 노동력 등의 자유로운 이동을 추구한다. 또한 이들은 유럽 중앙은행을 설립하여 ㉣ '파운드'라는 단일 화폐를 사용하고 있다. 이를 바탕으로 ㉤ 유럽 대륙 내 교역이 증가하여 경제가 성장하였다.

① ㉠　② ㉡　③ ㉢　④ ㉣　⑤ ㉤

[15~16] 다음은 유럽 연합의 변천을 나타낸 것이다. 이를 보고 물음에 답하시오.

1952년	유럽 석탄 철강 공동체(ECSC) 출범
1993년	유럽 연합(EU) 출범
2004년	동부 유럽 10개국 가입
2007년	㉠ 불가리아, 루마니아 가입
2013년	㉠ 크로아티아 가입
2020년	㉡ 영국의 유럽 연합 탈퇴

15 ㉠ 국가들에 나타날 주민 생활의 변화로 옳은 것을 〈보기〉에서 고른 것은?

보기
ㄱ. 다른 회원국에 있는 대학에 진학할 수 있다.
ㄴ. 비자와 여권 없이 다른 회원국으로 이동할 수 있다.
ㄷ. 다른 회원국에서 물건을 살 때 반드시 환전을 해야 한다.
ㄹ. 다른 회원국에 취업할 때 외국인으로서 취업 규제를 받는다.

① ㄱ, ㄴ　② ㄱ, ㄷ　③ ㄴ, ㄷ
④ ㄴ, ㄹ　⑤ ㄷ, ㄹ

어려워

16 ㉡이 영국과 유럽 연합에 미칠 수 있는 영향으로 옳지 않은 것은?

① 영국 내 외국인 노동자가 감소한다.
② 다른 유럽 연합 회원국이 탈퇴할 수 있다.
③ 영국과 유럽 연합 회원국 내 교역량이 증가한다.
④ 영국은 유럽 연합 회원국 간 관세 면제 혜택을 누리지 못한다.
⑤ 영국은 유럽 연합 분담금으로 지출하던 비용을 다른 분야에 투자할 수 있다.

17 다음에서 설명하는 지역을 지도의 A~E에서 고른 것은?

> 이 지역은 다른 지역과 언어, 역사, 경제 수준 등이 달라 분리·독립을 요구하고 있다. 이러한 분위기는 스포츠에도 영향을 미친다. 이 지역에 있는 도시인 바르셀로나의 축구팀과 카스티야 지역의 도시인 마드리드의 축구팀 경기는 '엘 클라시코'로 불리며 크게 주목받고 있다. 두 팀의 경기가 있는 날에는 독립 운동 시위를 하기도 한다.

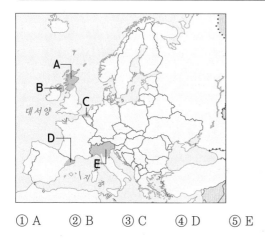

① A   ② B   ③ C   ④ D   ⑤ E

중요해

18 지도는 벨기에의 언어 분포를 나타낸 것이다. A, B 지역에 대한 설명으로 옳은 것을 〈보기〉에서 고른 것은?

『세계의 여러 지역』, 2023)

■ 독일어   ▨ 프랑스어
□ 네덜란드어   ▥ 네덜란드어·프랑스어

┤ 보기 ├
ㄱ. B 지역을 중심으로 분리·독립 움직임이 나타나고 있다.
ㄴ. A 지역은 B 지역보다 국가 내에서 소득 수준이 높다.
ㄷ. A 지역과 B 지역은 서로 사용하는 언어가 다르다.
ㄹ. A 지역은 농업·광공업 중심의 산업, B 지역은 고부가 가치의 지식 산업이 발달하였다.

① ㄱ, ㄴ   ② ㄱ, ㄷ   ③ ㄴ, ㄷ
④ ㄴ, ㄹ   ⑤ ㄷ, ㄹ

서술형 + 논술형 문제

19 다음 글을 읽고 물음에 답하시오.

> (가) 지리적으로 유럽과 아시아에 걸쳐 있는 튀르키예는 국토의 대부분이 아시아 대륙에 속해 있어 아시아 국가로 분류되는 경우가 많다. 하지만 오늘날 튀르키예는 (㉠)에 가입하기 위해 적극적으로 노력하고 있다. 튀르키예가 (㉠)에 가입하면 유럽 국가에서 물건을 관세 없이 수입할 수 있고, 출입국 절차가 사라져 인구가 자유롭게 이동할 수 있다. 또한 (㉠) 회원국으로서 국제 사회에서 영향력이 커질 수 있다.
>
> (나) 브렉시트는 영국(Britain)의 'Br', 탈출(Exit)의 'exit'가 합쳐진 단어로, 영국이 2020년 유럽 연합에서 탈퇴한 사건을 말한다. 유럽 연합에서는 회원국의 경제 규모에 비례하여 분담금을 내도록 하였는데, 브렉시트 전까지 영국은 독일에 이어 두 번째로 많은 분담금을 내고 있었다. 또한 영국으로 이주민이 대거 유입되며 문화 갈등이 발생하고, 노동 시장에서 경쟁이 심화하는 등 사회 문제가 발생하기도 하였다.

(1) (가)의 ㉠에 공통으로 들어갈 용어를 쓰시오.

_____

(2) (가), (나)를 읽고 자신이 영국 국민이라면 유럽 연합 탈퇴에 대한 입장이 어떠할지 논술하시오.

_____
_____
_____
_____
_____
_____
_____
_____

IV

아프리카

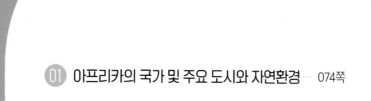

01 아프리카의 국가 및 주요 도시와 자연환경 ···· 074쪽

02 아프리카의 문화와 지역 잠재력 ~

03 아프리카의 지속가능한 발전을 위한 노력 ···· 078쪽

01. 아프리카의 국가 및 주요 도시와 자연환경

❖ 아프리카의 국가와 주요 도시

1 아프리카의 지역 구분과 국가

└ 세계에서 두 번째로 큰 대륙으로, 북반구와 남반구에 걸쳐 있어.

(1) **위치**: 서쪽에는 대서양, 동쪽에는 인도양, 북쪽에는 지중해를 사이에 두고 유럽과 마주하고 있음, 북동쪽으로 아시아가 있음

(2) **지역 구분과 국가**: 사하라 사막을 기준으로 북부 아프리카와 중·남부 아프리카로 구분함

북부 아프리카	이집트, 알제리, 모로코, 튀니지 등
중·남부 아프리카	나이지리아, 케냐, 탄자니아, 남아프리카 공화국 등

└ 야생 동식물의 서식지인 세렝게티 초원이 분포해.

2 아프리카의 주요 도시

카이로 (이집트)	나일강 하구의 넓은 평야에 발달한 도시로, 고대 이집트 문명의 유물과 유적을 볼 수 있음
나이로비 (케냐)	정보 기술(IT) 산업이 발달하였으며, 사파리 관광으로 유명함
아디스아바바 (에티오피아)	고원에 자리하며, 아프리카 항공 교통의 중심지로 아프리카 연합(AU)의 본부가 있음
라고스 (나이지리아)	철도와 항만이 발달하여 수출입에 유리한 항구 도시로, 아프리카에서 인구가 많은 도시 중 하나임
요하네스버그 (남아프리카 공화국)	풍부한 광물 자원을 바탕으로 성장하여, 오늘날 아프리카의 금융 중심지가 됨

└ 남아프리카 공화국에는 유럽과 아시아를 잇는 무역항이 발달하면서 성장한 케이프타운도 있어.

❖ 아프리카의 자연환경

1 아프리카의 지형 〔자료 1〕 〔시험 단골〕▶ 주요 지형의 이름과 위치는 꼭 기억해 둬.

산지	• 아틀라스산맥: 판의 경계와 가까워 높고 험준함 • 킬리만자로산: ⁺동아프리카 지구대를 따라서 발달한 화산으로, 아프리카에서 가장 높음
사막	아프리카에서 가장 넓은 사하라 사막이 분포함
강·호수·폭포	• 나일강: 적도 부근에서 발원하여 여러 국가를 지나 지중해로 흐르는 하천으로, 이집트 문명이 발달한 곳임 • 빅토리아호: 아프리카에서 가장 큰 호수 • 빅토리아 폭포: 잠베지강에 있는 거대한 폭포

2 아프리카의 기후 〔자료 2〕 〔시험 단골〕▶ 아프리카의 기후 특성을 비교하는 문제가 자주 출제돼.

열대 기후	• 분포: 적도 부근 • 기후 특성: 일 년 내내 기온이 높고 비가 많이 내림 → 열대 우림 및 ⁺사바나 초원이 발달함 • 산업: 플랜테이션 농업과 이동식 화전 농업이 발달함
건조 기후	• 분포: 사하라 사막과 그 주변 지역, 남서부 해안 지역 • 기후 특성: 연 강수량이 500mm 미만으로 증발량이 강수량보다 많음 • 산업: 물을 구하기 쉬운 지역에서 오아시스 농업이 발달함
온대 기후	지중해 연안과 남아프리카 공화국 일대 등에 분포

〔자료 1〕 아프리카의 주요 지형

아프리카는 북서부의 아틀라스산맥, 북부의 사하라 사막, 기니만 연안의 평야와 콩고강 유역의 분지, 동부와 남부의 고원 지대로 구분된다.

〔자료 2〕 아프리카의 기후 분포

└ 해발 고도가 높은 에티오피아 고원 등 일부 산지 지역에서는 고산 기후가 나타나.

『하크 세계 지도』, 2022)

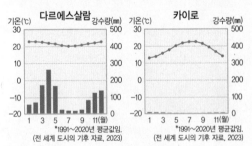

*1991~2020년 평균값임.
(전 세계 도시의 기후 자료, 2023)

⬆ 열대 기후 　　⬆ 건조 기후

아프리카의 기후는 적도를 중심으로 대체로 대칭하여 분포하며, 적도에서 고위도로 가면서 열대 기후, 건조 기후, 온대 기후 순으로 나타난다.

⁺**동아프리카 지구대** 아프리카 대륙의 동쪽 지각판이 동서 방향으로 벌어지고 있는 지역

⁺**사바나** 키가 큰 풀이 자라고 나무가 드문드문 있는 열대 초원

대표 자료 확인하기

✦ 아프리카의 기후 분포

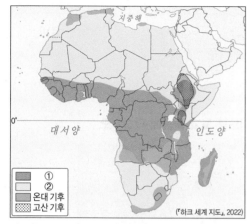

■	①
□	②
▨	온대 기후
▤	고산 기후

『하크 세계 지도』, 2022)

아프리카는 적도를 중심으로 (①),
(②), 온대 기후 등이 비교적 대칭적
으로 분포한다.

한눈에 정리하기

✦ 아프리카의 주요 도시와 특징

카이로 (이집트)	(①) 하구의 넓은 평야에 발달한 도시로, 고대 이집트 문명의 유물과 유적을 볼 수 있음
나이로비 (케냐)	정보 기술(IT) 산업이 발달하였고, 사파리 관광이 유명함
아디스아바바 (에티오피아)	아프리카 항공 교통의 중심지로 아프리카 연합(AU)의 본부가 있음
라고스 (나이지리아)	철도와 항만이 발달하여 수출입에 유리한 항구 도시

✦ 아프리카의 주요 지형

킬리만자로산	(②)을/를 따라서 발달한 화산으로, 아프리카에서 가장 높음
(③)	아프리카에서 가장 넓은 사막으로, 북부 아프리카와 중·남부 아프리카를 구분하는 기준이 됨
나일강	(④) 문명 발달에 영향을 준 하천으로, 적도 부근에서 발원하여 지중해로 흐름
빅토리아호	아프리카에서 가장 큰 호수
(⑤)	잠베지강에 있는 거대한 폭포

---

1 아프리카는 서쪽에 (㉠), 북쪽에 (㉡)
을/를 사이에 두고 유럽과 마주하고 있다.

2 아프리카는 ( )을/를 기준으로 북부 아프리카와 중·남부 아프리카로 구분할 수 있다.

3 아프리카의 지역 구분에 따른 알맞은 국가를 〈보기〉에서 각각 골라 기호를 쓰시오.

┌ 보기 ┐
ㄱ. 케냐	ㄴ. 모로코	ㄷ. 알제리
ㄹ. 이집트	ㅁ. 탄자니아	ㅂ. 나이지리아

(1) 북부 아프리카: ( )
(2) 중·남부 아프리카: ( )

4 아프리카 주요 도시와 그에 대한 설명을 옳게 연결하시오.

(1) 카이로 •   • ㉠ 아프리카 연합(AU)의 본부가 있음

(2) 나이로비 •   • ㉡ 케냐의 수도로, 사파리 관광이 발달함

(3) 아디스아바바 •   • ㉢ 고대 이집트 문명의 유물을 볼 수 있음

5 다음 설명이 맞으면 ○표, 틀리면 ✕표를 하시오.

(1) 잠베지강에는 빅토리아 폭포가 있다. ( )
(2) 중·남부 아프리카에는 사하라 사막이 넓게 펼쳐져 있다.
( )
(3) 킬리만자로산은 아프리카에서 가장 높은 산으로, 동아프리카 지구대를 따라서 발달하였다. ( )

6 다음 빈칸에 들어갈 알맞은 기후를 쓰시오.

(1) 아프리카의 적도 부근은 일 년 내내 기온이 높고 비가 많이 내리는 ( ) 기후가 나타난다.
(2) 아프리카 북부의 지중해 연안과 아프리카 남동부의 남아프리카 공화국 일대에서는 ( ) 기후가 나타난다.
(3) 사하라 사막과 그 주변 지역, 아프리카 남서부 해안 지역에서는 강수량이 매우 적은 ( ) 기후가 나타난다.

01 아프리카의 위치에 대한 설명으로 옳은 것은?

① 북동쪽에 아메리카가 있다.
② 동쪽에 대서양을 접하고 있다.
③ 북쪽에 지중해를 접하고 있다.
④ 서쪽에 태평양을 접하고 있다.
⑤ 지중해를 건너면 아메리카로 갈 수 있다.

중요해

02 아프리카에 대한 설명으로 옳은 것을 〈보기〉에서 고른 것은?

┤ 보기 ├
ㄱ. 세계에서 두 번째로 큰 대륙으로, 북반구와 남반
구에 걸쳐 있다.
ㄴ. 중·남부 아프리카에는 이집트, 알제리, 모로코 등
의 국가가 있다.
ㄷ. 사하라 사막을 기준으로 북부 아프리카와 중·남부
아프리카로 구분할 수 있다.
ㄹ. 북부 아프리카에는 나이지리아, 탄자니아, 남아프
리카 공화국 등의 국가가 있다.

① ㄱ, ㄴ   ② ㄱ, ㄷ   ③ ㄴ, ㄷ
④ ㄴ, ㄹ   ⑤ ㄷ, ㄹ

이 문제에서 나올 수 있는 선택지는 다~!

03 아프리카의 각 국가 및 주요 도시에 대한 설명으로
옳지 <u>않은</u> 것은?

① 이집트의 카이로에는 오래된 유적지가 많다.
② 라고스는 남아프리카 공화국의 경제 중심지이다.
③ 에티오피아의 수도인 아디스아바바는 고원에 자리
한다.
④ 금융업이 발달한 요하네스버그는 남아프리카 공화
국에 있다.
⑤ 탄자니아에는 야생 동식물의 서식지인 세렝게티
초원이 분포한다.
⑥ 케냐의 수도로 정보 기술(IT) 산업이 발달한 도시
는 나이로비이다.

04 다음에서 설명하는 도시로 옳은 것은?

남아프리카 공화국의 입법 수도로, 유럽과 아시아를
잇는 무역항이 발달하면서 성장하였다.

① 라고스   ② 카이로   ③ 나이로비
④ 케이프타운   ⑤ 요하네스버그

[05~06] 지도를 보고 물음에 답하시오.

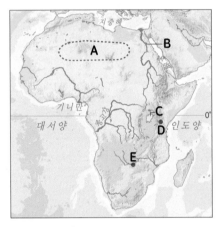

05 다음에서 설명하는 지형의 위치를 위 지도에서 고
른 것은?

아프리카에서 가장 넓은 사막으로, 모래 언덕이나 자
갈, 바위 등으로 이루어져 있다.

① A   ② B   ③ C   ④ D   ⑤ E

06 ㈎, ㈏의 지형을 볼 수 있는 곳을 위 지도에서 골라
옳게 연결한 것은?

㈎	㈏
적도 근처에서 발원하여 여러 국가를 지나 지중해로 흐른다.	아프리카에서 가장 높은 산으로, 케냐와 탄자니아의 국경 지대에 있다.

	㈎	㈏		㈎	㈏
①	A	C	②	B	A
③	B	D	④	C	A
⑤	D	B			

07 아프리카의 주요 지형에 대한 설명으로 옳은 것을 〈보기〉에서 고른 것은?

┌─ 보기 ┐
ㄱ. 빅토리아 폭포는 잠베지강에 있다.
ㄴ. 킬리만자로산은 화산 활동으로 형성되었다.
ㄷ. 빅토리아호는 잠비아와 짐바브웨의 경계에 있다.
ㄹ. 동아프리카 지구대를 따라서 아틀라스산맥이 있다.
└─────────────┘

① ㄱ, ㄴ   ② ㄱ, ㄷ   ③ ㄴ, ㄷ
④ ㄴ, ㄹ   ⑤ ㄷ, ㄹ

[08~09] 지도는 아프리카의 기후 분포를 나타낸 것이다. 이를 보고 물음에 답하시오.

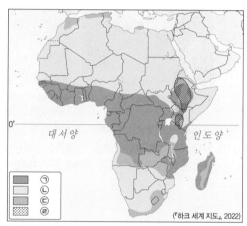

『하크 세계 지도』, 2022

08 ㉠~㉢에 해당하는 기후를 옳게 연결한 것은?

	㉠	㉡	㉢
①	건조 기후	열대 기후	온대 기후
②	건조 기후	온대 기후	열대 기후
③	열대 기후	건조 기후	온대 기후
④	열대 기후	온대 기후	건조 기후
⑤	온대 기후	열대 기후	건조 기후

중요해

09 ㉠~㉣ 기후가 나타나는 지역에 대한 설명으로 옳지 않은 것은?

① ㉠ 지역은 기온이 높고 강수량이 많다.
② ㉡ 지역은 연 강수량이 500mm 미만이다.
③ ㉢은 지중해 연안과 남아프리카 공화국 일대에 분포한다.
④ ㉣은 해발 고도가 높은 일부 산지에서 나타난다.
⑤ 적도에서 고위도로 가면서 ㉢, ㉡, ㉠ 순으로 나타난다.

10 ㉠에 들어갈 기후로 옳은 것은?

(㉠) 지역에서는 물을 구하기 쉬운 오아시스 주변에서 오아시스의 물을 이용하여 밀, 대추야자 등과 같은 작물을 재배한다.

① 건조 기후   ② 고산 기후
③ 열대 기후   ④ 지중해성 기후
⑤ 서안 해양성 기후

서술형 문제

01 ㉠에 들어갈 지역을 쓰고, 그 특징을 서술하시오.

아프리카는 (㉠)을/를 기준으로 북부 아프리카와 중·남부 아프리카로 구분할 수 있다.

_____

_____

_____

02 그래프를 보고 물음에 답하시오.

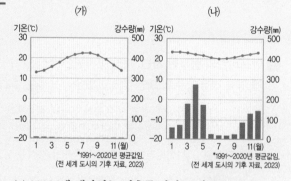

*1991~2020년 평균값임.
(전 세계 도시의 기후 자료, 2023)

(1) ㈎, ㈏에 해당하는 기후를 각각 쓰시오.

_____

(2) ㈎, ㈏의 자연 경관의 차이점을 서술하시오.

_____

_____

_____

02. 아프리카의 문화와 지역 잠재력
~ 03. 아프리카의 지속가능한 발전을 위한 노력

✦ 아프리카의 문화 다양성

1 아프리카의 생활 문화 [자료 1]

의복	• 열대 기후 지역에서는 화려한 색상과 무늬의 옷을 입음 • 건조 기후 지역에서는 온몸을 감싸는 형태의 옷을 입음
주식	덥고 비가 많이 내리는 지역은 쌀, 건조 기후 지역은 밀을 주식으로하며 그 밖에 옥수수·카사바 등으로 만든 음식을 먹음
전통 가옥	• 건조 기후 지역에서는 흙을 이용하여 벽이 두껍고 창문이 작은 흙벽돌집을 지음 • 강수량이 많은 지역에서는 지붕의 경사를 급하게 만듦

2 아프리카의 종교 문화 [시험 단골] 지역별로 종교를 비교하는 문제가 자주 출제돼.

(1) **북부 아프리카**: 서남아시아에서 전파된 이슬람교 문화가 발달함

(2) **중·남부 아프리카**: ⁺토속 신앙과 함께 유럽인의 식민지 개척 과정에서 전파된 크리스트교가 주를 이룸

3 아프리카의 예술 문화

음악·춤	• 북이나 나무를 두드리는 음악이 발달함 → 아메리카 대륙으로 전파되어 재즈, 탱고, 힙합, 삼바, 레게 등 다양한 분야로 발전함 • 젬베, 칼림바 등 동적이고 리듬감 있는 전통 타악기들은 오늘날 다양한 음악 연주에 활용됨
미술	회화와 공예의 구분이 약하고 일정한 형태나 형식이 없음 → 부족 사회마다 독특하게 발달한 조각상, 가면 등은 유럽으로 전파되어 서양 미술에 많은 영향을 줌 [자료 2]
패션	화려한 색과 기하학적 무늬가 현대 패션에 영향을 줌

✦ 아프리카의 지역 잠재력

1 아프리카의 풍부한 자원: 다양한 자원이 생산 및 수출되면서 아프리카 경제 성장의 주요 요인이 되고 있음 ┌ 백금, 크롬, 망간 등 세계 생산 점유율 1위를 차지하고 있어.

지하자원	잠비아·콩고 민주 공화국 일대에는 구리, 짐바브웨·남아프리카 공화국 일대에는 백금, 크롬 등이 풍부함
에너지 자원	나이지리아, 알제리, 앙골라 등은 석유 생산량이 많음
신·재생 에너지	일조량이 많아 태양광 발전에 유리하고, 대하천이 지나는 지역은 수력 자원이 풍부함
⁺상품 작물	동부의 고원 지대에서는 커피, 기니만 연안에서는 카카오의 재배가 활발함
관광 자원	사파리 체험, 유적 체험이 발달하여 관광객을 유치함

2 아프리카의 인구 특성과 지역 잠재력 [자료 3] ┌ 생산 가능 인구가 증가할거야.

(1) **인구 특성**: 아시아 다음으로 인구가 많고, 다른 대륙보다 평균 연령이 낮으며 출생률이 높음 → 중위 연령이 낮음

(2) **지역 잠재력**: 풍부한 노동력과 규모가 큰 소비 시장이 있음

자료 1 말리의 젠네 모스크

건조 기후 지역에 있는 말리의 젠네 모스크는 주변에서 구하기 쉬운 진흙으로 지은 것이 특징이다. 젠네 모스크는 아프리카 문화의 영향을 받아 기존 모스크와는 다른 형태로 지어진 독특한 건물이다.

┌ 진흙으로 만든 건축물 중 세계에서 가장 규모가 크며, 유네스코 세계 문화유산으로 등재되었어.

자료 2 아프리카의 영향을 받은 현대 미술

⬆ 아프리카의 원시 조각상 ⬆ 피카소의 「아비뇽의 처녀들」(1907년)

아프리카 조각상은 각 지역 환경에 영향을 받아 다양한 모습으로 발달하였다. 이러한 아프리카 미술이 유럽에 소개되면서 고갱, 피카소 등에게 영향을 주었다.

자료 3 아프리카의 인구 특성과 지역 잠재력

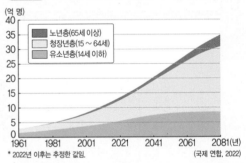

⬆ 아프리카의 총인구와 인구 구조의 변화

아프리카는 다른 대륙보다 경제활동 인구 비율이 높고, 높은 인구 성장률을 바탕으로 소비 시장이 급격하게 성장하고 있다. 또한 앞으로 전 세계에서 아프리카 인구가 차지하는 비율이 점점 더 높아질 것이다.

+ **토속 신앙** 지역의 고유한 신앙

+ **상품 작물** 시장에 내다 팔기 위하여 재배하는 농작물

✪ 지속가능한 발전을 위한 아프리카의 노력

1 지속가능한 발전과 아프리카
— 국제 연합(UN)은 2030년까지 모든 국가가 추진하는 17개의 지속가능발전 목표(SDGs)를 세웠어.

(1) **지속가능한 발전**: 미래 세대가 사용할 자원, 환경 등을 해치지 않으면서 현재 세대와 미래 세대를 함께 발전시키는 것

(2) **지속가능한 발전을 위한 아프리카의 해결 과제**: 빈곤과 기아, 단순한 경제 구조와 경제 양극화, 불안한 정세 등을 해결해야 함

2 지속가능한 발전을 위한 아프리카의 노력

(1) **아프리카 연합(AU)** — 2002년에 설립되었고, 2024년 기준 아프리카 55개국이 가입하였어.

설립	아프리카의 정치적·경제적·사회적 통합을 지향하기 위해 설립, 경제 발전, 생활 수준 향상 등을 위해 협력하고 있음
활동	• 아프리카 대륙 자유 무역 지대(AfCFTA)를 구축하여 아프리카 지역 내 관세나 무역 규제를 해제함 • 어젠다 2063 프로젝트 계획을 발표함 자료 4

(2) **지속가능한 발전을 위한 국가별 노력**

보츠와나	국가 개발 계획을 세워 다이아몬드 개발로 얻은 이익을 의료, 교육, 도로 등 공공사업에 투자함
남아프리카 공화국	탄소중립 정책을 시행하고, 태양광과 풍력 등 신·재생 에너지 생산 비율을 늘리고 있음
르완다	외국 자본을 유치하여 고부가 가치 산업을 육성하고, 의료 체계를 안정화하려고 노력함

✪ 아프리카의 지속가능한 발전을 위한 세계의 협력

1 세계 다양한 주체 간의 협력 자료 5

국제기구	국제 연합(UN)을 비롯한 국제기구에서 보건, 의료, 건설, 교육, 농업 등 다양한 부문의 활동을 지원함
비정부 기구 (NGO)	시민 단체를 중심으로 아프리카 국가에 대한 지원과 협력 사업을 추진함 — 빈곤 퇴치를 위해 노력하는 옥스팜, 환경 보호 운동을 하는 그린피스 등이 있어.
⁺공적 개발 원조	아프리카의 사회적·경제적 발전과 지역 주민들의 복지 증진을 위해 교육, 의료 등 다양한 원조가 이루어짐

2 아프리카의 발전을 위한 우리의 역할
— 세계 시민으로서 태도가 중요해.

(1) **인식 개선**: 아프리카에 관심을 가지고 아프리카 문화를 존중하며, 빈곤과 기아 문제를 해결하기 위한 기부나 봉사활동에 참여함

(2) **착한 소비 활동 참여**

공부 TIP 공정 무역, 공정 여행, 적정 기술의 의미와 사례를 묻는 문제가 자주 출제돼.

공정 무역	개발 도상국 생산자의 경제적 자립과 권리 보호를 위해 생산자에게 더 나은 거래 조건을 제공하는 무역 방식 자료 6
공정 여행	여행지의 환경을 보호하고 현지 문화를 존중하면서 주민들에게 정당한 비용을 치르는 여행

(3) ⁺**적정 기술 개발**: 주민 생활을 개선하는 아이디어를 제안하여 아프리카의 지속가능한 발전에 기여할 수 있음

자료 4 어젠다 2063 프로젝트

포괄적인 성장, 지속가능한 개발	정치적인 통합	정의 구현, 법치주의 실현	평화와 안전
강력한 문화 정체성	인권을 존중하는 인간 중심 발전	국제 사회의 주체이자 파트너	

어젠다 2063 프로젝트는 기반 시설 확충, 친환경 에너지 개발, 정치 및 사회 환경 개선 등 아프리카에서 실천할 수 있는 다양한 노력을 제시하고 있다.

자료 5 지속가능한 발전을 위한 협력 사례

• 세계은행을 비롯한 여러 기관에서는 사막화를 막기 위해 사하라 사막의 남쪽 사헬 지대에 대규모 숲을 조성하는 그레이트 그린 월 프로젝트를 지원하고 있다.
• 우리나라는 식량난을 겪고 있는 아프리카 8개국에 쌀 생산 경험과 기술을 공유하여 고품질의 쌀을 재배할 수 있도록 도와주는 케이(K)–라이스 벨트 사업을 수행하고 있다.

세계의 다양한 주체들은 아프리카의 기후변화 대응, 빈곤 퇴치 등 인류 공동의 목표에 함께 도달할 수 있도록 지원·협력하고 있다.

자료 6 공정 무역 제품의 이용

일반 커피 한 잔   공정 무역 커피 한 잔

⬆ 일반 커피와 공정 무역 커피의 이익 배분 구조

공정 무역은 생산자와 소비자의 직거래를 하여 생산자가 공정하게 이익을 얻도록 하려는 것이다.

Plus 용어

✛ **공적 개발 원조** 정부를 비롯한 공공기관이 개발 도상국의 경제 발전, 복지 증진 등의 목적으로 재정, 기술, 물자 등을 지원하는 것

✛ **적정 기술** 한 지역사회의 문제를 사회적·문화적·환경적 조건을 고려하여 해결하는 기술

STEP 2 개념 확인

대표 자료 확인하기

✦ 말리의 젠네 모스크

(①) 기후 지역에 있는 말리의 젠네 모스크는 주변에서 구하기 쉬운 (②) 으로 지은 것이 특징이다.

✦ 어젠다 2063 프로젝트

포괄적인 성장, 지속가능한 개발	정치적인 통합	정의 구현, 법치주의 실현	평화와 안전
강력한 문화 정체성	인권을 존중하는 인간 중심 발전	국제 사회의 주체이자 파트너	

(③)은/는 기반 시설 확충, 친환경 에너지 개발, 정치 및 사회 환경 개선 등 아프리카에서 실천할 수 있는 노력을 담은 어젠다 2063 프로젝트를 발표하였다.

한눈에 정리하기

✦ 아프리카의 자원 분포

지하자원	구리, 백금, 크롬 등이 풍부하게 매장되어 있음
에너지 자원	나이지리아, 알제리 등은 (①) 생산량이 많음
신·재생 에너지	일조량이 많아 (②) 발전에 유리하고, 대하천이 지나는 지역은 수력 자원이 풍부함

✦ 지속가능한 발전을 위한 아프리카의 노력

(③)	국가 개발 계획을 세워 다이아몬드 개발로 얻은 이익을 의료, 교육 등 공공사업에 투자함
르완다	(④)을/를 유치하여 고부가 가치 산업을 육성하고, 의료 체계를 안정화하려고 노력함

1. 다음 괄호 안에 내용 중 알맞은 말에 ○표를 하시오.

(1) (건조, 열대) 기후 지역에서는 화려한 색상과 무늬의 옷을 입는다.

(2) 건조 기후 지역에서는 벽이 (얇고, 두껍고) 창문이 작은 흙벽돌집을 짓는다.

2. 아프리카의 주요 종교와 분포 지역을 옳게 연결하시오.

(1) 이슬람교 • • ㉠ 북부 아프리카
(2) 토속 신앙 및 크리스트교 • • ㉡ 중·남부 아프리카

3. 세계적인 화가 피카소의 화풍은 아프리카 ( )의 영향을 받았다.

4. 다음 설명이 맞으면 ○표, 틀리면 ✕표를 하시오.

(1) 아프리카는 다른 대륙보다 평균 연령이 높고 출생률이 낮다. ( )

(2) 아프리카는 석유, 다이아몬드 등 다양한 자원이 매장되어 있어 경제 성장의 기반이 되어 왔다. ( )

(3) 아프리카에는 다양한 동물이 서식하고 자연환경이 아름다운 곳이 많아 관광 산업이 발달하였다. ( )

5. ( )(이)란 미래 세대가 사용할 자원, 환경 등을 해치지 않으면서 현재 세대와 미래 세대를 함께 발전시키는 것을 의미한다.

6. 아프리카 연합(AU)은 지속가능발전 목표와 연결되는 아프리카의 지속가능발전 계획인 ( )을/를 발표하였다.

7. 다음 빈칸에 들어갈 알맞은 내용을 쓰시오.

(1) ( ) 제품을 사면 개발 도상국 생산자에게 경제적 자립과 권리 보호를 도와줄 수 있다.

(2) ( )은/는 여행지의 환경을 보호하고 현지 문화를 존중하면서 주민들에게 정당한 비용을 치르는 여행이다.

01 아프리카의 생활 문화에 대한 설명으로 옳은 것을 〈보기〉에서 고른 것은?

┌─ 보기 ┐
ㄱ. 건조 기후 지역에서는 쌀을 주식으로 한다.
ㄴ. 강수량이 많은 지역에서 흙벽돌집을 짓는다.
ㄷ. 건조 기후 지역에서는 얇은 천으로 온몸을 감싸는 형태의 옷을 주로 입는다.
ㄹ. 쌀이나 밀을 구하기 어려운 곳에서는 옥수수, 카사바 등으로 만든 음식을 먹는다.
└─────────────────────────┘

① ㄱ, ㄴ   ② ㄱ, ㄷ   ③ ㄴ, ㄷ
④ ㄴ, ㄹ   ⑤ ㄷ, ㄹ

중요해

02 사진의 건축물에 대한 설명으로 옳지 <u>않은</u> 것은?

① 아프리카의 말리에 있다.
② 주변에서 구하기 쉬운 흙으로 만들었다.
③ 유네스코 세계 문화유산에 등재되어 있다.
④ 크리스트교와 토속 신앙을 모두 보여준다.
⑤ 기존 이슬람교 모스크와는 다른 형태를 보인다.

03 지도에 표시된 지역에서 주로 믿는 종교로 옳은 것은?

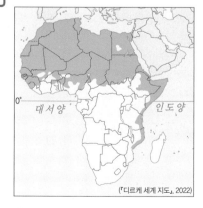

「디르케 세계 지도」, 2022)

① 불교   ② 힌두교   ③ 이슬람교
④ 토속 신앙   ⑤ 크리스트교

04 그림에 영향을 준 아프리카의 예술 문화로 옳은 것은?

⬆ 피카소의 「아비뇽의 처녀들」(1907년)

① 재즈   ② 젬베   ③ 탱고
④ 칼림바   ⑤ 원시 조각상

05 아프리카 문화의 특징과 영향에 대한 설명으로 옳지 <u>않은</u> 것은?

① 북이나 나무를 두드리는 음악이 발달하였다.
② 전통 아프리카 미술은 일정한 형태나 형식이 없다.
③ 부족 사회마다 독특하게 발달한 가면 등은 서양 미술에 영향을 주었다.
④ 아프리카 특유의 리듬감은 유럽의 경쾌한 댄스 리듬인 삼바에 영향을 주었다.
⑤ 아프리카에서 볼 수 있는 화려한 색과 기하학적인 무늬는 오늘날 패션 산업에 영향을 주었다.

▶ 이 문제에서 나올 수 있는 선택지는 다~!

06 아프리카의 자원에 대한 설명으로 옳지 <u>않은</u> 것은?

① 커피, 카카오 등 상품 작물 재배가 활발하다.
② 나이지리아, 알제리, 앙골라 등은 석유 생산량이 많다.
③ 잠비아와 콩고 민주 공화국 일대에는 구리가 풍부하다.
④ 자연환경의 제약으로 신·재생 에너지를 개발하기 어렵다.
⑤ 사파리 체험, 유적 체험 등을 관광 자원으로 발전시켜 관광객을 유치하고 있다.
⑥ 짐바브웨와 남아프리카 공화국 일대에는 백금, 크롬 등이 풍부하게 매장되어 있다.

07 밑줄 친 '이 국가'로 옳은 것은?

> 이 국가에는 지하자원이 많이 매장되어 있다. 특히 백금, 크롬, 망간 등은 세계 생산 점유율 1위로 품질이 우수하다고 평가받는다.

① 차드   ② 남수단   ③ 니제르
④ 이집트   ⑤ 남아프리카 공화국

08 밑줄 친 ㉠~㉤ 중 옳지 않은 것은?

> 세계에서 ㉠ 아프리카는 아시아 다음으로 인구가 많으며, 다른 대륙보다 ㉡ 평균 연령이 높고 ㉢ 중위 연령이 낮다. 나이지리아, 에티오피아와 같이 인구가 많은 아프리카 국가들은 ㉣ 풍부한 노동력과 ㉤ 규모가 큰 소비 시장의 잠재력을 바탕으로 경제가 성장하고 있다.

① ㉠   ② ㉡   ③ ㉢   ④ ㉣   ⑤ ㉤

중요해

09 그래프는 아프리카의 총인구와 인구 구조의 변화를 나타낸 것이다. 이에 대한 분석으로 옳은 것은?

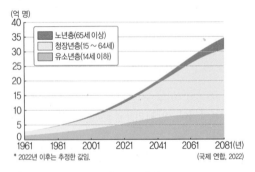

(억 명)
노년층(65세 이상)
청장년층(15 ~ 64세)
유소년층(14세 이하)
* 2022년 이후는 추정한 값임.
(국제 연합, 2022)

① 총 인구수는 줄어들고 있다.
② 노동력이 부족하여 경제 성장이 둔화될 것이다.
③ 경제활동을 할 청장년층 인구가 줄어들고 있다.
④ 유소년층 인구는 감소하고 노년층 인구는 증가하고 있다.
⑤ 전 세계에서 아프리카 인구가 차지하는 비율이 점점 커질 것이다.

10 ㉠에 들어갈 용어를 쓰시오.

> 아프리카의 국가들은 아프리카의 지속가능한 발전을 추구하고, 아프리카의 정치적·경제적·사회적 통합을 지향하고자 (㉠)을/를 설립하였다.

(   )

11 자료에 대한 설명으로 옳지 않은 것은?

포괄적인 성장, 지속가능한 개발 | 정치적인 통합 | 정의 구현, 법치주의 실현 | 평화와 안전
강력한 문화 정체성 | 인권을 존중하는 인간 중심 발전 | 국제 사회의 주체이자 파트너

① 어젠다 2063 프로젝트에 해당한다.
② 국제 연합(UN)에서 2015년에 발표하였다.
③ 아프리카의 주체적인 지속가능한 발전을 강조하고 있다.
④ 아프리카 각 지역에서 실천할 수 있는 노력을 제시하고 있다.
⑤ 친환경 에너지 개발, 정치 및 사회 환경 개선 등의 목표를 담고 있다.

12 다음에서 설명하는 국가를 지도에서 고른 것은?

> 국가 개발 계획을 세워 다이아몬드 개발로 얻은 이익으로 생활 기반 시설을 구축하고 의료, 교육 부분에 투자하고 있다.

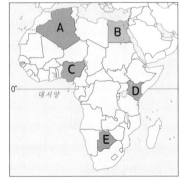

① A
② B
③ C
④ D
⑤ E

어려워 ▽

13 다음 사례를 읽고 공통적으로 파악할 수 있는 내용으로 옳은 것은?

> • 남아프리카 공화국은 탄소 중립 정책을 시행하고, 태양광과 풍력 등의 신·재생 에너지 생산 비율을 늘리고 있다.
> • 르완다는 드론으로 의약품을 배송하는 시스템을 구축하여 국민에게 높은 수준의 의료 서비스를 제공하고, 의료 체계를 안정화하려고 노력하고 있다.

① 사회 불평등 문제가 발생하고 있다.
② 초국적 기업이 지역 개발을 주도하고 있다.
③ 국제 연합(UN)의 도움으로 정책이 추진되고 있다.
④ 아프리카 각 지역이 지속가능한 발전을 이루고자 노력하고 있다.
⑤ 주민들의 복지 증진을 위한 공적 개발 원조(ODA)가 이루어지고 있다.

14 (가), (나)는 서로 다른 커피의 이익 배분 구조를 나타낸 것이다. 이에 대한 설명으로 옳은 것은?

① (가) 제품을 이용하면 착한 소비를 실천할 수 있다.
② (가) 제품을 구입하면 아프리카의 지속가능한 발전에 기여할 수 있다.
③ (나) 제품을 이용하면 생산지의 생태적 환경까지 개선할 수 있다.
④ (가) 제품이 (나) 제품보다 생산자에게 정당한 대가를 치른다.
⑤ 세계시민으로서 (나) 제품보다 (가) 제품을 더 많이 이용하고자 노력해야 한다.

15 아프리카의 지속가능한 발전을 위한 세계시민의 노력으로 적절하지 않은 것은?

① 아프리카를 교류와 협력의 동반자로 인식한다.
② 공정 무역 제품보다 가격이 저렴한 제품을 구입한다.
③ 빈곤과 기아 문제를 해결하기 위한 기부에 참여한다.
④ 아프리카의 현지 문화를 존중하는 공정 여행을 한다.
⑤ 아프리카에 관심을 갖고 아프리카 문화를 존중한다.

서술형 문제

01 표는 아프리카의 주요 자원 현황을 나타낸 것이다. 이를 보고 알 수 있는 아프리카의 지역 잠재력을 서술하시오.

세계 순위	자원	생산 국가	세계 생산 점유율(%)
1	백금	남아프리카 공화국	74.2
	코발트	남아프리카 공화국	69.2
	망간	남아프리카 공화국	33.5
2	보크사이트	기니	23.0
3	다이아몬드	보츠와나	21.1

(미국 지질 조사국, 2023)

02 다음과 같은 노력을 하는 이유를 서술하시오.

> • 세계은행을 비롯한 여러 기관에서는 사막화를 막기 위해 사헬 지대에 대규모 숲을 조성하고 있다.
> • 우리나라는 식량난을 겪고 있는 아프리카 8개국에 쌀 생산 경험과 기술을 공유하여 고품질 쌀을 재배할 수 있도록 도와주고 있다.

표와 자료로 정리하는 대단원

① 아프리카의 주요 지형

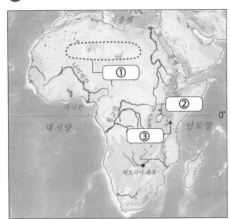

① ☐☐☐☐☐   ② ☐☐☐☐☐
③ ☐☐☐☐☐

| 정답 | ① 사하라 사막   ② 콩고강   ③ 잠베지강 |

---

01 아프리카의 국가 및 주요 도시와 자연환경

✦ 아프리카의 위치와 지역 구분

위치	서쪽에는 대서양, 동쪽에는 인도양, 북쪽에는 지중해를 사이에 두고 유럽과 마주하고 있음, 북동쪽으로 아시아가 있음
지역 구분	(①) 사막을 기준으로 북부 아프리카와 중·남부 아프리카로 구분함

✦ 아프리카의 주요 도시

카이로	고대 (②) 문명의 유물과 유적을 볼 수 있음
(③)	정보 기술(IT) 산업이 발달하고, 사파리 관광으로 유명함
아디스아바바	아프리카 (④) 교통의 중심지로 고원에 자리함
라고스	철도와 항만이 발달한 나이지리아의 항구 도시

✦ 아프리카의 자연환경 ① ②

지형	산지	판의 경계와 가까워 높고 험준한 (⑤)산맥, 동아프리카 지구대를 따라서 발달한 킬리만자로산이 분포함
	사막	아프리카에서 가장 넓은 사하라 사막이 분포함
	강·호수·폭포	나일강, 빅토리아호, 빅토리아 폭포
기후	열대 기후	적도 부근에 분포하며, 열대 우림 및 사바나 초원이 발달함
	(⑥) 기후	사하라 사막과 그 주변 지역, 남서부 해안 지역 등에 분포하며, 오아시스 농업이 발달함
	온대 기후	지중해 연안, 남아프리카 공화국 일대에 분포

| 정답 | ① 사하라   ② 이집트   ③ 나이로비   ④ 항공   ⑤ 아틀라스   ⑥ 건조 |

---

② 아프리카의 기후 분포

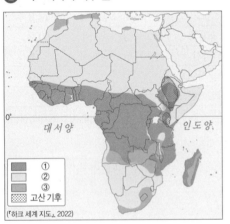

| 범례 | ① ☐ / ② ☐ / 고산 기후 ☐ |

『하크 세계 지도』, 2022

아프리카의 적도 부근은 ①☐☐☐☐, 사하라 사막과 그 주변 지역 및 남서부 해안 지역에는 ②☐☐☐☐, 지중해 연안과 남아프리카 공화국 일대에는 ③☐☐☐☐이/가 나타난다.

| 정답 | ① 열대 기후   ② 건조 기후   ③ 온대 기후 |

---

02 아프리카의 문화와 지역 잠재력

✦ 아프리카의 문화 다양성 ③

생활 문화	• (⑦) 기후 지역에서는 화려한 색상의 옷을 입고, 강수량이 많은 지역에서는 지붕의 경사를 급하게 만듦 • 건조 기후 지역에서는 온몸을 감싸는 옷을 입고, 흙벽돌집을 지음
종교 문화	• 북부 아프리카: 주로 이슬람교 문화가 발달함 • 중·남부 아프리카: 토속 신앙과 (⑧)이/가 주를 이룸
예술 문화	음악·춤	북이나 나무를 두드리는 음악이 재즈, 탱고 등으로 발전함, 젬베, 칼림바 등의 전통 악기가 세계 여러 지역으로 전파됨
	미술	부족 사회마다 독특하게 발달한 조각상, 가면 등이 유럽으로 전파되어 서양 미술에 많은 영향을 줌
	패션	화려한 색과 기하학적 무늬가 현대 패션에 영향을 줌

---

③ 말리의 젠네 모스크

①☐☐ 기후 지역에 있는 말리의 젠네 모스크는 주변에서 구하기 쉬운 ②☐☐(으)로 지은 것이 특징이다.

| 정답 | ① 건조   ② 흙벽 |

◦ Ⅳ. 아프리카

✦ 아프리카의 지역 잠재력 ❹

풍부한 자원	• 지하자원: 잠비아와 콩고 민주 공화국 일대에는 구리, 짐바브웨와 남아프리카 공화국 일대에는 백금, 크롬 등이 풍부함 • 에너지 자원: 나이지리아, 알제리, 앙골라 등은 석유 생산량이 많음 • 신·재생 에너지: 일조량이 많아 (⑨) 발전이 유리하고, 대하천이 지나는 지역은 수력 자원이 풍부함 • 관광 자원: 사파리 체험, 유적 체험 등으로 관광객을 유치함
인구 특성과 지역 잠재력	• 인구 특성: 아시아 다음으로 인구가 많은 대륙으로, 다른 대륙보다 평균 연령이 낮고 (⑩)이/가 높음 • 지역 잠재력: 풍부한 노동력과 규모가 큰 소비 시장이 있음

|정답| ⑦ 석유 ⑧ 태양광 ⑨ 출생률 ⑩ 경제력

03 아프리카의 지속가능한 발전을 위한 노력

✦ 지속가능한 발전과 아프리카 ❺

지속가능한 발전	미래 세대가 사용할 자원, 환경 등을 해치지 않으면서 현재 세대와 미래 세대를 함께 발전시키는 것
지속가능한 발전을 위한 아프리카의 노력	아프리카의 정치적·경제적·사회적 통합을 지향하기 위해 (⑪)을/를 설립하여 아프리카의 경제 발전, 생활 수준 향상 등을 위해 협력하고 있음 → 아프리카 대륙 자유 무역 지대 (AfCFTA) 구축, 어젠다 2063 프로젝트 계획 발표
지속가능한 발전을 위한 국가별 노력	**보츠와나**: 다이아몬드 개발로 얻은 이익을 의료, 교육 등 공공사업에 투자함
	남아프리카 공화국: 탄소중립 정책을 시행하고, 신·재생 에너지 생산 비율을 늘림
	(⑫): 외국 자본을 유치하여 고부가 가치 산업을 육성하고, 의료 체계를 안정화하려고 노력함산업 육성

✦ 아프리카의 지속가능한 발전을 위한 세계의 협력 ❻

세계 다양한 주체 간의 협력	**국제 기구**: 국제 연합(UN)을 비롯한 국제기구에서 보건, 의료, 건설, 교육, 농업 등 다양한 부문의 활동을 지원함
	(⑬): 시민 단체를 중심으로 아프리카 국가에 대한 지원과 협력 사업을 추진함 예 옥스팜, 그린피스 등
	공적 개발 원조: 아프리카의 사회적·경제적 발전과 지역 주민들의 복지 증진을 위해 교육, 의료 등 다양한 원조가 이루어짐
아프리카의 발전을 위한 우리의 역할	• 인식 개선: 아프리카 문화를 존중하며, 빈곤과 기아 문제 해결을 위한 기부나 봉사활동에 참여함 • 착한 소비 활동 참여: 공정 무역과 공정 여행에 참여함 • (⑭) 개발: 주민 생활을 개선하는 아이디어를 제안하여 아프리카의 지속가능한 발전에 기여할 수 있음

|정답| ⑪ 아프리카 연합(AU) ⑫ 르완다 ⑬ 비정부 기구 ⑭ 적정 기술

❹ 아프리카의 인구 특성과 지역 잠재력

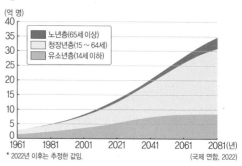

(억 명) 그래프 범례:
- 노년층(65세 이상)
- 청장년층(15 ~ 64세)
- 유소년층(14세 이하)

* 2022년 이후는 추정한 값임. (국제 연합, 2022)

⬆ 아프리카의 총인구와 인구 구조의 변화

아프리카는 다른 대륙보다 경제활동을 하는 ① ☐☐ ☐☐☐☐ 비중이 크고, 빠르게 인구가 증가하여 경제가 성장하면서 ② ☐☐ ☐☐이/가 커지고 있다.

|정답| ① 청장년층 인구 ② 소비 시장

❺ 지속가능한 발전을 위한 아프리카의 노력

포괄적인 성장, 지속가능한 개발 / 정치적인 통합 / 정의 구현, 법치주의 실현 / 평화와 안전 / 강력한 문화 정체성 / 인권을 존중하는 인간 중심 발전 / 국제 사회의 주체이자 파트너

⬆ 어젠다 2063 프로젝트

① ☐☐☐☐ ☐☐은/는 어젠다 2063 프로젝트를 발표하여 아프리카의 주체적인 ② ☐☐☐ ☐☐을/를 강조하였다.

|정답| ① 아프리카 연합 ② 지속가능한 발전

❻ 아프리카의 지속가능한 발전을 위한 노력

일반 커피 한 잔

판매점 / 가공업자 / 수출업자 / 원료 구매자 / 생산자

공정 무역 커피 한 잔

판매점 / 가공업자 / 생산자 및 조합

⬆ 일반 커피와 공정 무역 커피의 이익 배분 구조

• ① ☐☐ ☐☐ 제품 이용, 공정 여행 등 착한 소비를 늘릴 필요가 있다.

• 아프리카 저개발 국가의 주민이 더 나은 생활을 할 수 있도록 지역에 필요한 ② ☐☐ 기술의 개발이 필요하다.

|정답| ① 공정 무역 ② 적정

01 아프리카의 국가 및 주요 도시와 자연환경

01 아프리카의 위치에 대한 설명으로 옳은 것을 〈보기〉에서 고른 것은?

┤ 보기 ├
ㄱ. 대륙 가운데에 적도가 지나간다.
ㄴ. 홍해를 사이에 두고 아메리카와 가깝다.
ㄷ. 동쪽으로 인도양, 서쪽으로 대서양을 접하고 있다.
ㄹ. 남쪽으로 지중해를 사이에 두고 유럽 대륙과 마주하고 있다.

① ㄱ, ㄴ   ② ㄱ, ㄷ   ③ ㄴ, ㄷ
④ ㄴ, ㄹ   ⑤ ㄷ, ㄹ

02 아프리카의 지역과 국가를 옳게 연결한 것은?

	북부 아프리카	중·남부 아프리카
①	알제리	모로코
②	이집트	알제리
③	이집트	나이지리아
④	나이지리아	알제리
⑤	나이지리아	이집트

03 아프리카의 주요 도시에 대한 설명으로 옳지 <u>않은</u> 것은?

① 아디스아바바는 고원에 자리한 도시이다.
② 요하네스버그는 아프리카의 금융 중심 도시이다.
③ 케이프타운에는 아프리카 연합(AU)의 본부가 있다.
④ 라고스는 아프리카에서 인구가 많은 도시 중 하나이다.
⑤ 나이로비는 정보 기술(IT) 산업과 사파리 관광이 발달하였다.

04 아프리카의 지형을 옳게 설명한 학생만을 있는 대로 고른 것은?

맞아. 하지만 가현이가 말한 지형을 제외하면 대체로 평탄한 편이지. (나현)

아프리카에서 가장 큰 호수와 폭포에는 모두 '빅토리아'라는 이름이 붙어 있어. (다현)

아프리카에는 아틀라스산맥, 에티오피아고원 등 높은 지형이 분포해. (가현)

아프리카에서 가장 높은 산과 가장 긴 하천의 이름도 같은 걸 보면 아프리카에는 비슷한 이름을 가진 지형이 많네. (라현)

① 가현, 나현   ② 다현, 라현
③ 가현, 나현, 다현   ④ 가현, 다현, 라현
⑤ 나현, 다현, 라현

중요해 ☆
05 지도에 표시된 A~E에 대한 설명으로 옳은 것은?

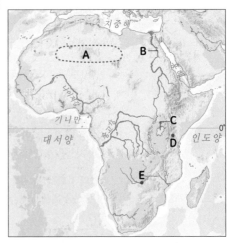

① A는 아프리카의 지역을 구분하는 기준이 된다.
② B는 지중해에서 발원하여 적도로 흘러간다.
③ C는 잠비아와 짐바브웨의 경계에 있다.
④ D는 고대 이집트 문명이 발달한 곳이다.
⑤ E에는 아프리카에서 가장 높은 산이 있다.

06 다음 동영상에서 볼 수 있을 것으로 예상되는 장면이 <u>아닌</u> 것은?

① 올해 세 번째 모내기를 하는 장면
② 삼림을 불태워 작물을 재배하는 장면
③ 사람들이 낙타를 타고 사막을 건너는 장면
④ 폭포에서 사람들이 급류 타기를 즐기는 장면
⑤ 초원에서 차를 타고 야생 동물을 관찰하는 장면

[07~08] 그래프를 보고 물음에 답하시오.

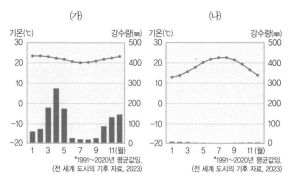

07 (가), (나) 기후 그래프가 나타내는 지역에 대한 추론으로 옳지 <u>않은</u> 것은?

① (가) 지역에서는 야생 동물을 볼 수 있을 것이다.
② (가) 지역은 건기와 우기가 뚜렷하게 나타날 것이다.
③ (나) 지역에서는 울창한 숲을 볼 수 있을 것이다.
④ (나)의 지역 주민들은 물을 구하기 쉬운 하천 주변에서 농사를 지을 것이다.
⑤ (가) 지역은 적도 부근에, (나) 지역은 주로 북부 아프리카에 위치할 것이다.

08 (나) 기후가 나타나는 지역에서 주로 이루어지는 농업으로 옳은 것은?

① 수목 농업 　② 혼합 농업
③ 오아시스 농업 　④ 플랜테이션 농업
⑤ 이동식 화전 농업

02 아프리카의 문화와 지역 잠재력

어려워 ▽

09 지도는 아프리카의 종교 분포를 나타낸 것이다. 이에 대한 설명으로 옳지 <u>않은</u> 것은?

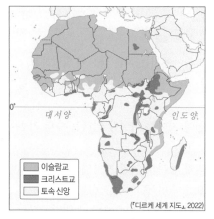

① 북부 아프리카에는 이슬람교가 주로 분포한다.
② 젠네 모스크는 이슬람교 분포 지역에서 볼 수 있다.
③ 지역에 따라 종교 분포의 차이가 뚜렷하게 나타난다.
④ 이슬람교 분포 지역은 열대 기후 지역과 대체로 일치한다.
⑤ 중·남부 아프리카는 토속 신앙과 크리스트교가 주를 이루고 있다.

10 그림에 대한 설명으로 옳은 것은?

↑ 피카소의 「아비뇽의 처녀들」(1907년)

① 아프리카의 크리스트교 문화가 영향을 주었다.
② 리듬감 있는 아프리카 전통 악기의 특징이 반영되었다.
③ 아프리카의 건조 기후 지역에서 발달한 음식 문화가 나타난다.
④ 젠네 모스크와 같이 아프리카에서 발달한 이슬람교 문화가 나타난다.
⑤ 부족 사회마다 독특하게 발달한 조각상, 가면 등이 유럽으로 전파된 결과이다.

11 선생님의 질문에 대한 학생들의 답변으로 적절하지 않은 것은?

아프리카의 자원 분포 사례를 발표해 볼까요?

① 나이지리아에서는 석탄 생산이 활발해요.
② 남아프리카 공화국 일대에는 백금, 크롬 등이 풍부해요.
③ 대하천이 지나는 나일강 일대는 수력 자원이 풍부해요.
④ 아프리카 동부의 고원 지역에서는 커피 재배가 활발해요.
⑤ 콩고 민주 공화국 일대에는 세계적인 구리 광산이 있어요.

어려워 ▽

12 지도는 세계의 대륙별 중위 연령을 나타낸 것이다. 이에 대한 분석 및 추론으로 옳은 것을 〈보기〉에서 고른 것은?

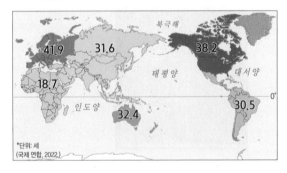

북극해
41.9 31.6 38.2
태평양 대서양
18.7
인도양 0°
32.4 30.5
*단위: 세
(국제 연합, 2022)

┤ 보기 ├
ㄱ. 아프리카는 유럽보다 출생률이 낮을 것이다.
ㄴ. 아프리카는 경제활동 인구가 증가할 것이다.
ㄷ. 아프리카는 유소년층과 청장년층 인구가 차지하는 비율이 높을 것이다.
ㄹ. 중위 연령이 가장 높은 대륙은 아프리카, 중위 연령이 가장 낮은 대륙은 유럽이다.

① ㄱ, ㄴ   ② ㄱ, ㄷ   ③ ㄴ, ㄷ
④ ㄴ, ㄹ   ⑤ ㄷ, ㄹ

03 아프리카의 지속가능한 발전을 위한 노력

13 (가), (나)에 대한 설명으로 옳은 것은?

(가) 아프리카 연합(AU)
(나) 아프리카 대륙 자유 무역 지대(AfCFTA)

① (가)의 본부는 이집트의 카이로에 있다.
② (가)는 지속가능발전 목표(SDGs)를 세웠다.
③ (가)는 주요 20개국(G20)의 가입을 희망하고 있다.
④ (나)는 아프리카 내에서 관세를 부과하는 무역 지대이다.
⑤ (나)는 단일 시장을 구성하여 아프리카 내 교역을 확대하는 것을 목표로 한다.

14 ㉠, ㉡에 들어갈 용어를 옳게 연결한 것은?

보츠와나 정부는 (㉠) 개발로 얻은 이익을 의료, 교육, 도로 등 공공사업에 투자하였다. 오늘날에는 산업의 광물 의존도를 낮추고자 노력하고 있다. 나이지리아는 탄소중립 정책을 시행하고, 태양광을 비롯한 (㉡)의 생산 비율을 늘리고 있다.

	㉠	㉡
①	석유	천연가스
②	천연가스	다이아몬드
③	천연가스	신·재생 에너지
④	다이아몬드	석유
⑤	다이아몬드	신·재생 에너지

15 다음 사례에 나타난 사업의 목적으로 가장 적절한 것은?

세계은행을 비롯한 여러 기관에서는 사하라 사막의 남쪽 사헬 지대에 대규모 숲을 조성하는 그레이트 그린 월 프로젝트를 지원하고 있다.

① 기후변화 대응   ② 의무 교육 확대
③ 정치 환경 개선   ④ 인터넷 환경 구축
⑤ 신·재생 에너지 생산

16 아프리카의 지속가능한 발전을 위한 다양한 주체들의 노력에 대한 설명으로 옳지 <u>않은</u> 것은?

① 그린피스는 환경 보호 운동을 하고 있다.
② 옥스팜은 빈곤 퇴치를 위해 노력하고 있다.
③ 국제 사회는 교육, 의료 등 다양한 부문에서 공적 개발 원조를 하고 있다.
④ 우리나라는 아프리카 일부 지역에서 고품질의 쌀을 재배할 수 있도록 도와주고 있다.
⑤ 국제 연합(UN)은 아프리카에서 실천할 수 있는 어젠다 2063 프로젝트 계획을 발표하였다.

17 ㉠에 들어갈 용어로 옳은 것은?

> 오늘날 아프리카에는 역사적·정치적·경제적 문제로 국제 사회의 지원이 필요한 국가도 아직 존재한다. 이러한 문제를 극복하고자 국제 사회는 교육, 의료, 사회 기반 시설 등 다양한 부문에서 (㉠)을/를 하고 있다.

① 공정 무역
② 공정 여행
③ 적정 기술
④ 공적 개발 원조
⑤ 지속가능한 발전

18 아프리카의 지속가능한 발전을 위한 우리의 노력으로 적절한 것을 〈보기〉에서 고른 것은?

> ┤ 보기 ├
> ㄱ. 아프리카를 교류와 협력의 동반자로 인식한다.
> ㄴ. 객관적인 정보를 바탕으로 아프리카를 이해해야 한다.
> ㄷ. 아프리카 저개발 지역에 첨단 기술 제품을 보내는 활동에 참여한다.
> ㄹ. 초국적 기업의 유통망을 거쳐 아프리카에서 생산한 제품을 구입한다.

① ㄱ, ㄴ
② ㄱ, ㄷ
③ ㄴ, ㄷ
④ ㄴ, ㄹ
⑤ ㄷ, ㄹ

서술형 + 논술형 문제

19 다음 글을 읽고 물음에 답하시오.

> (가) 보츠와나는 다이아몬드 개발로 얻은 이익을 의료, 교육, 도로 등 공공사업에 투자하였다. 오늘날에는 다양한 분야의 산업 발전을 추진하여 산업의 광물 의존도를 낮추는 등 <u>지속가능한 발전</u>의 기반을 마련하고 있다.
>
> (나) 국제 비정부 기구인 굿네이버스는 2015년부터 2019년까지 탄자니아의 한 지역에서 모자 보건 사업을 수행하였다. 굿네이버스는 지역 주민들과 함께 부족한 전문 보건 인력을 양성하고, 낙후된 보건 시설을 개선하였다.
>
> (다) 정보 기술(IT) 기업 ○○사가 가나의 아크라에 인공지능 연구 센터를 설립하였다. ○○사는 디지털 기술 훈련 프로그램을 운영하며 개발자를 지원해 왔다. 앞으로도 현지 대학과 협력하여 아프리카의 인공지능을 활성화하고 아프리카 대륙 내 인터넷 구축, 신생 기업 투자 등의 '디지털 전환'을 위해 지원할 것이라고 밝혔다.

(1) (가)의 밑줄 친 '지속가능한 발전'의 의미를 서술하시오.

_____

_____

_____

(2) (나), (다) 사례를 바탕으로 아프리카의 지속가능한 발전이 지속되려면 아프리카와 국제 사회 간의 협력이 어떻게 이루어져야 하는지 논술하시오.

_____

_____

_____

_____

_____

V

아메리카

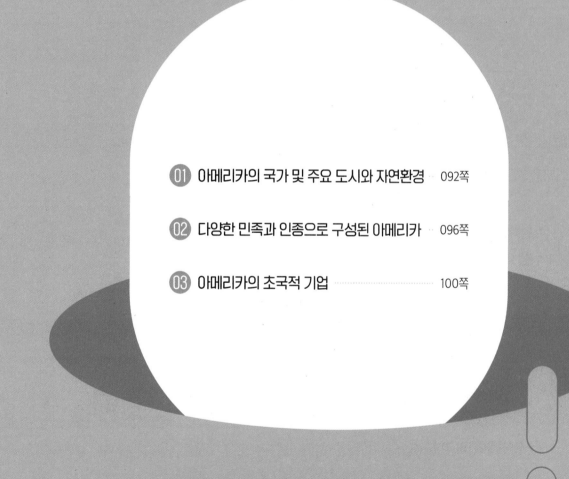

01 아메리카의 국가 및 주요 도시와 자연환경   092쪽

02 다양한 민족과 인종으로 구성된 아메리카 … 096쪽

03 아메리카의 초국적 기업 …………… 100쪽

01. 아메리카의 국가 및 주요 도시와 자연환경

❖ 아메리카의 국가와 주요 도시

1 지역 구분과 국가

(1) 위치와 지역 구분
① 위치: 서쪽으로 태평양, 동쪽으로 대서양과 접해 있음
② 지역 구분: 지리적으로 파나마 ⁺지협을 기준으로 북아메리카와 남아메리카, 문화적으로 리오그란데강을 기준으로 앵글로아메리카와 라틴 아메리카로 구분함

(2) 주요 국가

북아메리카	미국, 캐나다, 멕시코, 쿠바, 자메이카 등
남아메리카	브라질, 아르헨티나, 페루, 칠레, 에콰도르 등

2 주요 도시와 특징

> **시험 단골** 주요 도시의 특징을 묻는 문제가 자주 출제돼.

토론토 (캐나다)	• 캐나다의 정치·경제·문화의 중심지 • 인구의 50% 이상이 이민자로, 다양한 민족이 거주함
뉴욕 (미국)	• 세계의 정치·경제·금융 중심지 역할을 함 • 국제 연합(UN)의 본부가 있음
로스앤젤레스 (미국)	• 미국 서부에 있으며, 우리나라 ⁺교민들이 많이 거주함 • 할리우드를 중심으로 영화 산업이 발달함
멕시코시티 (멕시코)	• 해발 고도가 약 2,200m로, 고산 지대에 있음 • 고대 아스테카 문명의 유적이 남아 있음
상파울루 (브라질)	• 남아메리카에서 인구가 가장 많은 도시 • 남아메리카 금융의 중심지 역할을 함

└ 프랑스 문화가 발달한 몬트리올(캐나다), 아르헨티나의 수도인 부에노스아이레스, 생태 도시로 주목받는 쿠리치바(브라질)도 있어.

❖ 아메리카의 자연환경

1 아메리카의 지형 〔자료 1〕

> 강의 침식으로 생긴 거대한 협곡인 그랜드 캐니언이 있어.

북아메리카	산지	서쪽에 남북으로 뻗은 로키산맥과 고원이 있고, 동쪽에 낮고 완만한 애팔래치아산맥이 있음
	평야·하천	두 산맥 사이에 대평원(그레이트플레인스)이 펼쳐져 있고, 미시시피강이 남쪽으로 흐름
남아메리카	산지	서쪽에 안데스산맥이 남북으로 뻗어 있고, 동쪽에 브라질 고원이 있음
	하천	내륙 저지대에는 아마존강이 대서양으로 흐름

└ 세계 최대의 열대림인 아마존 열대림이 있어.

2 아메리카의 기후 〔자료 2〕

북아메리카	• 북부 지역은 냉대 기후와 한대 기후가 나타남 • 미국 남동부 지역은 온대 기후가 나타남 • 대륙 내부와 서부 지역은 건조 기후가 나타남 • 멕시코 남부와 카리브해 지역은 열대 기후가 나타남
남아메리카	• 적도를 중심으로 열대 기후가 넓게 나타남 • 남부 지역의 일부는 온대 기후가 나타남 • 적도 주변의 안데스 산지에서는 고산 기후가 나타남

└ 키토(에콰도르), 쿠스코(페루), 보고타(콜롬비아), 라파스(볼리비아) 등 고산 도시들이 발달하였어.

교과서 쏙 자료

자료 1 아메리카의 주요 지형

아메리카 대륙의 서쪽에는 주로 높은 산지가 있고, 동쪽에는 오랜 기간 침식을 받은 낮은 산지나 고원이 있다. 대륙의 가운데에는 평지나 분지가 펼쳐져 있다.

자료 2 아메리카의 기후 분포

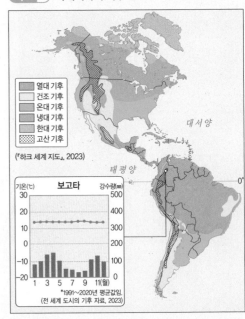

위도와 해발 고도에 따라 달라지는 아메리카의 기후는 인구 분포와 산업 발달에 큰 영향을 미친다.

Plus 용어

⁺ **지협** 두 개의 육지를 연결하는 좁고 잘록한 땅
⁺ **교민** 다른 국가에 살고 있는 동포

• 정답과 해설 18쪽

대표 자료 확인하기

✦ 아메리카의 주요 지형

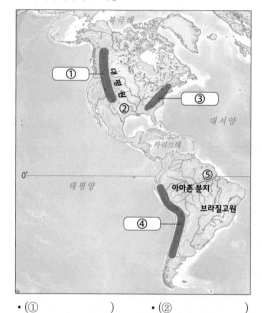

- ① (   )   • ② (   )
- ③ (   )   • ④ (   )
- ⑤ (   )

한눈에 정리하기

✦ 아메리카의 주요 도시와 특징

토론토 (캐나다)	캐나다의 정치·경제·문화의 중심지로, 다양한 민족이 거주함
(①) (미국)	세계의 정치·경제·금융 중심지이며, 국제 연합(UN)의 본부가 있음
로스앤젤레스 (미국)	영화 산업 등 다양한 문화 산업이 발달함
멕시코시티 (멕시코)	고산 지대에 있으며, 고대 아스테카 문명의 유적이 남아 있음
(②) (브라질)	남아메리카에서 인구가 가장 많은 도시임

✦ 아메리카의 기후

북아메리카	북부 지역은 (③)와 한대 기후, 미국 남동부 지역은 온대 기후, 대륙 내부와 서부 지역은 건조 기후가 나타남
남아메리카	적도를 중심으로 (④), 남부 지역의 일부는 온대 기후, 적도 주변의 안데스 산지에서는 고산 기후가 나타남

1 아메리카는 (㉠   )을/를 경계로 북아메리카와 남아메리카로 구분하거나, (㉡   )을/를 기준으로 앵글로아메리카와 라틴 아메리카로 구분한다.

2 (㉠   )에는 미국, 캐나다, 멕시코와 카리브해 연안의 국가들이 있고, (㉡   )에는 브라질, 아르헨티나, 페루, 칠레 등의 국가들이 있다.

3 아메리카의 주요 도시와 그에 대한 설명을 옳게 연결하시오.

(1) 뉴욕   •   • ㉠ 국제 연합(UN)의 본부가 있음
(2) 토론토   •   • ㉡ 아스테카 문명의 유적이 남아 있음
(3) 멕시코시티 •   • ㉢ 캐나다의 정치·경제·문화의 중심 도시임

4 남아메리카에서 볼 수 있는 지형을 〈보기〉에서 있는 대로 골라 기호를 쓰시오.

┌ 보기 ┐
| ㄱ. 대평원 | ㄴ. 아마존강 | ㄷ. 안데스산맥 |
| ㄹ. 브라질 고원 | ㅁ. 리오그란데강 | ㅂ. 그랜드 캐니언 |

(   )

5 다음 설명이 맞으면 ○표, 틀리면 ✕표를 하시오.

(1) 멕시코 남부와 카리브해 지역에서는 열대 기후가 나타난다.
(   )

(2) 키토, 보고타 등 고산 도시에서는 한대 기후가 나타난다.
(   )

(3) 북아메리카의 로키산맥과 애팔래치아산맥 사이에는 대평원이 펼쳐져 있다. (   )

6 그래프가 나타내는 기후를 쓰시오.

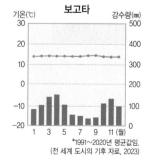

*1991~2020년 평균값임.
(전 세계 도시의 기후 자료, 2023)

(   )

01 북아메리카에 있는 국가로 옳지 <u>않은</u> 것은?

① 미국　　② 쿠바　　③ 페루
④ 캐나다　　⑤ 자메이카

02 (가), (나)에 해당하는 아메리카의 도시를 옳게 연결한 것은?

> (가) 인구의 50% 이상이 이민자로 구성된 캐나다의 최대 도시이다.
> (나) 남아메리카에서 인구가 가장 많은 도시로, 남아메리카 금융의 중심지 역할을 한다.

	(가)	(나)
①	뉴욕	쿠리치바
②	뉴욕	상파울루
③	워싱턴	쿠리치바
④	토론토	상파울루
⑤	토론토	멕시코시티

03 사진과 같은 경관을 볼 수 있는 도시의 특징으로 옳은 것은?

① 프랑스 문화가 발달하였다.
② 탱고가 유명한 큰 항구 도시이다.
③ 고대 문명의 유산이 많이 남아 있다.
④ 영화 제작이 활발한 곳으로 유명하다.
⑤ 도시의 상징물로 세계에서 가장 큰 예수상이 있다.

어려워 ▽

04 지도는 아메리카의 지역 구분을 나타낸 것이다. 이에 대한 설명으로 옳은 것은?

(『디르케 세계 지도』, 2023)

① A에는 미시시피강이 흐른다.
② A는 지리적으로 아메리카를 구분한다.
③ B에는 파나마 지협이 있다.
④ B는 미국과 멕시코의 국경을 이룬다.
⑤ B는 문화적으로 아메리카를 구분한다.

05 다음에서 설명하는 국가를 지도에서 고른 것은?

> 국토가 남북으로 길게 뻗어 있어 다양한 기후가 나타나고 구리와 포도 수출로 잘 알려진 국가

① A　　② B　　③ C　　④ D　　⑤ E

이 문제에서 나올 수 있는 선택지는 다~!

06 북아메리카의 지형에 대한 설명으로 옳지 <u>않은</u> 것은?

① 서부에 로키산맥이 있다.
② 북부에 빙하 지형이 있다.
③ 중부에 대평원이 펼쳐져 있다.
④ 동부에 애팔래치아산맥이 있다.
⑤ 중부에 미시시피강이 남쪽으로 흐른다.
⑥ 서부에 낮은 산지, 동부에 높은 산지가 있다.

중요해

07 ㉠, ㉡에 들어갈 지형을 옳게 연결한 것은?

> 남아메리카의 서쪽에는 (㉠)이 남북으로 길게 뻗어 있다. 이곳에서 시작하여 대서양으로 흘러드는 (㉡) 유역에는 세계 최대의 열대림이 있다.

	㉠	㉡
①	로키산맥	아마존강
②	로키산맥	미시시피강
③	안데스산맥	아마존강
④	안데스산맥	미시시피강
⑤	안데스산맥	리오그란데강

08 다음은 아메리카를 여행하고 사회 관계망 서비스(SNS)에 올린 글이다. ㉠에 들어갈 내용으로 옳은 것은?

#(㉠) #세계 자연 유산

① 고산 지대에 있는 소금 사막
② 지구의 허파라고 불리는 밀림
③ 강의 침식으로 생긴 거대한 협곡
④ 끝없이 펼쳐진 북아메리카의 평원
⑤ 미국 동부에 있는 낮고 완만한 산맥

09 다음에서 설명하는 경관이 나타나는 기후 지역을 지도에서 고른 것은?

여름철에 기온이 높아져 얼어 있던 땅이 녹으면 건물이 무너질 수 있어서 기둥을 땅 깊숙이 박고 건물을 땅에서 띄워 짓는다.

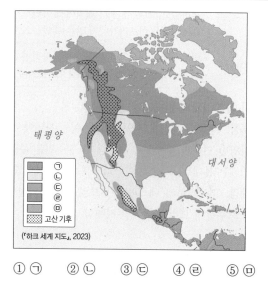

① ㉠　② ㉡　③ ㉢　④ ㉣　⑤ ㉤

서술형 문제

01 그래프는 비슷한 위도대에 있는 두 지역의 기후를 나타낸 것이다. 두 지역의 연평균 기온이 다른 까닭을 제시어를 모두 사용하여 서술하시오.

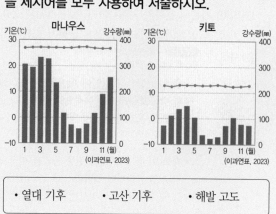

• 열대 기후　• 고산 기후　• 해발 고도

아메리카의 인구 구성 `자료 1`

1 앵글로아메리카의 민족과 인종

(1) **특징**: 다수의 유럽계와 ⁺히스패닉, 아프리카계, 아시아계 등 다양한 민족과 인종으로 구성됨

(2) **배경**

과거	• 유럽인이 이주하기 전부터 아메리카 원주민이 살고 있었음 • 16세기 말 영국인이 식민 지배를 하여 앵글로아메리카를 개척하였고, 이후 유럽 각 지역에서 이민자가 유입함 ┌ 미국 건국 초기에 영국, 아일랜드 등에서 이주하여 미국 문화의 주류를 이루었어. • 유럽인들은 아프리카에서 많은 흑인을 노예로 이주시킴 ┐ 오늘날 미국 전체 인구의 1% 미만으로, 주로 원주민 보호 구역에 거주해.
오늘날	• 히스패닉이 미국으로 유입하여 독자적인 문화를 형성함 • 아시아 등 여러 지역에서 경제적 이유로 이주민이 들어오고 있음

2 라틴 아메리카의 민족과 인종 `자료 2`

(1) **특징**: 원주민, 유럽계, 아프리카계, 이들 사이에서 태어난 혼혈인 등 다양한 민족과 인종으로 구성됨 → 원주민은 주로 안데스 산지, 유럽계는 온대 기후 지역, 아프리카계는 카리브해 연안에 많이 거주함

(2) **배경**: 16세기부터 에스파냐가 브라질을 제외한 대부분의 지역을, 포르투갈이 브라질을 식민 지배함

아메리카의 문화

1 아메리카의 문화 특징

앵글로 아메리카	영국의 영향을 받아 주로 영어를 사용하며 개신교가 주요 종교로 자리 잡음 ┌ 캐나다는 영국과 프랑스가 식민지 쟁탈전을 벌인 곳으로, 프랑스가 지배하였던 퀘벡주에는 프랑스계 주민 비율이 높아.
라틴 아메리카	남부 유럽의 영향을 받아 대부분 에스파냐어와 포르투갈어를 사용하며 가톨릭교 신자 수가 많음

2 문화 혼종성 `자료 3`

(1) **의미**: 기존의 문화와 외래문화가 만나 기존의 문화 정체성이 약화되거나, 두 문화가 혼합되어 새로운 문화가 만들어지는 현상

(2) **사례** `시험 단골` 문화 혼종성의 사례와 특징을 묻는 문제가 자주 출제돼.

음식	• 햄버거(미국): 독일인이 먹던 함부르크 스테이크가 현대 생활 방식에 맞게 간편 음식으로 변형됨 • 타코(멕시코): 원주민이 먹던 납작한 옥수수 빵에 유럽계 이주민의 다양한 재료와 조리법이 더해짐
춤·음악	• 재즈(미국): 아프리카 전통 음악과 미국 남북 전쟁 이후 군악대 연주 기법이 결합함 • 레게(자메이카): 카리브해 음악, 미국의 리듬 앤드 블루스, 아프리카식 리듬이 결합함 • 탱고(아르헨티나): 남부 유럽에서 온 이민자들의 춤곡과 라틴 아메리카의 토착 음악이 결합함
축제	리우 카니발(브라질): 크리스트교의 축제, 아프리카의 전통 타악기 연주와 춤이 합쳐져 발전함
건축	멕시코시티 대성당(멕시코): 남부 유럽과 건축 양식이 유사함

교과서 쏙 자료

`자료 1` 아메리카의 민족과 인종 분포

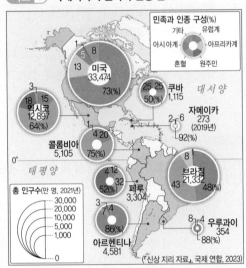

앵글로아메리카에는 다수의 유럽계와 히스패닉, 아프리카계, 아시아계가 있다. 라틴 아메리카에는 혼혈인이 인구의 다수를 차지한다.

`자료 2` 프리다 칼로, 「버스」

버스 승객들의 피부색이 다양하다는 점을 미루어 당시 멕시코 사회가 다양한 민족과 인종으로 구성되어 있다는 것을 알 수 있다.

`자료 3` 아메리카의 문화 혼종성

▲ 유럽의 성모상 　　▲ 멕시코의 과달루페 성모상

아메리카에는 원주민, 유럽계, 아프리카계 등의 문화가 혼합되어 새로운 문화가 형성되었다. 멕시코는 유럽의 가톨릭교를 받아들이는 과정에서 멕시코인의 피부색과 비슷한 성모상을 만들었다.

Plus 용어

+ **히스패닉** 에스파냐어를 사용하는 라틴 아메리카 출신의 미국 이주민과 그 후손

• 정답과 해설 19쪽

대표 자료 확인하기

✦ 아메리카의 민족과 인종 분포

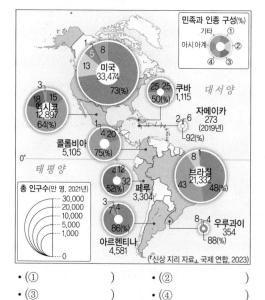

- ① ( )
- ② ( )
- ③ ( )
- ④ ( )

✦ 아메리카의 문화 혼종성

에스파냐의 식민 지배를 받은 멕시코는 (⑤   ) 신자의 비율이 높다. 유럽의 종교를 받아들이는 과정에서 성모상의 피부색은 멕시코인의 피부색과 비슷하게 어두운 색으로 변화하였다.

◀ 멕시코의 과달루페 성모상

한눈에 정리하기

✦ 아메리카의 인구 구성

앵글로 아메리카	다수의 유럽계와 (①), 아프리카계, 아시아계가 있음
라틴 아메리카	원주민, 유럽계, 아프리카계, 이들 사이에서 태어난 혼혈인이 있음

✦ 아메리카의 문화 특징

문화 혼종성	기존의 문화와 (②)이/가 만나 기존의 문화 정체성이 약화되거나, 두 문화가 혼합되어 새로운 문화가 만들어지는 현상
사례	미국의 햄버거, 멕시코의 타코, 미국의 재즈, 아르헨티나의 탱고, 브라질의 리우 카니발 등

---

1 앵글로아메리카의 민족과 인종에 대한 설명이 맞으면 ○표, 틀리면 ✕표를 하시오.

(1) 유럽인은 아프리카에서 많은 흑인을 노예로 이주시켰다.
( )

(2) 유럽인이 이주하기 전에는 앵글로아메리카에 인간이 거주하지 않았다. ( )

(3) 16세기 말 영국인이 식민 지배를 하여 개척한 이후 유럽 각 지역에서 이민자가 유입하였다. ( )

2 라틴 아메리카는 원주민, 유럽계, 아프리카계, 그리고 이들 사이에서 태어난 (   ) 등 다양한 민족과 인종으로 구성되어 있다.

3 다음 괄호 안의 내용 중 알맞은 말에 ○표를 하시오.

(1) 라틴 아메리카는 마야 문명, 아스테카 문명, 잉카 문명 등의 고대 문명이 발달하였지만 (유럽인, 아시아인)이 침입하면서 대부분 파괴되었다.

(2) 16세기부터 (에스파냐, 포르투갈)이/가 브라질을 제외한 대부분의 지역을 식민 지배하였고, 브라질은 (에스파냐, 포르투갈)의 식민 지배를 받았다.

4 영국의 영향을 받은 앵글로아메리카에서는 주로 (㉠   )를 사용하며, 브라질을 제외한 라틴 아메리카 대부분 지역에서는 공용어로 (㉡   )를 사용한다.

5 다음에서 설명하는 문화 혼종성의 사례를 쓰시오.

> 독일인이 먹던 함부르크 스테이크가 변형된 미국의 음식이다. 바쁜 현대인의 생활 방식에 맞게 간편 음식으로 대중화되었다.

( )

6 아프리카의 영향을 받은 아메리카의 문화만을 〈보기〉에서 있는 대로 골라 기호를 쓰시오.

┌ 보기 ┐
ㄱ. 레게   ㄴ. 재즈   ㄷ. 타코
└─────

( )

01 앵글로아메리카의 인구 특징에 대한 설명으로 옳지 <u>않은</u> 것은?

① 아메리카 원주민이 다수를 차지한다.

② 다문화 사회의 전형적인 모습이 나타난다.

③ 캐나다 퀘벡주에는 프랑스계 주민의 비율이 높다.

④ 오늘날에는 경제적인 이유로 이주민이 많이 들어오고 있다.

⑤ 미국 건국 초기에 영국, 아일랜드 등에서 이주한 유럽계 이주민이 자리 잡았다.

02 (가), (나) 이주민을 옳게 연결한 것은?

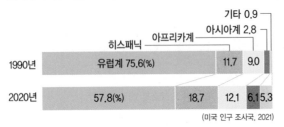

(가) 아일랜드에서 흉년이 계속되어 살기 어려워지자 1800년대 중반에 미국으로 이주하였다.

(나) 16세기부터 아메리카로 강제로 끌려와 목화 농장에서 일을 하였다.

	(가)	(나)
①	유럽계	아시아계
②	유럽계	아프리카계
③	아시아계	아프리카계
④	아프리카계	유럽계
⑤	아프리카계	아시아계

어려워♥

03 그래프는 미국의 민족과 인종별 구성 변화를 나타낸 것이다. 이를 분석한 내용으로 옳은 것은?

기타 0.9
아시아계 2.8
아프리카계
히스패닉
1990년 유럽계 75.6(%) 11.7 9.0
2020년 57.8(%) 18.7 12.1 6.1 5.3
(미국 인구 조사국, 2021)

① 1990년에는 아프리카계의 비율이 가장 높았다.

② 1990년에는 아시아계가 전체 인구의 절반 이상을 차지하였다.

③ 2020년에는 유럽계의 비율이 가장 낮았다.

④ 2020년에는 1990년보다 아시아계의 비율이 줄어들었다.

⑤ 2020년에는 1990년보다 라틴 아메리카에서 이주한 사람의 비율이 증가하였다.

04 자료는 라틴 아메리카 주요 국가의 민족과 인종 분포를 나타낸 것이다. 이를 분석한 내용으로 옳은 것을 〈보기〉에서 고른 것은?

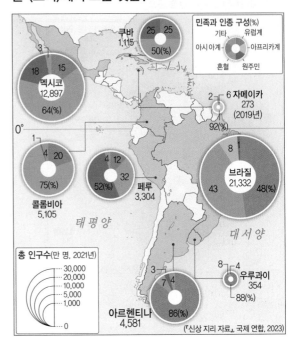

┤보기├

ㄱ. 자메이카에는 주로 유럽계가 거주한다.

ㄴ. 페루에는 아프리카계의 거주 비율이 높다.

ㄷ. 아르헨티나에는 유럽계의 거주 비율이 높다.

ㄹ. 혼혈인은 라틴 아메리카 전역에 걸쳐 거주한다.

① ㄱ, ㄴ   ② ㄱ, ㄷ   ③ ㄴ, ㄷ

④ ㄴ, ㄹ   ⑤ ㄷ, ㄹ

이 문제에서 나올 수 있는 선택지는 다~!

05 미국의 문화 특징으로 옳지 <u>않은</u> 것은?

① 주로 영어를 사용한다.

② 영국의 영향을 많이 받았다.

③ 에스파냐의 식민 지배를 받았다.

④ 문화적으로 앵글로아메리카에 속한다.

⑤ 개신교가 주요 종교로 자리 잡고 있다.

⑥ 유럽계 문화가 주류 문화로 자리 잡고 있다.

06 ㉠에 들어갈 국가를 쓰시오.

> 삼바 축제라고도 불리는 (㉠)의 리우 카니발은 세계 3대 축제 중 하나이며, 화려한 행진으로 유명하다. 리우 카니발은 포르투갈에서 (㉠)로 건너온 사람들의 크리스트교 축제, 원주민의 전통과 풍습, 아프리카 전통 타악기 리듬과 춤이 혼합되어 만들어졌다.

(   )

중요해☆

07 아메리카의 문화와 그 특징에 대한 설명으로 옳지 않은 것은?

① 멕시코의 멕시코시티 대성당은 남부 유럽과 유사한 건축 양식이 나타난다.
② 미국의 햄버거는 옥수수로 만든 빵으로, 원주민과 유럽계 이주민들의 문화가 결합하였다.
③ 멕시코의 과달루페 성모상은 유럽의 가톨릭교와 아메리카 원주민의 전통 신앙이 결합하였다.
④ 자메이카의 레게는 카리브해 음악, 미국의 리듬 앤드 블루스, 아프리카식 리듬 등이 결합하였다.
⑤ 아르헨티나의 탱고는 남부 유럽에서 온 이민자들의 춤곡과 라틴 아메리카의 음악이 결합하였다.

08 다음 글에서 설명하는 아메리카의 음식으로 옳은 것은?

세계의 맛을 담은 멕시코의 전통 음식
옥수수와 밀로 만든 둥글고 납작한 빵인 토르티야에 토마토, 고추, 양파 등으로 만든 살사 소스와 고기, 콩, 야채를 넣어 먹는 요리

① 타코   ② 팝콘   ③ 피자
④ 핫도그   ⑤ 햄버거

서술형 문제

01 자료에서 알 수 있는 멕시코의 인구 특징을 제시어를 모두 사용하여 서술하시오.

↑ 프리다 칼로, 「버스」(1929년)
프리다 칼로의 「버스」는 당시 멕시코 사회의 다양한 민족과 인종을 보여 준다.

• 원주민	• 유럽계	• 혼혈인

_____

_____

_____

02 캐나다 퀘벡주에서 다음과 같은 경관을 볼 수 있는 이유를 서술하시오.

↑ 영어와 프랑스어가 함께 쓰인 표지판

_____

_____

_____

03. 아메리카의 초국적 기업

✦ 초국적 기업과 글로벌 생산 체제

1 초국적 기업 자료 1

(1) 의미: 국경을 넘어 전 세계를 대상으로 제품을 생산하고 판매하는 기업

(2) 발달 배경

① 교통과 통신의 발달로 세계 여러 지역 간에 교류가 활발해짐

② 세계 무역 기구(WTO)의 등장과 자유 무역 협정(FTA)의 확대로 무역 장벽이 낮아지면서 경제활동의 세계화를 촉진함

2 초국적 기업의 공간적 분업

(1) 공간적 분업: 경영의 효율을 높이고 이윤을 극대화하고자 본사, 연구소, 생산 공장, ⁺자회사 등을 서로 다른 국가나 지역에 배치하는 것

(2) 기능별 ⁺입지 ▸시험 단골 초국적 기업의 기능별 입지를 묻는 문제가 자주 출제돼.

기업 활동을 위한 핵심적인 의사 결정이 이루어지는 곳이야.

본사	다양한 정보와 자본을 확보하기 유리한 지역
연구소	지식과 기술을 갖춘 고급 인력이 많은 지역
생산 공장	지가와 임금이 싸고 시장과 가까운 지역

└─ 고도의 기술이 필요한 생산 공장은 고급 인력이 많은 지역에 들어서기도 해.

(3) 특징: 오늘날 초국적 기업은 본사에 모든 권한이 집중되지 않고, 여러 국가에 분포하는 자회사가 비교적 동등한 지위를 가지며 수평적으로 연결됨

✦ 초국적 기업의 입지와 해외 이전에 따른 지역 변화

1 초국적 기업의 입지와 해외 이전의 까닭 자료 2

(1) 생산 비용 절감: 생산 비용을 줄이고자 국내에 있던 생산 공장을 해외로 옮김

(2) 판매 시장 확보: 판매 시장을 넓히고자 생산 공장을 제품 수요가 많은 국가로 이전함

(3) 유리한 기업 활동: 세금 혜택이나 정부 지원 등 기업 활동에 유리한 조건을 찾아 생산 공장을 이전함

▸시험 단골 초국적 기업의 입지와 해외 이전에 따른 지역 변화를 묻는 문제가 자주 출제돼.

2 초국적 기업의 입지가 지역에 미치는 영향

| 긍정적 영향 | • 새로운 산업 단지가 조성되어 일자리가 생기고, 지역 경제가 활성화됨
• 기술을 이전 받아 관련 산업이 발달함 |
| 부정적 영향 | • 저임금의 단순 노동력만을 필요로 하는 경우가 많아 노동 환경이 열악해짐
• 생산 공장에서 유해 물질, 산업 폐기물 등이 배출되면서 환경 오염이 발생하기도 함 |

3 초국적 기업의 해외 이전이 지역에 미치는 영향 자료 3

(1) 영향: 기업이 떠난 지역에서는 실업률이 증가하고 인구가 감소하여 지역 경제가 침체됨

(2) 사례: 미국 디트로이트 등 오대호 연안 공업 지역에 있던 자동차, 철강 기업이 임금이 낮은 해외로 공장을 이전하면서 지역 경제가 악화됨

교과서 쏙 자료

자료 1 초국적 기업의 성장 과정

① 국가 내에 본사를 세우고, 생산 공장과 판매 지사를 연다.

② 판매 시장을 넓히고자 세계 각지에 판매 대리점과 자회사를 만든다.

③ 의사 결정 권한을 갖게 된 해외 자회사는 현지화한 상품과 서비스를 제공한다.

자료 2 멕시코 내 주요 자동차 생산 공장 입지

🚗 자동차 생산 공장 (멕시코 자동차 산업 협회(AMIA), 2023)

소비 시장이 큰 미국과 가깝고 저임금 노동력이 풍부하다는 이점을 바탕으로 멕시코에는 많은 초국적 기업의 생산 공장이 들어서 있다.

자료 3 초국적 기업의 활동이 지역에 미친 영향

⬆ 디트로이트의 버려진 자동차 공장

미국의 디트로이트는 1950년대 자동차 산업이 발달하였지만 20세기 후반부터 생산 공장이 해외로 이전하면서 도시가 쇠퇴하였다. 최근에는 전기 자율 주행 자동차 연구 도시로 변화하고자 노력하고 있다.

Plus 용어

✦ **자회사** 모회사의 지배를 받는 회사

✦ **입지** 인간이 경제 활동을 하기 위하여 선택하는 장소

✦ 멕시코 내 주요 자동차 생산 공장 입지

멕시코는 소비 시장이 큰 (①)과/와 가깝고 저임금 (②)이/가 풍부하다는 이점이 있다. 이를 바탕으로 멕시코에는 많은 초국적 기업의 생산 공장이 들어서 있다.

✦ 초국적 기업의 활동이 지역에 미친 영향

⬆ 디트로이트의 버려진 자동차 공장

미국 디트로이트는 20세기 후반부터 (③)이/가 더 낮은 임금 조건을 찾아 개발 도상국으로 이전하면서 도시가 침체되었다.

✦ 초국적 기업의 공간적 분업

본사	다양한 정보와 (①)을/를 확보하기 유리한 지역
연구소	지식과 기술을 갖춘 고급 인력이 많은 지역
생산 공장	• 단순 노동이 필요한 생산 공장: 지가와 임금이 싸고 (②)과/와 가까운 지역 • 고도의 기술이 필요한 생산 공장: 고급 인력이 많은 지역

✦ 초국적 기업의 입지와 이전에 따른 영향

초국적 기업의 입지	• 산업 단지가 조성되어 (③)이/가 생김 • 환경 오염이 발생하기도 함
초국적 기업의 이전	실업률이 증가하고 인구가 감소하여 지역 경제가 침체됨

1 다음 설명이 맞으면 ○표, 틀리면 ✕표를 하시오.

(1) 경제활동의 세계화는 교통·통신의 발달로 국가 간 교류가 감소하는 현상이다. ( )

(2) 경제 규모가 큰 미국에는 세계적인 초국적 기업이 많아 세계 경제에 많은 영향을 주고 있다. ( )

(3) 세계 무역 기구(WTO)의 등장과 자유 무역 협정(FTA)의 확대는 경제활동의 세계화를 축소하였다. ( )

2 다음 빈칸에 들어갈 알맞은 말을 쓰시오.

(1) 국경을 넘어 전 세계를 대상으로 생산 및 판매 활동을 하는 기업을 ( )(이)라고 한다.

(2) 경영의 효율을 높이고 이윤을 극대화하고자 기업의 기능을 서로 다른 국가나 지역에 배치하는 것을 ( )(이)라고 한다.

3 초국적 기업의 조직과 각 기능을 옳게 연결하시오.

(1) 본사 •   • ㉠ 경영 관리
(2) 연구소 •   • ㉡ 기술 개발
(3) 생산 공장 •   • ㉢ 제품 생산

4 초국적 기업이 국내의 생산 공장을 해외로 이전하는 경우로 옳은 것만을 〈보기〉에서 있는 대로 골라 기호를 쓰시오.

┤보기├
ㄱ. 국내에서의 생산 비용이 오를 때
ㄴ. 해외 판매 시장을 확보하고자 할 때
ㄷ. 국내가 해외보다 세금 혜택이 유리할 때

( )

5 소비 시장이 큰 미국과 국경을 접하고 저임금 노동력이 풍부하다는 이점이 있어 많은 초국적 기업의 생산 공장이 들어서 있는 국가를 쓰시오.

( )

6 초국적 기업의 생산 공장이 들어서는 지역에서 나타나는 긍정적인 변화가 맞으면 ○표, 틀리면 ✕표를 하시오.

(1) 산업 구조에 공백이 생긴다. ( )

(2) 기술을 이전 받아 관련 산업이 발달한다. ( )

(3) 새로운 산업 단지가 조성되어 일자리가 생긴다. ( )

01 선생님의 질문에 옳게 대답한 학생만을 있는 대로 고른 것은?

> • 선생님: 우리가 일상생활에서 사용하는 제품이 여러 국가에서 나누어 생산되는 까닭은 무엇일까요?
> • 가영: 무역 장벽이 높아졌어요.
> • 나영: 자유 무역 협정(FTA)이 확대되었어요.
> • 다영: 세계 무역 기구(WTO)가 등장하였어요.

① 가영　　　　② 가영, 나영
③ 가영, 다영　　④ 나영, 다영
⑤ 가영, 나영, 다영

이 문제에서 나올 수 있는 선택지는 다~!

02 아메리카의 초국적 기업에 대한 설명으로 옳지 않은 것은?

① 전 세계를 대상으로 생산 및 판매 활동을 한다.
② 기업 규모가 커지면서 활동 범위가 넓어지고 있다.
③ 농업, 제조업, 서비스업 등 여러 분야에 진출해 있다.
④ 앵글로아메리카보다 라틴 아메리카에 초국적 기업의 본사가 많다.
⑤ 미국에는 초국적 기업이 많아 세계 경제에 많은 영향을 주고 있다.
⑥ 아메리카에는 넓은 영토, 풍부한 자원, 자본과 기술력을 바탕으로 성장한 기업이 많다.

03 초국적 기업의 성장 과정을 〈보기〉에서 골라 순서대로 나열한 것은?

> ┤보기├
> ㄱ. 국가 내에 본사를 세우고, 생산 공장과 판매 지점을 연다.
> ㄴ. 판매 시장을 넓히고자 세계 각지에 판매 대리점과 자회사를 만든다.
> ㄷ. 의사 결정 권한을 갖게 된 해외 자회사는 현지화한 상품과 서비스를 제공한다.

① ㄱ-ㄴ-ㄷ　② ㄱ-ㄷ-ㄴ　③ ㄴ-ㄱ-ㄷ
④ ㄷ-ㄱ-ㄴ　⑤ ㄷ-ㄴ-ㄱ

중요해

04 다음은 초국적 기업의 조직을 기능에 따라 정리한 표이다. ㉠~㉢의 입지에 대한 설명으로 옳은 것은?

기업 조직	기능
㉠ 본사	경영과 관리
㉡ 연구소	기술 개발과 연구·디자인
㉢ 생산 공장	단순한 제품 생산

① ㉠은 자본이 적은 지역에 들어선다.
② ㉠은 정보를 얻기 불리한 지역에 들어선다.
③ ㉡은 우수한 인력을 구하기 좋은 지역에 들어선다.
④ ㉢은 비싼 노동력이 많은 지역에 들어선다.
⑤ ㉢은 토지의 가격이 비싼 지역에 들어선다.

05 다음은 오늘날 초국적 기업의 특징을 설명한 것이다. ㉠에 들어갈 용어를 쓰시오.

> 오늘날 초국적 기업은 (㉠)에 모든 권한이 집중되지 않고, 여러 국가에 분포하는 자회사가 비교적 동등한 지위를 가지며 수평적으로 연결된다.

(　　　　　　)

어려워 ▽

06 지도는 미국의 한 초국적 기업의 본사와 생산 공장의 위치를 나타낸 것이다. 이를 분석한 내용으로 옳지 않은 것은?

⬆ 미국의 초국적 기업 N사의 본사와 생산 공장의 위치

① 기업의 이윤을 높이기 위한 분업이 나타난다.
② 본사는 미국에 있어 정보와 자본을 확보하기 좋다.
③ 베트남에는 고급 인력이 필요한 기능이 들어서 있다.
④ 생산 공장은 아시아, 남아메리카 등 여러 지역에 분포한다.
⑤ 생산 공장은 주로 생산 비용을 줄일 수 있는 곳에 들어서 있다.

07 다음 사례에서 ㉠과 ㉡의 관계에 대한 설명으로 옳은 것은?

> 미국에 본사를 두고 있는 초국적 기업 C사는 세계적인 음료 회사이다. 200여 개국에 C사의 제품을 판매하고 있다. ㉠ 본사에서는 주로 경영 전략을 세우고 해외의 ㉡ 자회사와 협력하여 제품을 생산한다. 자회사 I 콜라는 지역의 특성에 맞춰 페루의 역사와 문화를 담은 제품을 생산하고 판매한다.

① ㉠에 모든 권한이 집중되고 있다.
② ㉡은 ㉠보다 우월한 지위를 지닌다.
③ ㉠과 ㉡은 수직적인 관계로 연결되어 있다.
④ ㉠과 ㉡은 비교적 상호 의존적인 관계를 맺고 있다.
⑤ 해외의 ㉡은 ㉠에서 지시한대로 제품을 생산하는 편이다.

08 초국적 기업의 생산 공장이 들어선 지역에서 나타날 수 있는 변화로 옳은 것은?

① 인구가 유출된다.
② 일자리가 줄어든다.
③ 지역 경제가 침체된다.
④ 사회 기반 시설이 부족해진다.
⑤ 산업 폐기물이 배출되어 환경이 오염될 수 있다.

09 밑줄 친 지역에서 발생할 수 있는 문제로 옳은 것을 〈보기〉에서 고른 것은?

> 초국적 기업은 기존의 생산 공장을 폐쇄하고 다른 지역에 새로운 공장을 짓기도 한다. 생산 공장이 다른 지역으로 빠져나간 지역에서는 많은 문제점이 발생한다.

┤ 보기 ├
ㄱ. 지역 경제가 침체된다.
ㄴ. 지역의 집값이 오른다.
ㄷ. 지역의 인구가 감소한다.
ㄹ. 지역의 실업률이 낮아진다.

① ㄱ, ㄴ
② ㄱ, ㄷ
③ ㄴ, ㄷ
④ ㄴ, ㄹ
⑤ ㄷ, ㄹ

01 지도와 같이 초국적 기업이 멕시코에 자동차 공장을 짓는 이유를 제시어를 모두 사용하여 서술하시오.

(멕시코 자동차 산업 협회(AMIA), 2023)

🚗 자동차 생산공장

• 임금	• 노동력	• 소비 시장

02 다음 글을 읽고 디트로이트에서 나타날 수 있는 변화를 제시어를 모두 사용하여 서술하시오.

> 미국의 디트로이트는 미국 자동차 산업의 중심지로, '자동차 도시'라고 불리며 성장하였다. 자동차 산업을 기반으로 한때 180만 명까지 인구가 증가하였다. 하지만 미국 북동부 지역의 제조업 쇠퇴와 함께 많은 자동차 생산 공장이 해외로 이전하였다.

• 일자리	• 인구	• 지역 경제

❶ 아메리카의 주요 지형

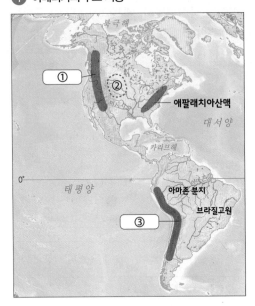

• 북아메리카에는 서쪽에 ① ⬚⬚⬚⬚과/와 동쪽에 애팔래치아산맥이 있다. 그 사이에는 ② ⬚⬚⬚이/가 펼쳐져 있다.

• 남아메리카에는 서쪽에 ③ ⬚⬚⬚⬚⬚이/가 뻗어 있다.

|정답| ① 로키산맥 ② 대평원 ③ 안데스산맥

❷ 아메리카의 민족과 인종 분포

• 미국은 ① ⬚⬚⬚의 비율이 가장 높다.

• 멕시코와 콜롬비아는 ② ⬚⬚의 비율이 가장 높다.

|정답| ① 유럽계 ② 혼혈

---

01 아메리카의 국가 및 주요 도시와 자연환경

✦ 아메리카의 위치와 주요 국가

위치	서쪽으로 (①), 동쪽으로 대서양과 접해 있음
구분	지리적으로 파나마 지협을 기준으로 북아메리카와 남아메리카, 문화적으로 리오그란데강을 기준으로 앵글로아메리카와 라틴 아메리카로 구분함
주요 국가	미국, 캐나다, 멕시코, 브라질, 아르헨티나, 페루, 칠레 등

✦ 아메리카의 주요 도시

토론토	캐나다의 정치·경제·문화의 중심지, 다양한 민족이 거주함
뉴욕	세계의 정치·경제·금융 중심지, (②)(UN) 본부가 있음
로스앤젤레스	(③) 산업 등 다양한 문화 산업이 발달함
멕시코시티	고산 지대에 있으며, 아스테카 유적이 남아 있음
상파울루	남아메리카 도시 중에서 인구가 가장 많음

✦ 아메리카의 자연환경 ❶

지형	북아메리카	• 서쪽에 남북으로 뻗은 (④)산맥과 고원이 있고, 동쪽에 애팔래치아산맥이 있음 • 가운데 대평원(그레이트플레인스)이 펼쳐져 있고, 미시시피강이 남쪽으로 흐름
	남아메리카	• 서쪽에 (⑤)산맥이 남북으로 뻗어 있고, 동쪽에 브라질 고원이 있음 • 내륙 저지대에 (⑥)이/가 대서양으로 흐름
기후	북아메리카	• 북부 지역은 냉대 기후와 한대 기후가 나타남 • 미국 남동부 지역은 온대 기후가 나타남 • 대륙 내부와 서부 지역은 (⑦) 기후가 나타남 • 멕시코 남부와 카리브해 지역은 열대 기후가 나타남
	남아메리카	• 적도를 중심으로 열대 기후가 넓게 나타남 • 남부 지역의 일부는 온대 기후가 나타남 • 적도 주변의 안데스 산지에서는 고산 기후가 나타나 (⑧)이/가 발달함

|정답| ① 태평양 ② 국제 연합 ③ 영화 ④ 로키 ⑤ 안데스 ⑥ 아마존강 ⑦ 건조 ⑧ 고산 도시

---

02 다양한 민족과 인종으로 구성된 아메리카

✦ 아메리카의 인구 구성 ❷

앵글로아메리카	다수의 유럽계와 히스패닉, 아프리카계, (⑨) 등이 있음
라틴아메리카	(⑩), 유럽계, 아프리카계, 이들 사이에서 태어난 혼혈인 등으로 구성됨

◦ V. 아메리카

✦ 아메리카의 문화 ❸

앵글로아메리카	영국의 영향을 받아 주로 (⑪　　　)을/를 사용하며 개신교가 주요 종교로 자리 잡음	
라틴 아메리카	남부 유럽의 영향을 받아 대부분 (⑫　　　)과/와 포르투갈어를 사용하며 가톨릭교가 주를 이룸	
문화 혼종성	의미	기존의 문화와 외래문화가 만나 기존의 문화 정체성이 약화되거나, 두 문화가 혼합되어 새로운 문화가 만들어지는 현상
	사례	• 미국의 재즈: 아프리카 전통 음악과 미국 남북 전쟁 이후 군악대 연주 기법이 결합함 • (⑬　　　)의 리우 카니발: 크리스트교의 축제, 아프리카의 전통 타악기 연주와 춤이 합쳐져 발전함

| 정답 | ⑨ 아메리카 ⑩ 앵글로색슨 ⑪ 영어 ⑫ 에스파냐어 ⑬ 브라질

03 아메리카의 초국적 기업

✦ 초국적 기업

의미	국경을 넘어 전 세계를 대상으로 제품을 생산하고 판매하는 기업
특징	본사에 모든 권한이 집중되지 않고, 자회사가 비교적 동등한 지위를 가지며 (⑭　　　)(으)로 연결됨

✦ 초국적 기업의 공간적 분업 ❹

공간적 분업		경영의 효율을 높이고 (⑮　　　)을/를 극대화하고자 본사, 연구소, 생산 공장, 자회사 등을 서로 다른 국가나 지역에 배치하는 것
기능별 입지	(⑯　　　)	다양한 정보와 자본을 확보하기 유리한 지역
	연구소	지식과 (⑰　　　)을/를 갖춘 고급 인력이 많은 지역
	생산 공장	• 단순 노동이 필요한 생산 공장: (⑱　　　)과/와 임금이 싸고 시장과 가까운 지역 • 고도의 기술이 필요한 생산 공장: 고급 인력이 많은 지역

✦ 초국적 기업의 입지와 해외 이전이 지역에 미치는 영향 ❺

초국적 기업이 들어선 지역	긍정적 변화	• 새로운 산업 단지가 조성되어 (⑲　　　)이/가 생기고 지역 경제가 활성화됨 • 기술을 이전 받아 관련 산업이 발달함
	부정적 변화	• 유해 물질 등이 배출되어 환경 오염이 발생하기도 함 • 저임금의 단순 노동력만을 필요로 하는 경우가 많아 노동 환경이 열악해짐
초국적 기업이 빠져나간 지역		(⑳　　　)이/가 증가하고 인구가 감소하여 지역 경제가 침체됨

| 정답 | ⑭ 수평적 ⑮ 이윤 ⑯ 본사 ⑰ 기술 ⑱ 원료 ⑲ 일자리 ⑳ 실업률

---

❸ 아메리카의 문화 혼종성

▲ 유럽의 성모상

▲ 멕시코의 과달루페 성모상

① ☐☐☐☐의 식민 지배를 받은 멕시코는 ② ☐☐☐☐을/를 받아들이는 과정에서 멕시코인의 피부색과 비슷한 성모상을 만들었다.

| 정답 | ① 에스파냐 ② 가톨릭교

❹ 멕시코 내 주요 자동차 생산 공장의 입지

🚗 자동차 생산 공장　　(멕시코 자동차 산업 협회(AMIA), 2023)

멕시코는 큰 소비 시장이 있는 ① ☐☐과/와 가깝고 저임금 ② ☐☐☐이/가 풍부하다는 이점이 있다. 이를 바탕으로 많은 초국적 기업의 ③ ☐☐☐☐이/가 들어서 있다.

| 정답 | ① 미국 ② 노동력 ③ 생산 공장

❺ 초국적 기업의 활동이 지역에 미친 영향

▲ 버려진 자동차 공장

미국의 디트로이트는 과거 ① ☐☐☐산업이 발달하였지만 20세기 후반부터 생산 공장이 더 낮은 임금 조건을 찾아 멕시코 등의 ② ☐☐☐☐☐(으)로 이전하면서 도시가 침체되었다. 최근에는 전기 자율 주행 자동차 연구 도시로 변화하고자 노력하고 있다.

| 정답 | ① 자동차 ② 개발 도상국

01 아메리카의 국가 및 주요 도시와 자연환경

어려워 ▽

01 다음은 사회 수업의 한 장면이다. 정답에 들어갈 국가로 옳은 것은?

〈아메리카 스무고개〉

질문 1.	라틴 아메리카에 있는 국가인가요?

↓ 예

질문 2.	남아메리카에 있는 국가인가요?

↓ 예

질문 3.	적도가 지나가는 곳에 있는 국가인가요?

↓ 아니요

질문 4.	국토가 태평양과 접하고 있나요?

↓ 아니요

정답

① 칠레　　　② 멕시코　　　③ 캐나다
④ 에콰도르　　⑤ 아르헨티나

02 다음 퀴즈 풀이에 참가한 학생이 받을 점수로 옳은 것은? (단, 각 문항의 점수는 1점임.)

문항	도시의 특징	답
1	세계 경제의 중심 역할을 하고, 국제 연합(UN)의 본부가 있다.	토론토
2	영화 산업 등 다양한 문화 산업이 발달하였다.	로스앤젤레스
3	브라질의 도시 중에서 인구가 가장 많다.	쿠리치바
4	고대 아스테카 문명의 유적이 남아 있다.	뉴욕
5	프랑스 문화가 발달한 캐나다의 도시이다.	부에노스 아이레스

① 1점　② 2점　③ 3점　④ 4점　⑤ 5점

03 다음 도시의 공통점으로 옳은 것만을 〈보기〉에서 있는 대로 고른 것은?

- 쿠스코(페루)
- 키토(에콰도르)
- 멕시코시티(멕시코)

┤보기├
ㄱ. 해안 저지대에 있다.
ㄴ. 고대 문명의 유적이 남아 있다.
ㄷ. 과거 유럽의 식민 지배를 받았다.

① ㄱ　　② ㄱ, ㄴ　　③ ㄱ, ㄷ
④ ㄴ, ㄷ　　⑤ ㄱ, ㄴ, ㄷ

중요해 ☆

04 A 지역에서 볼 수 있는 경관으로 옳은 것은?

① 　　②

③ 　　④

⑤

05 북아메리카에 있는 지형으로 옳지 <u>않은</u> 것은?

① 아마존강　　　　② 미시시피강
③ 안데스산맥　　　④ 리오그란데강
⑤ 애팔래치아산맥

[06~07] 지도를 보고 물음에 답하시오.

06 A 기후 지역에 대한 설명으로 옳은 것을 〈보기〉에서 고른 것은?

┤ 보기 ├
ㄱ. 여름은 짧고 겨울이 긴 기후가 나타난다.
ㄴ. 일부 지역에서는 빙하 지형을 볼 수 있다.
ㄷ. 비가 거의 내리지 않아 사막이 발달하였다.
ㄹ. 일 년 내내 비가 많이 내려 열대림이 나타난다.

① ㄱ, ㄴ　　　② ㄱ, ㄷ　　　③ ㄴ, ㄷ
④ ㄴ, ㄹ　　　⑤ ㄷ, ㄹ

07 B 국가에 대한 설명으로 옳지 <u>않은</u> 것은?

① 세계 최대의 열대림이 발달하였다.
② 대표적인 하천으로 아마존강이 있다.
③ 대표적인 축제로 리우 카니발이 있다.
④ 대부분의 지역에서 냉대 기후가 나타난다.
⑤ 남아메리카에서 인구가 가장 많은 도시가 있다.

---

02 다양한 민족과 인종으로 구성된 아메리카

08 밑줄 친 ㉠~㉤ 중 옳지 <u>않은</u> 것은?

앵글로아메리카의 이주 역사
㉠ 유럽인이 이주하기 전 앵글로아메리카에는 아메리카 원주민이 살고 있었다. ㉡ 16세기 말 영국인이 식민 지배를 하며 이곳을 개척하였고, 이후 유럽 각 지역에서 이민자가 유입하였다. 또한 ㉢ 유럽인들은 오세아니아에서 많은 사람들을 노예로 이주시켰다. ㉣ 오늘날 앵글로아메리카에는 에스파냐어를 사용하는 히스패닉이 미국으로 유입하여 독자적인 문화를 형성하였고, ㉤ 아시아 등 여러 지역에서 경제적인 이유로 이주민이 들어오고 있다.

① ㉠　　② ㉡　　③ ㉢　　④ ㉣　　⑤ ㉤

09 ㉠에 들어갈 용어를 쓰시오.

에스파냐어를 모국어로 사용하면서 미국에 거주하는 라틴 아메리카 출신의 사람을 (㉠)(이)라고 한다.

(　　　　　　　)

10 라틴 아메리카의 민족과 인종에 대한 설명으로 옳지 <u>않은</u> 것은?

① 원주민은 주로 안데스 산지에서 거주 비율이 높다.
② 아프리카계는 카리브해 연안의 자메이카에서 거주 비율이 높다.
③ 아시아계는 브라질을 비롯한 라틴 아메리카 전역에서 거주 비율이 높다.
④ 유럽계는 온대 기후가 나타나는 우루과이와 아르헨티나에서 거주 비율이 높다.
⑤ 원주민, 유럽계, 아프리카계 간의 혼혈이 이루어지며 민족과 인종 구성이 다양하다.

창의·융합

11 밑줄 친 부분에 들어갈 내용으로 적절한 것을 〈보기〉에서 고른 것은?

↑ 프리다 칼로, 「버스」(1929년)

• 해설: 프리다 칼로(1907~1954)는 멕시코의 초현실주의 화가입니다. 이것은 그녀가 당했던 끔찍한 교통사고와 관련된 그림으로, 사고 직전의 평범한 순간이 묘사되어 있습니다. 다양한 민족과 인종의 인물들이 버스 안에 앉아 있네요. 그림에서 볼 수 있듯이 라틴 아메리카(에서)는 _____.

보기
ㄱ. 원주민의 비율이 가장 높습니다.
ㄴ. 민족과 인종 구성이 다양합니다.
ㄷ. 단일 민족과 인종으로 이루어져 있습니다.
ㄹ. 여러 민족과 인종 사이에서 혼혈이 이루어졌습니다.

① ㄱ, ㄴ   ② ㄱ, ㄷ   ③ ㄴ, ㄷ
④ ㄴ, ㄹ   ⑤ ㄷ, ㄹ

12 (가), (나)에 대한 설명으로 옳은 것은?

 (가)   (나)

↑ 자메이카의 레게   ↑ 아르헨티나의 탱고

① (가)는 지중해 음악과 미국 음악이 융합된 것이다.
② (가)의 음악이 적용된 축제로 리우 카니발이 있다.
③ (나)는 프랑스의 영향을 받았다.
④ (나)는 아프리카의 춤과 리듬이 아시아의 악기와 결합된 것이다.
⑤ (가)와 (나)는 여러 문화가 혼합되어 새로운 문화가 만들어진 사례이다.

13 ㉠, ㉡에 들어갈 도시를 옳게 연결한 것은?

미국 문화 여행

■ (㉠)의 차이나타운은 미국에서 가장 크고 오래된 중국인 거주 지역이다. 이곳에서는 미국화된 중국 음식을 맛보거나 영어와 한자가 함께 쓰인 간판을 볼 수 있다.

■ (㉡)는 미국에서 뉴욕 다음으로 큰 도시로, 다양한 민족과 인종이 산다. 1781년에 에스파냐인이 최초로 정착하면서 생겨난 올베라 거리에는 멕시코 음식과 공예품을 파는 상점들이 있다.

	㉠	㉡
①	토론토	샌프란시스코
②	샌프란시스코	토론토
③	샌프란시스코	로스앤젤레스
④	로스앤젤레스	토론토
⑤	로스앤젤레스	샌프란시스코

03 **아메리카의 초국적 기업**

14 밑줄 친 기업에 대한 설명으로 옳지 않은 것은?

미국 시애틀에 본사를 둔 <u>커피 전문점</u>은 30개 이상의 국가에서 커피 원두를 구매해 공장을 거쳐 전 세계 소비자들에게 음료를 제공한다. 해외 자회사에서는 지역 특산물을 이용하거나, 현지인 입맛에 맞춘 다양한 음료 메뉴를 개발한다.

① 경제활동의 세계화가 이루어지며 성장하였다.
② 전 세계를 대상으로 생산 및 판매 활동을 한다.
③ 국가 간 교류가 늘어나면서 활동 범위가 좁아지고 있다.
④ 농산물의 생산과 가공 분야에서 영향력을 점차 확대하고 있다.
⑤ 자회사는 지역의 특성에 맞춰 제품을 기획할 수 있는 권한이 있다.

어려워 ∨

15 다음 자료와 같이 초국적 기업의 콜센터가 해외로 이전한 까닭으로 옳은 것은?

↑ 필리핀에 있는 초국적 기업의 콜센터

미국의 초국적 기업은 고객 상담 전화나 온라인 업무를 외부 기업에 맡기기도 한다. 필리핀은 노동력이 풍부하고 영어 구사 능력을 갖춘 사람들이 많은 장점을 살려 여러 초국적 기업의 콜센터를 유치하였다.

① 소비 시장이 크다.
② 고급 연구 인력을 구하기 쉽다.
③ 인건비를 줄여 기업의 이윤을 늘릴 수 있다.
④ 정보가 많아 빠른 의사 결정을 내릴 수 있다.
⑤ 제품 생산 시 발생하는 환경 문제를 해결할 수 있다.

16 다음과 같은 상황이 계속될 때 아르헨티나에서 나타날 수 있는 변화로 옳지 <u>않은</u> 것은?

○○ 신문

외환 위기 등으로 아르헨티나의 경제 상황이 악화되었다. 아르헨티나에 진출하였던 초국적 기업들은 아르헨티나에 있는 주요 시설을 잇달아 철수하였다.

① 지역 경제가 침체된다.
② 산업 구조에 공백이 생긴다.
③ 많은 노동자들이 일자리를 잃는다.
④ 기술 이전으로 관련 산업이 발달한다.
⑤ 새로운 일자리를 찾아 지역의 인구가 유출된다.

서술형 + 논술형 문제

17 다음 글을 읽고 물음에 답하시오.

스마트폰, 태블릿 컴퓨터 등 스마트 기기를 제작하는 미국의 <u>초국적 기업</u> A사는 지금까지 제품 대부분을 중국 공장에서 생산하였다. 그러나 미국과 중국 간의 무역 갈등을 비롯한 여러 가지 이유로 제품 생산에 문제가 발생하였다.

A사는 제품을 안정적으로 생산하고 중국에 대한 의존도를 낮추고자 새로운 제품을 인도에서 생산하기로 하였다. 미국의 한 투자 은행은 A사가 2022년 말까지 전체 스마트 기기 생산량의 5%를 인도로 이전할 것으로 전망하였고, 2025년에는 인도 내 생산량이 전체의 4분의 1에 이를 것으로 보았다.

(1) 밑줄 친 '초국적 기업'의 의미를 서술하시오.

_____
_____
_____

(2) 위 사례를 읽고 초국적 기업이 공간적 분업을 하는 까닭과 그 영향에 대한 자신의 의견을 논술하시오.

_____
_____
_____
_____
_____
_____

VI

오세아니아와 극지방

01 발전 가능성이 큰 오세아니아 ·········· 112쪽

02 태평양 지역의 환경 문제와 해결 방안 ~

03 극지방의 지리적 중요성과 지역 개발 ·········· 116쪽

01. 발전 가능성이 큰 오세아니아

❖ 오세아니아의 주요 국가와 도시 및 자연환경

1 오세아니아의 주요 국가와 도시

(1) **주요 국가**: 오스트레일리아, 뉴질랜드, 태평양의 섬나라

(2) **주요 도시**: 시드니, 캔버라, 멜버른, 오클랜드, 웰링턴 등
— 오스트레일리아의 수도야. — 뉴질랜드의 수도야.

2 오세아니아의 자연환경

(1) **오세아니아의 지형** 자료1

시험 단골 오스트레일리아와 뉴질랜드의 지형을 구분하는 문제가 자주 출제돼.

오스트레일리아	• 국토 대부분이 사막과 평원으로 이루어짐 • 동부 해안을 따라 그레이트디바이딩산맥이 뻗어 있음 • 산맥의 서쪽 중앙부에 대⁺찬정 분지 등 평원이 펼쳐져 있음 • 북동부 해안에 세계에서 가장 큰 산호초 군락인 대보초가 있음 — 찬정 덕분에 건조한 내륙에서도 양 사육이 가능해졌어.
뉴질랜드	• 북섬과 남섬, 두 개의 큰 섬으로 이루어짐 • 북섬은 지진과 화산 활동이 자주 발생함 • 남섬은 U자곡과 피오르 등 다양한 빙하 지형이 발달함

(2) **오세아니아의 기후** 자료2 — 오세아니아는 남반구에 있어 북반구와 계절이 반대로 나타나.

오스트레일리아	• 남동부 해안은 온대 기후가 나타나 인구 밀도가 높음 • 내륙 지역은 건조 기후가 나타나 강수량이 적음 • 북부 지역은 적도와 가까워 열대 기후가 나타남
뉴질랜드	바다의 영향을 받아 기온의 연교차가 작고 일 년 내내 비가 고르게 내리는 온대 기후가 나타남

❖ 오세아니아와 다른 지역의 상호 연계

시험 단골 오세아니아의 수출품의 특징을 묻는 문제가 출제될 수 있어.

1 오세아니아의 자원 자료3

(1) **오스트레일리아** — 원주민 문화, 아름다운 자연 경관, 다른 대륙에서는 보기 어려운 희귀한 동식물 등 관광 자원도 풍부해.

천연자원	에너지 자원과 광물 자원이 풍부함, 석탄과 철광석은 제조업이 발달한 대한민국, 중국, 일본 등으로 수출되고 있음
농축산물	⁺기업적 농목업으로 밀, 소고기, 양털, 유제품 등을 생산하며, 생산품의 3분의 2가량을 세계 시장에 수출함

(2) **뉴질랜드**: 양털, 소고기, 과일 등을 주로 수출하며, 농산물 수출이 전체 수출에서 높은 비중을 차지함
— 남반구에서 재배하는 밀은 북반구와 수확 시기가 다르기 때문에 수요가 많아.

2 오세아니아와 세계 다른 지역 간의 상호 작용

(1) **경제 교류 현황**

오스트레일리아	과거에는 영국, 미국과 무역량이 많았으나 오늘날에는 지리적으로 가까운 아시아 및 태평양 연안 국가들과 무역을 확대하고 있음
뉴질랜드	전통적으로 영국과 경제적인 유대 관계를 맺음, 오늘날 오스트레일리아와 주로 경제 협력을 유지함

(2) **경제 협력**: 역내 포괄적 경제 동반자 협정(RCEP), 아시아 태평양 경제 협력체(APEC) 등을 체결하여 아시아 및 태평양 연안 국가들과 경제 협력을 강화함

교과서 쏙 자료

자료1 오세아니아의 주요 지형

오스트레일리아는 대체로 낮고 평탄하며, 국토의 대부분이 사막과 평원으로 이루어져 있다. 뉴질랜드의 북섬은 화산 지형, 남섬은 빙하 지형이 발달하였다.

자료2 오세아니아의 기후 분포

(『신상 지리 자료』, 2023)

땅이 넓은 오스트레일리아는 위치에 따라 다양한 기후가 나타난다. 북부 지역은 열대 기후, 내륙 지역은 건조 기후, 남동부와 남서부 지역은 온대 기후가 나타난다. 뉴질랜드는 대부분 온대 기후가 나타난다.

자료3 오세아니아 주요 국가의 수출 품목

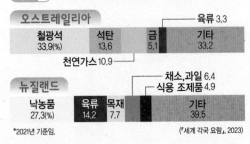

오스트레일리아				
철광석 33.9(%)	석탄 13.6	금 5.1	육류 3.3	기타 33.2

천연가스 10.9

뉴질랜드				
낙농품 27.3(%)	육류 14.2	목재 7.7	채소,과일 6.4 / 식용 조제품 4.9	기타 39.5

*2021년 기준임. (『세계 각국 요람』, 2023)

오스트레일리아는 풍부한 천연자원을, 뉴질랜드는 농산물을 주로 수출하고, 각종 공산품을 수입한다.

Plus 용어

＋ **찬정** 지하 깊은 곳의 지하수를 솟아나게 만든 인공 샘

＋ **기업적 농목업** 농업이나 목축이 대규모로 이루어지는 것

• 정답과 해설 22쪽

대표 자료 확인하기

✦ 오세아니아의 기후 분포

(『신상 지리 자료』, 2023)

• (①   )   • (②   )
• (③   )

✦ 오세아니아 주요 국가의 수출 품목

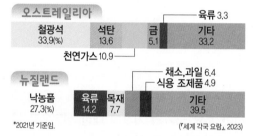

*2021년 기준임.

(『세계 각국 요람』, 2023)

오스트레일리아는 풍부한 천연자원을, 뉴질랜드는
(④   )을/를 주로 수출하고, 각종 공산품
을 수입한다.

한눈에 정리하기

✦ 오세아니아의 자연환경

오스트레일리아	• 국토의 대부분이 (①)과/와 평원으로 이루어져 있음 • 남동부 해안은 온대 기후, 내륙 지역은 건조 기후, 북부 지역은 열대 기후가 나타남
뉴질랜드	• 북섬은 화산 활동이 활발하고, 남섬은 빙하 지형이 발달함 • 연중 비가 고르게 내리고 기온의 연교차가 작은 온대 기후가 나타남

✦ 오세아니아와 다른 지역의 상호 연계

주요 자원	오스트레일리아는 에너지 자원과 (②) 자원, 뉴질랜드는 농산물의 수출 비중이 높음
경제 교류 현황	오스트레일리아와 뉴질랜드는 지리적으로 가까운 (③) 및 태평양 연안 국가들과 무역을 확대하고 있음

---

1 오세아니아는 대부분 (㉠   )에 있고 (㉡   )과/와 뉴질랜드를 비롯해 태평양의 작은 섬나라들로 이루어져 있다.

2 오스트레일리아의 동부 해안에는 남북으로 긴 (㉠   )산맥이 뻗어 있고, 산맥의 서쪽 중앙부에는 (㉡   )이/가 있다.

3 뉴질랜드의 두 섬과 그에 대한 설명을 옳게 연결하시오.

(1) 남섬 •   • ㉠ 지진과 화산 활동이 자주 발생함
(2) 북섬 •   • ㉡ U자곡, 피오르 등 다양한 빙하 지형이 발달함

4 다음 괄호 안의 내용 중 알맞은 말에 ○표를 하시오.

(1) 오스트레일리아의 내륙 지역은 강수량이 (많다, 적다).
(2) 뉴질랜드는 일 년 내내 비가 고르게 내리고, 기온의 연교차가 (크다, 작다).
(3) 오스트레일리아 (북부, 남동부) 해안은 온대 기후가 나타나 인구 밀도가 높다.

5 오스트레일리아의 주요 수출 품목으로 옳은 것만을 〈보기〉에서 있는 대로 골라 기호를 쓰시오.

┌─ 보기 ┐
ㄱ. 밀   ㄴ. 석탄   ㄷ. 자동차   ㄹ. 철광석   ㅁ. 휴대 전화
└──────┘

(   )

6 다음 설명이 맞으면 ○표, 틀리면 ✕표를 하시오.

(1) 오스트레일리아는 광물 자원이 부족하다. (   )
(2) 오늘날 오스트레일리아는 영국과의 무역량이 가장 많다.
(   )
(3) 뉴질랜드는 농산물 수출이 전체 수출에서 높은 비중을 차지한다.
(   )

01 오세아니아에 대한 설명으로 옳은 것은?

① 대서양과 접해 있다.
② 대부분 북반구에 있다.
③ 면적이 가장 넓은 국가는 뉴질랜드이다.
④ 오스트레일리아와 뉴질랜드 두 국가로 이루어져 있다.
⑤ 다른 대륙에서 보기 어려운 독특한 야생 동물을 볼 수 있다.

02 선생님의 질문에 옳게 대답한 학생만을 있는 대로 고른 것은?

• 선생님: 오세아니아의 도시에 대해 말해볼까요?
• 가영: 캔버라는 오스트레일리아의 수도예요.
• 나영: 시드니는 태평양 섬나라의 작은 도시예요.
• 다영: 오클랜드는 뉴질랜드에서 인구가 가장 많은 도시예요.

① 가영   ② 가영, 나영
③ 가영, 다영   ④ 나영, 다영
⑤ 가영, 나영, 다영

03 다음에서 설명하는 지역을 지도의 A~E에서 고른 것은?

건조 지역의 넓은 분지로, 지하수를 끌어올려 사용하는 우물인 찬정을 개발하여 농업과 목축업이 가능해졌다.

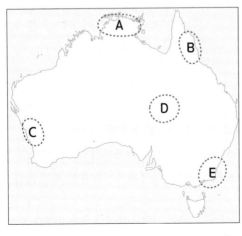

① A   ② B   ③ C   ④ D   ⑤ E

04 A 지역에 분포하는 지형에 대한 설명으로 옳은 것은?

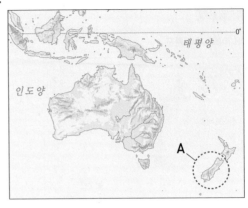

① 사막이 넓게 펼쳐져 있다.
② 맹그로브 숲이 발달하였다.
③ 화산 활동과 지진이 자주 일어난다.
④ 높은 산지와 빙하로 이루어져 있다.
⑤ 간헐천이 주요 관광 자원으로 이용된다.

05 오세아니아 주요 국가의 기후에 대한 설명으로 옳은 것을 〈보기〉에서 고른 것은?

┤ 보기 ├
ㄱ. 오스트레일리아는 냉대 기후가 넓게 나타난다.
ㄴ. 오스트레일리아는 대체로 해안보다 내륙의 강수량이 적다.
ㄷ. 뉴질랜드는 바다의 영향을 받아 기온의 연교차가 작은 기후가 나타난다.
ㄹ. 뉴질랜드는 일 년 내내 기온이 높고 비가 많이 내리는 기후가 나타난다.

① ㄱ, ㄴ   ② ㄱ, ㄷ   ③ ㄴ, ㄷ
④ ㄴ, ㄹ   ⑤ ㄷ, ㄹ

06 ㉠에 들어갈 용어로 옳은 것은?

오세아니아의 주요 국가는 남반구에 있어 북반구와 (㉠)이/가 반대로 나타난다.

① 계절   ② 기후   ③ 날짜
④ 지형   ⑤ 표준시

이 문제에서 나올 수 있는 선택지는 다~!

07 지도는 오스트레일리아의 자원 분포와 이동을 나타낸 것이다. 이에 대한 분석 및 추론으로 옳지 <u>않은</u> 것은?

① 석탄은 동부 산지 주변에서 많이 생산된다.
② 철광석은 북서부 해안 근처에서 많이 생산된다.
③ 석탄과 철광석은 주로 중국, 일본 등으로 수출된다.
④ 오스트레일리아는 석탄과 철광석의 주요 수입국이다.
⑤ 동아시아는 제조업이 발달해 지하자원의 수요가 클 것이다.
⑥ 오스트레일리아는 지하자원에 대한 수출 의존도가 높을 것이다.

어려워 ♡

08 그래프는 어떠한 국가의 수출 품목을 나타낸 것이다. 이 국가에 대한 설명으로 옳지 <u>않은</u> 것은?

채소, 과일 6.4 ── 식용 조제품 4.9

| 낙농품 27.3(%) | 육류 14.2 | 목재 7.7 | | 기타 39.5 |

2021년 기준임.

(『세계 각국 요람』, 2023)

① 낙농업이 발달하였다.
② 소고기, 과일, 채소 등을 주로 수출한다.
③ 석탄, 석유 등 에너지 자원을 많이 수출한다.
④ 농산물 수출이 전체 수출에서 높은 비중을 차지한다.
⑤ 넓은 목초지에서 양을 방목해 양털, 양고기 등을 수출한다.

09 ㉠에 들어갈 용어를 쓰시오.

> 오스트레일리아와 뉴질랜드는 동남아시아의 10개국과 대한민국, 중국, 일본과 (㉠)을/를 체결하여 아시아와 경제 협력을 강화하고 있다.

( )

10 ㉠, ㉡에 들어갈 국가를 옳게 연결한 것은?

뉴질랜드 경제 동향 보고서

뉴질랜드는 전통적으로 (㉠)과/와 경제적인 유대 관계를 맺으며 양털, 양고기, 과일 등의 농산물을 수출하였지만, 오늘날에는 무역 상대국을 다양화하고 있다. 또한 (㉡)와 주로 경제 협력을 하지만 아시아 지역의 국가들과 교역을 점점 확대하고 있다.

	㉠	㉡
①	독일	오스트레일리아
②	독일	파푸아 뉴기니
③	영국	오스트레일리아
④	영국	파푸아 뉴기니
⑤	프랑스	오스트레일리아

서술형 문제

01 그래프는 오스트레일리아의 밀 수확 시기를 나타낸 것이다. 제시어를 모두 사용하여 오스트레일리아의 밀 수출 특징을 서술하시오.

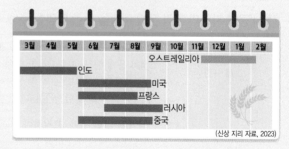

(신상 지리 자료, 2023)

| • 남반구 | • 계절 | • 수출 |

❖ 태평양 지역의 환경 문제

1 태평양의 위치와 특징

(1) 위치: 아시아, 오세아니아, 아메리카 대륙과 접해 있음

(2) 특징

① 지구 면적의 3분의 1을 차지하는 세계에서 가장 큰 바다로, 다양한 해양 생물의 서식지이자 사람들의 삶터임

② 인구가 증가하고 자원 소비와 쓰레기 배출이 늘어나면서 해양 쓰레기, 해수면 상승 등의 문제가 나타남

2 해양 쓰레기 문제 [자료1]

(1) 특징: 육지에서 버려져 바다로 떠내려온 쓰레기부터 바다에서 어업 활동 중 버려진 쓰레기까지 종류가 다양함

  └ 담배꽁초, 음식 포장지, 플라스틱병, 비닐봉지, 어업용 밧줄과 그물망 등의 비중이 높아.

(2) 영향

① 플라스틱은 자연 분해가 거의 되지 않은 채로 바다를 떠돌면서 많은 해양 생물들을 위협함

② 해양 생물들이 먹이로 착각하여 먹는 +미세 플라스틱은 먹이 사슬을 타고 더 큰 동물과 인간에게까지 영향을 미침

③ 지역 주민의 경제활동인 어업, 양식업, 관광 산업에 피해를 끼침

3 기후변화에 따른 문제

[시험 단골] 투발루, 키리바시 등 섬나라를 사례로 해수면 상승을 묻는 문제가 자주 출제돼.

(1) 해수면 상승

① 원인: 지구의 평균 기온이 상승하면서 극지방과 고산 지역의 빙하가 녹아 해수면이 상승함

  └ 산업화 이후 화석 연료의 사용 증가, 무분별한 벌목, 도시화 등으로 온실가스 배출량이 많아졌기 때문이야.

② 영향: 투발루, 키리바시 등 태평양의 섬나라들은 국토가 바닷물에 잠겨 국가가 사라질 위기에 처함 [자료2]

(2) 해수 온도 상승: 태평양 지역의 어류 서식지가 변화하고 산호 +백화 현상이 나타남

❖ 태평양 지역의 환경 문제 해결 방안

1 태평양 지역의 환경 문제 해결을 위한 다양한 주체의 노력

국제 사회	• 국제 연합(UN)은 지속가능발전 목표(SDGs)를 세워 해양 쓰레기 문제 해결, 지속가능한 어업 등을 추진함 • 세계 195개국은 지구 평균 기온 상승을 1.5℃ 이내로 제한하기로 하는 파리 협정(2015년)을 체결함
우리나라	• 해양 폐기물 관련 법을 제정하여 쓰레기가 해양으로 유출되는 것을 막고자 노력함 • 2050년까지 탄소 순배출량이 '0'이 되는 것을 목표로 하는 '2050 탄소중립 비전'을 세움
환경 단체	태평양 환경 재단, 그린피스 등은 해양 쓰레기를 수거하고 환경 문제의 심각성을 알리는 캠페인을 진행함

2 태평양 지역의 환경 문제 해결을 위한 우리의 역할 [자료3]

(1) 관심 갖기: 지구상의 다양한 환경 문제에 관심을 가져야 함

(2) 실천하기: 환경 문제 해결에 참여하고 실천하는 태도가 중요함

[자료1] 태평양의 거대한 쓰레기 지대

(『환경 과학』, 2016)

북태평양에는 '태평양 거대 쓰레기 지대'라고 불리는 쓰레기 섬이 있다. 바다로 흘러 들어간 플라스틱 쓰레기가 해류와 바람을 따라 이동하다 모여 쓰레기 섬을 이루었다.

[자료2] 해수면 상승이 심각한 투발루

⬆ 바닷물 속에서 연설하는 투발루 외교 장관

국토 대부분의 해발 고도가 1m 미만인 투발루는 해수면이 상승함에 따라 지하수에 염분이 스며들어 섬에 식수가 부족해지고, 농작물이 염해 피해를 입고 있다.

[자료3] 태평양 지역의 환경 문제 해결을 위한 생활 속 실천 방안

```
• 쓰레기 줄이기
• 장바구니와 다회용 컵 사용하기
• 환경친화적인 교통수단 이용하기
```

우리는 일상 속에서 플라스틱 사용량을 줄이고, 자원과 에너지를 절약하는 습관을 지녀야 한다.

+ **미세 플라스틱** 제품이 분해되는 과정에서 생긴 아주 작은 플라스틱 조각

+ **백화 현상** 산호에 붙어 사는 조류가 사라지고 산호의 표면이 하얗게 변하는 현상으로, '바다의 사막화'라고도 함

✦ 북극과 남극의 지리적 중요성

1 극지방의 지리적 특징

시험 단골 ▶ 북극과 남극의 지리적 특징과 중요성을 비교해서 기억해 둬.

북극	북극점을 중심으로 북극해가 펼쳐져 있으며 유럽, 아시아, 북아메리카, 그린란드에 둘러싸여 있음
남극	• 남극점을 중심으로 남극 대륙과 남극해로 이루어져 있음 • 전체적으로 평균 2,000m 두께의 빙하로 덮여 있음

2 북극의 지리적 중요성

(1) 교통의 중심지

① 유럽, 아시아, 북아메리카의 주요 도시를 짧은 거리로 연결하는 항공 교통의 중심지임

② 북극의 빙하가 녹으면 북극해를 거쳐 아시아와 유럽을 잇는 최단 해운 항로로서 주목받고 있음 (자료 4)

(2) 자원의 보고

① 극지방의 생명 자원을 활용하여 신약과 신소재 등을 개발함

② 석유, 천연가스 등 에너지 자원이 매장량이 많음

3 남극의 지리적 중요성

(1) 자원의 보고

① 전 세계 담수의 약 70% 정도를 얼음과 눈으로 보유함

② 수산 자원이 풍부하며, 석탄, 철광석, 구리 등이 많이 매장되어 있음

(2) 연구의 중심지

① 다양한 해양 생물이 서식하여 해양 생태계 연구에 중요함

② 오랫동안 쌓인 빙하 속 물질을 연구해 지구의 기후변화를 알 수 있음

③ 세계 각국은 <u>연구 기지</u>를 세워 생물, 해양, 지질, 빙하, 우주 분야에서 활발히 연구하고 있음
└ 우리나라는 남극에 세종 과학 기지와 장보고 과학 기지, 북극에 다산 과학 기지를 세웠다.

✦ 북극과 남극의 지역 개발을 둘러싼 이해관계

1 북극해를 둘러싼 이해관계

시험 단골 ▶ 북극해 주변 지역 개발의 긍정적, 부정적 영향을 묻는 문제가 출제될 수 있어.

(1) 자원 개발: 북극해 주변의 국가들은 북극해의 ⁺공해를 더 많이 차지하기 위한 영유권 주장을 함 (자료 5)

(2) 생태계 변화: 북극이 개발되면서 북극해의 빙하 녹는 속도가 빨라져 해수면 상승이 가속화되고, 북극곰 등의 서식처가 줄어듦

2 남극 대륙을 둘러싼 이해관계

(1) 늘어나는 연구 기지 (자료 6)
└ 1959년에 12개국이 참가하여 남극 대륙의 국제법상 지위를 정하고 남극의 평화적 이용 원칙을 확립하였어.

배경	남극 조약에 따라 자원 탐사와 군사 활동을 금지하고, 평화적인 목적의 과학 연구를 허용하고 있음
현황	수산 자원 및 지하자원의 확보, 과학 연구의 중요성 때문에 많은 국가들이 더 많은 기지를 설치함

(2) 생태계 위협: 사람들의 출입이 잦아지면서 청정한 자연환경이 오염되고, 불법 어업과 동물 포획 등이 이루어짐

교과서 쏙 자료

자료 4 기존 항로와 북동 항로

북동 항로
(약 13,000km / 약 30일 소요)

기존 항로
(약 20,000km / 약 40일 소요)

『대한민국 국가 지도집』, 2022)

북극의 빙하가 녹아 선박이 북극해를 지나 항해하게 되면 기존 항로보다 운항 거리가 크게 단축된다.

자료 5 북극의 자원과 영유권 주장 현황

(외교부, 2023 / 한국 해양 수산 개발원, 2020)

석유(13%)
899.8억 배럴

천연가스(30%)
47.3조 ㎥

기타 자원
철광석, 구리, 다이아몬드

※ ( )는 전 세계 매장량 기준임.

북극해 영유권 주장 현황
□ 미국 ▨ 캐나다
▨ 덴마크 ▨ 러시아
── 200해리 선

북극해에는 석유, 천연가스 등의 지하자원이 많이 매장된 것으로 추정된다. 이를 둘러싸고 북극해 주변 국가들이 서로 영유권을 주장하고 있다.

자료 6 남극의 과학 기지

과학 연구와 남극이 개발될 것에 대비하여 많은 국가들이 남극 대륙에 연구 기지를 두고 있다.

Plus 용어

✦ **공해** 어느 국가의 주권에도 속하지 않으며, 모든 국가가 공통으로 사용할 수 있는 바다

STEP 2 개념 확인

✦ 태평양의 거대한 쓰레기 지대

(『환경 과학』, 2016)

북태평양에는 '태평양 거대 쓰레기 지대'라고 불리는 쓰레기 섬이 있다. 바다로 흘러 들어간 플라스틱 쓰레기가 (①   )과/와 바람을 따라 이동하다 모여 쓰레기 섬을 이루었다.

✦ 북극의 자원과 영유권 주장 현황

(외교부, 2023 / 한국 해양 수산 개발원, 2020)

석유(13%)
899.8 억 배럴

천연가스(30%)
47.3 조 ㎥

기타 자원
철광석, 구리, 다이아몬드

※( )는 전 세계 매장량 기준임.

북극해 영유권 주장 현황
□ 미국
▨ 덴마크
─ 200해리 선
■ 캐나다
■ 러시아

북극해에는 석유, 천연가스 등의 지하자원이 많이 매장된 것으로 추정된다. 이를 둘러싸고 북극해 주변 국가들이 서로 (②   )을/를 주장하고 있다.

✦ 태평양 지역의 환경 문제

해양 쓰레기	(①)의 비중이 높고, 분해가 잘 되지 않아 해양 생물을 위협함
해수면 상승	지구의 평균 기온 상승으로 일부 태평양의 섬나라들은 국토가 잠김

✦ 극지방의 지리적 중요성

북극	(②) 교통의 중심지로, 생명 자원과 에너지 자원이 풍부함
남극	해양 생태계 연구의 장으로서 가치가 크며, 빙하 속 물질을 연구함으로써 지구의 (③)을/를 알 수 있음

1 태평양 지역의 환경 문제에 대한 설명이 맞으면 ○표, 틀리면 ✕표를 하시오.

(1) 인간의 활동은 멀리 떨어진 지역의 환경에 영향을 미치기 어렵다. ( )

(2) 태평양 지역에서 겪고 있는 환경 문제에는 해양 쓰레기, 해수면 상승 등이 있다. ( )

(3) 인구가 증가하고 자원 소비와 쓰레기 배출이 늘어나면서 환경 문제가 심각해지고 있다. ( )

2 플라스틱 제품이 분해되는 과정에서 생긴 ( )은/는 해양 생물들이 먹이로 착각하여 먹는데, 이는 먹이 사슬을 타고 더 큰 동물에게까지 영향을 미친다.

3 다음 괄호 안의 내용 중 알맞은 말에 ○표 하시오.

(1) 오늘날 지구의 평균 기온이 상승하면서 빙하가 녹아 해수면이 (상승, 하강)한다.

(2) 해수면이 상승하면 국토의 해발 고도가 낮은 국가들은 국토 면적이 (넓어진다, 좁아진다).

4 극지방과 그에 대한 설명을 옳게 선으로 연결하시오.

(1) 북극 •
(2) 남극 •

• ㉠ 전체적으로 평균 2,000m 두께의 빙하로 덮여 있음

• ㉡ 바다가 펼쳐져 있으며 유럽, 아시아, 북아메리카, 그린란드에 둘러싸여 있음

5 다음에서 설명하는 조약을 쓰시오.

1959년에 12개국이 참가하여 남극 대륙의 국제법상 지위를 정하고 남극의 평화적 이용 원칙을 확립한 조약이다. 2023년 기준 56개국이 가입되어 있다.

( )

6 우리나라는 북극에 (㉠), 남극에 (㉡)과/와 장보고 과학 기지를 건설하였다.

01 다음에서 설명하는 바다를 지도의 A~E에서 고른 것은?

> • 아시아, 오세아니아, 아메리카 대륙과 접해 있다.
> • 지구 면적의 3분의 1을 차지하는 세계에서 가장 큰 바다이다.

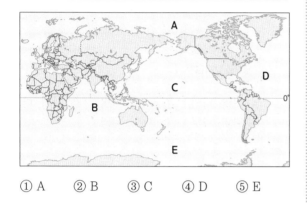

① A   ② B   ③ C   ④ D   ⑤ E

02 다음에서 설명하는 태평양 지역의 환경 문제를 쓰시오.

> 육지에서 버려져 바다로 떠내려온 것부터 바다에서 어업 활동 중 버려진 것까지 종류가 다양하다. 특히 담배꽁초, 음식 포장지, 플라스틱병, 비닐봉지, 어업용 밧줄과 그물망의 비중이 높다.

(   )

03 사진과 관련 있는 태평양 지역의 환경 문제에 대한 설명으로 옳지 <u>않은</u> 것은?

원인	결과

① 어업 활동 중에 버려진 쓰레기도 포함된다.
② 육지에서 버려져 바다로 떠내려온 쓰레기가 많다.
③ 어업, 양식업, 관광 산업에 부정적 영향을 끼친다.
④ 자연 분해가 거의 되지 않아 오랜 기간 해양 생물들을 위협한다.
⑤ 플라스틱이 분해되어 미세 플라스틱이 되면 바닷속으로 가라앉아 영향이 줄어든다.

04 다음은 어떠한 환경 문제의 발생 과정을 나타낸 것이다. ㉠에 들어갈 내용으로 옳은 것은?

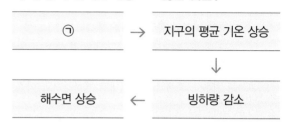

① 생태 도시 건설
② 열대 우림 복원
③ 화석 연료 사용 감소
④ 채식 중심의 식생활 확산
⑤ 인구 증가에 따른 자원 소비 증가

05 해수면 상승이 밑줄 친 국가에 미치는 영향으로 옳은 것을 〈보기〉에서 고른 것은?

> 태평양의 작은 섬나라 <u>투발루</u>는 대부분의 국토가 해발 고도 1m 미만이다.

┤보기├
ㄱ. 지하수의 염도가 낮아진다.
ㄴ. 농작물이 염해 피해를 입는다.
ㄷ. 바닷물이 육지로 넘쳐 시설물이 무너진다.
ㄹ. 주요 생산 작물인 바나나의 재배 면적이 넓어진다.

① ㄱ, ㄴ   ② ㄱ, ㄷ   ③ ㄴ, ㄷ
④ ㄴ, ㄹ   ⑤ ㄷ, ㄹ

06 ㉠, ㉡에 들어갈 내용을 옳게 연결한 것은?

> 기후변화에 따른 해수 온도 (㉠)으로 태평양의 어류 서식지가 변화하고, 해양 생태계가 파괴된다. 오스트레일리아 북동부에 있는 대보초에서는 산호가 죽어서 하얗게 변하는 (㉡) 현상이 나타나고 있다.

㉠	㉡		㉠	㉡
① 상승	백화		② 상승	적조
③ 상승	사막화		④ 하강	백화
⑤ 하강	사막화			

07 ㉠, ㉡에 들어갈 내용을 옳게 연결한 것은?

> 태평양 지역의 환경 문제를 해결하고자 (㉠)은/
> 는 지속가능발전 목표(SDGs)를 세워 해양 쓰레기 문
> 제 해결 등을 추진하고 있다. 또한 195개국은 지구 평
> 균 기온 상승을 1.5℃ 이내로 제한하기로 약속하는
> (㉡)을 체결하였다.

	㉠	㉡
①	그린피스	남극 조약
②	그린피스	파리 협정
③	국제 연합(UN)	남극 조약
④	국제 연합(UN)	파리 협정
⑤	유럽 연합(EU)	2050 탄소중립 비전

이 문제에서 나올 수 있는 선택지는 다~!

08 태평양 지역의 환경 문제를 해결하기 위한 개인의
노력으로 옳지 **않은** 것은?

① 카페에서 휴대용 컵을 이용한다.
② 장을 볼 때 장바구니를 이용한다.
③ 천연 섬유로 만든 옷을 구매한다.
④ 해안 쓰레기를 줍는 봉사 활동에 참여한다.
⑤ 대중교통을 타거나 자전거를 자주 이용한다.
⑥ 난방 온도를 2℃ 높이고, 냉방 온도를 2℃ 낮춘다.

09 다음 신문 기사를 읽고 세계시민으로서 지녀야 할
태도로 적절하지 **않은** 것은?

> ## ○○ 신문
>
> 기후변화에 따른 자연재해로 이재민이 급증하고 있다.
> 남태평양의 많은 섬나라 주민들이 삶의 터전을 잃는
> 상황이다. 한편 이들을 기후 난민으로 인정해야 할 것
> 인가를 두고 논란이 이어지고 있다.

① 지구상의 다양한 문제에 관심을 가진다.
② 기후 난민에 대한 국제법상 기준을 마련한다.
③ 태평양 지역의 국가들끼리 해결해야 하는 문제이다.
④ 기후변화에 많은 영향을 준 선진국들의 책임 의식
이 필요하다.
⑤ 지구 공동체의 지속가능성을 우선적인 가치로 고
려해야 한다.

10 북극에 대해 옳은 설명을 한 학생을 고른 것은?

① 가영, 나영　② 가영, 다영　③ 나영, 다영
④ 나영, 라영　⑤ 다영, 라영

어려워 ♡

11 지도는 두 항로를 나타낸 것이다. A, B에 대한 설명
으로 옳은 것은?

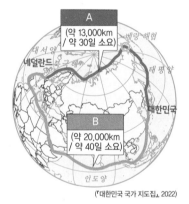

(『대한민국 국가 지도집』, 2022)

① A는 우리나라와 유럽을 잇는 최단 해운 항로로 주
목받고 있다.
② B는 북극해의 빙하가 녹으면서 생긴 항로이다.
③ B는 북극해를 통과해 아시아와 유럽을 연결하는
항로이다.
④ 부산에서 로테르담까지 B를 이용하면 A보다 운송
비용과 시간을 줄일 수 있다.
⑤ A는 기존 항로, B는 북동 항로이다.

12 남극에 대한 설명으로 옳지 **않은** 것은?

① 다양한 해양 생물이 서식한다.
② 전 세계 담수의 약 70%를 보유하고 있다.
③ 빙하를 연구하여 지구의 기후변화를 알 수 있다.
④ 석탄, 철광석, 구리 등 많은 자원이 매장되어 있다.
⑤ 원주민들은 순록을 유목하거나 물고기를 잡으며
살아간다.

[13~14] 지도를 보고 물음에 답하시오.

13 위 지역에 대한 설명으로 옳은 것을 〈보기〉에서 고른 것은?

┌ 보기 ┐
ㄱ. 오늘날 기후변화로 개발 가능성이 커지고 있다.
ㄴ. 석유, 천연가스 등 천연자원이 많이 매장되어 있다.
ㄷ. 주변 국가들은 자원 탐사와 광물 채굴을 금지하는 조약을 맺었다.
ㄹ. 주변 국가들은 각국의 해안선에 비례하여 공해의 영유권을 나누었다.

① ㄱ, ㄴ   ② ㄱ, ㄷ   ③ ㄴ, ㄷ
④ ㄴ, ㄹ   ⑤ ㄷ, ㄹ

14 다음은 위 지역의 개발을 둘러싼 찬반 입장을 정리한 표이다. 밑줄 친 ㉠~㉤ 중 옳지 않은 것은?

구분	이유
개발 찬성	㉠ 주변 국가들 사이에 영유권 분쟁이 심해진다. ㉡ 천연자원을 얻을 수 있어 경제적 이익이 크다.
개발 반대	㉢ 북극에 사는 원주민의 생존을 위협한다. ㉣ 천연자원을 개발하면서 환경이 파괴될 수 있다. ㉤ 북극곰 등 동물의 서식지가 줄어들어 생태계가 파괴된다.

① ㉠   ② ㉡   ③ ㉢   ④ ㉣   ⑤ ㉤

서술형 문제

01 자료를 보고 물음에 답하시오.

태평양에서는 바닷물의 온도가 올라가면서 알록달록한 산호가 색을 잃고 죽고 있다.

(1) 위 자료에서 설명하는 태평양의 환경 문제를 쓰시오.

(2) 위 문제를 해결하기 위한 생활 속 실천 방안을 두 가지 서술하시오.

02 밑줄 친 ㉠에 해당하는 긍정적인 변화와 부정적인 변화를 한 가지씩 서술하시오.

북극 지방 주민들은 자연환경의 영향을 받아 순록 유목, 사냥, 고기잡이 등을 하며 이동 생활을 하였다. 오늘날 일부 지역에서는 석유, 천연가스와 같은 지하자원을 채굴하면서 자원 수송을 위한 도로, 철도, 파이프라인을 건설하였다. 자원 개발로 ㉠ 주민 생활에 다양한 변화가 나타나고 있다.

표와 자료로 정리하는 대단원

① 오세아니아의 주요 지형

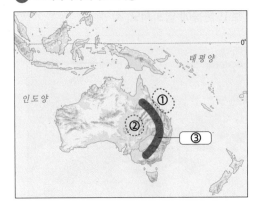

① ☐☐☐ ② ☐☐☐☐☐
③ ☐☐☐☐☐☐☐☐☐

| 정답 | ① 대보초 ② 대찬정 분지 ③ 그레이트디바이딩산맥

② 오세아니아의 기후 분포

(『신상 지리 자료』, 2023)

① ☐☐☐☐ ② ☐☐☐
③ ☐☐☐☐

| 정답 | ① 열대 기후 ② 건조 기후 ③ 온대 기후

③ 오세아니아 주요 국가의 수출 품목

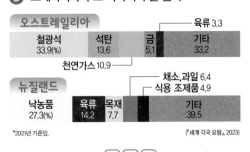

오스트레일리아

| 철광석 33.9(%) | 석탄 13.6 | 금 5.1 | 육류 3.3 | 기타 33.2 |

천연가스 10.9

뉴질랜드

| 낙농품 27.3(%) | 육류 14.2 | 목재 7.7 | 채소,과일 6.4 / 식용 조제품 4.9 | 기타 39.5 |

*2021년 기준임. (『세계 각국 요람』, 2023)

- 오스트레일리아는 ①☐☐☐과/와 석탄 등 에너지·광물 자원이 풍부하여 수출을 많이 한다.
- 뉴질랜드는 ②☐☐☐을/를 주로 수출한다.

| 정답 | ① 철광석 ② 낙농품

---

01 발전 가능성이 큰 오세아니아

✦ 오세아니아의 주요 국가와 도시

오스트레일리아	시드니, 멜버른, 캔버라 등
(①)	오클랜드, 웰링턴 등
태평양의 섬나라	투발루, 피지, 통가, 키리바시 등

✦ 오세아니아의 자연환경 ❶ ❷

지형	오스트레일리아	• 국토 대부분이 (②)과/와 평원으로 이루어짐 • 동부 해안을 따라 그레이트디바이딩산맥이 뻗어 있음 • 산맥의 서쪽 중앙부에 대찬정 분지 등 평원이 펼쳐져 있음 • 북동부 해안에 세계에서 가장 큰 산호초 군락인 대보초가 있음
	뉴질랜드	• 북섬과 남섬, 두 개의 큰 섬으로 이루어짐 • 북섬은 지진과 (③) 활동이 자주 발생함 • 남섬은 U자곡과 피오르 등 다양한 (④) 지형이 발달함
기후	오스트레일리아	• 남동부 해안은 온대 기후가 나타나 (⑤)이/가 높음 • 내륙 지역은 건조 기후가 나타나 강수량이 적음 • 북부 지역은 적도와 가까워 열대 기후가 나타남
	뉴질랜드	바다의 영향을 받아 기온의 연교차가 작으며, 일 년 내내 (⑥)이/가 고른 온대 기후가 나타남

✦ 오세아니아의 자원 ❸

오스트레일리아	• 에너지 자원과 광물 자원이 풍부함 • 철광석과 (⑦)은/는 제조업이 발달하여 천연자원의 수요가 큰 우리나라, 중국, 일본 등으로 수출되고 있음 • 기업적 농목업으로 밀, 소고기, 양털, 유제품 등을 생산하며, 생산품의 3분의 2가량을 세계 시장에 수출함
뉴질랜드	• 양털, 소고기, 과일 등을 주로 수출함 • (⑧) 수출이 전체 수출에서 높은 비중을 차지함

✦ 오세아니아와 다른 지역의 관계

경제 교류 현황	• 오스트레일리아: 과거에는 주로 (⑨), 미국과 무역량이 많았으나 오늘날에는 지리적으로 가까운 (⑩) 및 태평양 연안의 국가들과 무역을 확대하고 있음 • 뉴질랜드: 전통적으로 영국과 경제적인 유대 관계를 맺음, 오늘날 오스트레일리아와 주로 경제 협력을 유지함
경제 협력	역내 포괄적 경제 동반자 협정(RCEP), 아시아 태평양 경제 협력체(APEC) 등을 체결하여 아시아 및 태평양 연안 국가들과 경제 협력을 강화함

| 정답 | ① 뉴질랜드 ② 고원 ③ 화산 ④ 빙하 ⑤ 인구 밀도 ⑥ 강수량 ⑦ 석탄 ⑧ 낙농품 ⑨ 영국 ⑩ 아시아

02 태평양 지역의 환경 문제와 해결 방안

✦ 태평양 지역의 환경 문제 ❹

해양 쓰레기	• 플라스틱은 자연 분해가 거의 되지 않은 채로 바다를 떠돌면서 많은 해양 생물들을 위협함 • 해양 생물들이 먹이로 착각하여 먹는 (⑪)은/는 먹이 사슬을 타고 더 큰 동물에게까지 영향을 미침
해수면 상승	투발루, 키리바시 등 태평양의 섬나라들은 해수면이 상승함에 따라 (⑫)에 염분이 스며들어 섬에 식수가 부족해지고, 농작물도 염해 피해를 입음
해수 온도 상승	태평양 지역의 어류 서식지가 변화하고 산호의 (⑬) 현상이 나타남

✦ 태평양 지역의 환경 문제 해결 방안

국제 사회	국제 연합(UN)의 지속가능발전 목표(SDGs) 추진, 파리 협정 체결 등
우리나라	해양 폐기물 관련 법 제정, 2050 탄소중립 비전 등
환경 단체	해양 쓰레기 수거, 캠페인 진행 등

| 정답 | ⑪ 미세 플라스틱 ⑫ 지하수 ⑬ 백화 |

03 극지방의 지리적 중요성과 지역 개발

✦ 북극과 남극의 지리적 중요성

북극	• 유럽, 아시아, 북아메리카의 주요 도시를 짧은 거리로 연결하는 (⑭) 교통의 중심지임 • 북극의 빙하가 녹으면 북극해를 거쳐 아시아와 (⑮)을/를 잇는 최단 해운 항로로서 주목받고 있음 • 석유, 천연가스 등 에너지 자원의 매장량이 많음
남극	• 수산 자원이 풍부하며, 석탄, 철광석, 구리 등이 많이 매장되어 있음 • (⑯) 속 물질을 연구하여 지구의 기후변화를 알 수 있음 • 세계 각국은 (⑰)을/를 세워 생물, 해양, 지질, 빙하, 우주 분야 등에서 활발히 연구하고 있음

✦ 북극과 남극의 지역 개발을 둘러싼 이해관계 ❺ ❻

자원 개발	북극해 주변의 국가들은 북극해의 (⑱)을/를 더 많이 차지하기 위한 영유권 주장을 함
생태계 변화	• 북극이 개발되면서 북극해의 빙하 녹는 속도가 빨라져 해수면 상승이 가속화됨 • 남극의 청정한 자연환경이 오염되고, 불법 (⑲)과/와 동물 포획 등이 이루어짐
늘어나는 연구 기지	• 남극 조약에 따라 자원 탐사와 (⑳) 활동을 금지하고, 평화적인 목적의 과학 연구를 허용함 • 수산 자원 및 지하자원의 확보, 과학 연구의 중요성 때문에 많은 국가가 더 많은 기지를 설치하고 있음

| 정답 | ⑭ 항공 ⑮ 유럽 ⑯ 빙하 ⑰ 연구 기지 ⑱ 자원 ⑲ 어업 ⑳ 광산 |

❹ 태평양 지역의 환경 문제

투발루는 ① ☐☐☐ 상승으로 국토 침수 피해가 심각하다. 지하수에 ② ☐☐이/가 스며들어 섬에 식수가 부족해지고, 농작물이 염해 피해를 입고 있다.

| 정답 | ① 해수면 ② 염분 |

❺ 북극의 자원과 영유권 주장 현황

(외교부, 2023 / 한국 해양 수산 개발원, 2020)

석유(13%) 899.8억 배럴
천연가스(30%) 47.3조 ㎥
기타자원 철광석, 구리, 다이아몬드
※( )는 전 세계 매장량 기준임.

북극해 영유권 주장 현황
☐ 미국 ☐ 캐나다
☐ 덴마크 ☐ 러시아
─ 200해리 선

북극해에는 다양한 지하자원이 매장된 것으로 추정된다. 특히 많은 양의 ① ☐☐과/와 천연가스가 매장된 것으로 추정되는데, 이를 둘러싸고 북극해 주변 국가들이 서로 ② ☐☐☐을/를 주장하고 있다.

| 정답 | ① 석유 ② 영유권 |

❻ 남극의 과학 기지

세계 각국은 남극의 평화적 이용을 위한 ① ☐☐☐☐을/를 맺었고, 이에 따라 여러 국가의 ② ☐☐☐이/가 들어서 있다.

| 정답 | ① 남극 조약 ② 과학 기지 |

01 발전 가능성이 큰 오세아니아

01 사진과 같은 경관을 볼 수 있는 도시에 대한 설명으로 옳은 것은?

↑ 오페라 하우스

① 뉴질랜드의 대도시이다.
② 오스트레일리아의 수도이다.
③ 오스트레일리아 내륙에 있다.
④ 온대 기후가 나타나 인구 밀도가 높다.
⑤ 세계에서 가장 큰 철광석 산지가 있다.

02 다음 여행 일정표에 따른 이동 경로로 옳은 것은?

오세아니아 지형 여행

첫째 날: 원주민이 신성시하는 거대한 바위인 울루루를 보고 사막 체험을 한다.
둘째 날: 스쿠버 다이빙을 하며 세계 최대의 산호초 구역에서 해양 생태계를 경험한다.
셋째 날: 활화산과 간헐천을 둘러보는 트레킹을 하고 나서 온천욕을 즐긴다.

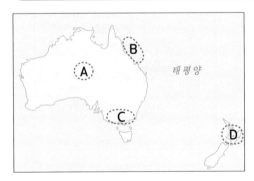

① A → B → C
② A → B → D
③ C → B → A
④ D → C → A
⑤ D → C → B

[03~04] 지도는 오세아니아의 기후 분포를 나타낸 것이다. 이를 보고 물음에 답하시오.

(『신상 지리 자료』, 2023)

03 A, B 지역에서 볼 수 있는 경관을 〈보기〉에서 골라 옳게 연결한 것은?

┤보기├

ㄱ. ㄴ. ㄷ. ㄹ.

	A	B		A	B
①	ㄱ	ㄴ	②	ㄱ	ㄷ
③	ㄴ	ㄷ	④	ㄴ	ㄹ
⑤	ㄷ	ㄹ			

04 C 지역에 대한 설명으로 옳은 것을 〈보기〉에서 고른 것은?

┤보기├

ㄱ. 온화한 기후가 나타난다.
ㄴ. 사바나 초원이 넓게 펼쳐진다.
ㄷ. 다른 지역보다 인구 밀도가 높다.
ㄹ. 일 년 내내 비가 거의 내리지 않는다.

① ㄱ, ㄴ
② ㄱ, ㄷ
③ ㄴ, ㄷ
④ ㄴ, ㄹ
⑤ ㄷ, ㄹ

어려워 ▽

05 오스트레일리아의 자원과 산업에 대한 설명으로 옳지 않은 것은?

① 세계에서 석유 수출량이 가장 많다.
② 석탄과 철광석을 생산하여 주로 아시아로 수출한다.
③ 소고기, 양털, 유제품 등을 주로 생산하는 세계적인 농목업 국가이다.
④ 다른 대륙에서 보기 어려운 독특한 야생 동물을 관광 자원으로 활용한다.
⑤ 북반구와 밀의 수확 시기가 달라 북반구의 겨울철에 밀을 많이 수출한다.

06 뉴질랜드의 농업에 대한 설명으로 옳은 것은?

① 벼농사가 발달하였다.
② 농산물의 대부분을 수입에 의존한다.
③ 양털, 소고기, 과일 등을 주로 수출한다.
④ 오아시스 주변에서 대추야자를 재배한다.
⑤ 사탕수수, 바나나 등 열대 작물을 재배한다.

07 밑줄 친 ㉠~㉤ 중 옳지 않은 것은?

오늘날 오세아니아와 세계 다른 지역과의 관계
오스트레일리아와 뉴질랜드는 ㉠ 자원이 풍부하지만 상대적으로 인구가 적어, 다른 국가와의 무역이 경제 발전에 중요하다. ㉡ 과거에는 주로 영국, 미국과 무역량이 많았다. 그러나 아시아 국가들의 경제가 성장하면서 ㉢ 아시아와 태평양 연안 국가들을 중심으로 무역이 확대되고 있다. 오스트레일리아와 뉴질랜드는 주로 ㉣ 풍부한 지하자원과 식량 자원을 수출하고, 각종 공산품을 수입한다. 두 국가는 아시아와 경제 협력을 강화하고자 ㉤ 동남아시아 국가 연합(ASEAN)에 가입하여 자유 무역을 위한 협정을 체결하였다.

① ㉠   ② ㉡   ③ ㉢   ④ ㉣   ⑤ ㉤

02 태평양 지역의 환경 문제와 해결 방안

08 ㉠에 공통으로 들어갈 용어로 옳은 것은?

사진은 태평양 주변 지역에서 바다로 흘러들거나 어업용 밧줄과 같이 배에서 버려지는 (㉠)이/가 해류를 따라 이동하다가 한곳에 모여 섬을 이룬 모습이다. (㉠)은/는 태평양 지역 주민의 경제활동인 어업, 양식업 등에 커다란 피해를 끼친다.

① 해양 침식   ② 지구 온난화
③ 해양 쓰레기   ④ 해수면 상승
⑤ 산호 백화 현상

09 그림과 관련된 태평양 지역의 환경 문제에 대한 설명으로 옳지 않은 것은?

플라스틱이 축적되는 과정   바다 위에 떠다니는 플라스틱을 먹는 동물들

① 해류와 바람을 따라 이동한다.
② 해양 생물의 생존을 위협한다.
③ 해양 생물이 먹이로 착각하여 먹을 수 있다.
④ 태평양 지역뿐만 아니라 지구 환경 전반에 영향을 미친다.
⑤ 해양 생물에 축적되지만 인간의 건강에는 영향을 미치지 않는다.

10 (가), (나)에 해당하는 지역을 지도에서 찾아 옳게 연결한 것은?

> (가) 지구의 평균 기온 상승으로 빙하가 녹고 해수면이 상승하면서 국토의 일부가 물에 잠기고 있다.
> (나) 해수 온도가 상승하면서 산호에 붙어 공생하는 조류가 사라지고 알록달록하였던 산호의 표면이 하얗게 변하는 현상이 나타나고 있다.

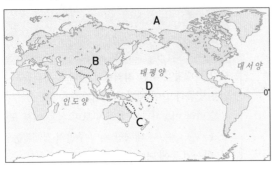

	(가)	(나)			(가)	(나)
①	A	B		②	C	A
③	C	B		④	D	A
⑤	D	C				

11 밑줄 친 부분의 사례로 가장 적절한 것은?

> 태평양 지역은 다양한 환경 문제가 복합적으로 나타나고 있는 곳으로, 이곳의 환경 문제를 해결하려면 국제 사회의 협력이 필요하다.

① 자발적으로 해변에 버려진 쓰레기를 줍는다.
② 환경 문제의 심각성을 알리는 캠페인에 참여하고 주변에 공유한다.
③ 온실가스 배출량을 단계적으로 줄이기 위한 기후변화 협약을 맺는다.
④ 환경 재단, 그린피스 등의 환경 단체 활동에 관심을 가지고 지켜본다.
⑤ 플라스틱 대신 옥수수 전분, 사탕수수, 밀집 등으로 만든 용기를 소비한다.

03 극지방의 지리적 중요성과 지역 개발

12 (가), (나) 지역에 대한 설명으로 옳은 것을 〈보기〉에서 고른 것은?

(가)	(나)

> ┤보기├
> ㄱ. (가)는 항공 교통의 요지이다.
> ㄴ. (가)는 기후변화로 바다 면적 비율이 줄어들고 있다.
> ㄷ. (나)는 빙하로 덮여 있는 대륙이다.
> ㄹ. (나)에는 여러 국가의 군사 기지가 있다.

① ㄱ, ㄴ   ② ㄱ, ㄷ   ③ ㄴ, ㄷ
④ ㄴ, ㄹ   ⑤ ㄷ, ㄹ

창의·융합

13 다음 다큐멘터리에 등장할 장면으로 적절하지 <u>않은</u> 것은?

> | 가디언즈 오브 툰드라 ‧ ٩
>
> 2023년에 방영한 다큐멘터리 「가디언즈 오브 툰드라」는 북극해 주변 지역의 툰드라에서 살아가고 있는 원주민의 모습을 다큐멘터리 형식으로 담고 있다. 2011년에 방영한 「최후의 툰드라」에 등장하는 원주민을 10여 년 만에 다시 방문하여 촬영하면서 이 지역의 변화를 잘 담아내었다.

① 도시로 개발된 지역이 늘어난 장면
② 땅이 녹아 웅덩이가 많이 생긴 장면
③ 툰드라 원주민들이 도시로 떠나버린 장면
④ 북극에 서식하는 동물들의 개체수가 많아진 장면
⑤ 천연가스를 생산하려고 철도와 파이프라인이 설치된 장면

중요해 ☆

14 다음 대화는 극지방의 개발을 둘러싼 찬반 토론 내용이다. 밑줄 친 ㉠~㉤ 중 옳지 <u>않은</u> 것은?

♥ 토론 준비방

극지방 개발에 대해서 어떻게 생각해?

㉠ 극지방은 해양 생물들이 서식하는 해양 생태계 연구의 장으로서 가치가 커. 자원을 개발하는 과정에서 환경이 파괴될 수 있어.

맞아. ㉡ 무분별한 북극의 개발은 오랫동안 이 지역에 살아왔던 원주민들의 생존을 위협할 수 있어.

그렇지만 ㉢ 극지방에는 지하자원이 많이 매장되어 있어서 개발한다면 경제적 이익이 클 거야.

그래서 극지방을 둘러싸고 세계 각국이 영유권을 주장하고 있고, ㉣ 남극에는 많은 국가가 군사 기지를 두고 있어.

그래서 ㉤ 세계 각국이 남극 조약을 맺었구나. 남극을 공동으로 관리하며 과학 연구를 진행하는 거지.

그럼 우리 모둠은 어떤 입장으로 정할까?

① ㉠   ② ㉡   ③ ㉢   ④ ㉣   ⑤ ㉤

15 밑줄 친 '남극 조약'에 대한 설명으로 옳지 <u>않은</u> 것은?

남극 대륙에는 인류가 100년 정도 사용할 수 있는 석유와 천연가스, 석탄이 묻혀 있는 것으로 추정된다. 철, 구리, 니켈, 금, 은 등 광물 자원도 풍부하다. 또한 남극 주변의 바다는 새우와 생선 등 식량 자원을 저장하는 거대한 창고와 같다. 이러한 남극의 가치를 보전하려고 세계 각국은 <u>남극 조약</u>을 맺었다.

① 자원의 탐사 및 개발을 금지한다.
② 남극에서의 평화적인 활동이 목적이다.
③ 연구 목적으로 과학 기지를 설치할 수 있다.
④ 세계 각국의 군사 활동, 폐기물 배출을 금지한다.
⑤ 남극 대륙에 대한 가입국들의 권리나 주장을 허용한다.

16 다음 글을 읽고 물음에 답하시오.

'인류 공동의 자산'이라는 (㉠)을/를 두고 지도가 새로 그려지고 있다. 캐나다와 덴마크, 러시아가 이곳의 영유권을 주장하고 있으며, 중국도 이곳에 투자하고 있다. 기후변화로 얼음이 녹으면서 항로와 고기잡이 구역 개척뿐만 아니라 석유와 희토류 채굴이 현실로 다가왔기 때문이다.
실제로 10년 뒤인 2030년이면 이곳이 얼음이 거의 없는 바다가 될 수 있다는 예측도 나온다. 수백만 년간 인간을 거부하면서 '평화의 바다'였던 (㉠)이/가 영유권 주장으로 뜨거워지고 있다.

(1) ㉠에 공통으로 들어갈 지역을 쓰시오.

(2) ㉠의 경제적 가치와 환경적 가치를 <u>한 가지</u>씩 서술하시오.

(3) 위 사례를 읽고 극지방 개발에 대한 찬반 입장을 정하고, 그 까닭을 논술하시오.

MEMO

한 권으로 끝내기!
필수 개념과 시험 대비를
한 권으로 끝!

2022 개정 교육과정

정답과 해설

중학
사회
①·1

visang

우리는 남다른 상상과 혁신으로
교육 문화의 새로운 전형을 만들어
모든 이의 행복한 경험과 성장에 기여한다

ABOVE IMAGINATION

우리는 남다른 상상과 혁신으로
교육 문화의 새로운 전형을 만들어
모든 이의 행복한 경험과 성장에 기여한다

정답과 해설

진도 교재 ·········· 02

중간·기말고사 끝내기 ·········· 25

Ⅰ 세계화 시대, 지리의 힘

✦ 01 세계 여러 지역의 다양한 특성

STEP 2 개념 확인

11쪽

대표 자료 확인하기　① 우랄산맥　② 히말라야산맥　③ 로키산맥　④ 안데스산맥　⑤ 열대 기후　⑥ 온대 기후　⑦ 냉대 기후　⑧ 고산 기후

한눈에 정리하기　① 절대적　② 상대적　③ 사막　④ 나무　⑤ 고산

1 위치　**2** ㉠ 자연환경 ㉡ 인문환경　**3** (1) – ㉡ (2) – ㉠ (3) – ㉢
4 (1) ✕ (2) ✕ (3) ◯　**5** (1) 낮아진다 (2) 지진 (3) 많이　**6** 해발 고도

STEP 3 중단원 확인 문제

12~13쪽

01 ①　**02** ④　**03** ④　**04** ⑤　**05** ⑤　**06** 사막
07 ⑤　**08** ④

01 싱가포르는 적도와 가까운 저위도에 있어 연평균 기온이 높고 일 년 내내 비가 많이 내린다. 이 지역에서는 덥고 습한 날씨에 음식이 상하지 않도록 기름에 볶거나 향신료를 많이 사용한다.
오답 확인 ② 평원이 발달하여 대규모로 밀 농사를 짓는 곳은 미국 중부가 대표적이다. ③ 온몸을 감싸는 형태의 긴 옷을 주로 입는 것은 사막이 발달한 건조 기후 등지에서 볼 수 있는 모습이다. ④ 고산 기후에 대한 설명으로, 나이로비, 페루 등 고산 지대에서 볼 수 있는 모습이다. ⑤ 지열을 활용한 온천과 간헐천을 쉽게 볼 수 있는 지역은 지각이 불안정하여 지진과 화산 활동이 활발한 지역이다.

02 위치를 알면 그 지역에 인구가 집중하는 까닭, 특정 산업이 발달하게 된 까닭, 독특한 의식주가 나타나는 까닭 등을 파악할 수 있다. ④ 위치는 자연환경과 인문환경에 모두 영향을 준다.

03 상대적 위치는 주변 국가와 정치, 경제, 사회, 문화적 관계로 표현하는 위치이다. 상대적 위치는 시대나 상황에 따라 바뀌기도 한다.
오답 확인 ㄱ, ㄷ은 절대적 위치에 대한 설명이다.

04 지각이 불안정한 지역에서는 지진과 화산 활동이 활발하게 발생한다. 이 지역에서는 화산 지형을 관찰할 수 있다.
오답 확인 ① 고위도 지역으로 갈수록 태양 에너지를 적게 받아 연평균 기온이 낮아진다. ② 내륙 지역은 해안 지역보다 기온의 연교차가 크다. ③ 바다와 멀리 떨어진 지역은 강수량이 적은 편이다. ④ 해발 고도가 비교적 높은 곳이 주변 지역보다 기온이 낮은 고산 기후가 나타난다.

05 ㉤ 오늘날에는 위치에 따라 다른 국가와의 무역, 국제 관계, 문화 교류 등이 달라질 수 있으므로 특정 지역이 어디에 위치하고 있는지가 더욱 중요해 지고 있다.

06 아랍에미리트는 건조 기후가 나타나 사막이 넓게 분포한다.

따라서 사막의 뜨거운 햇볕과 모래바람으로부터 몸을 보호하기 위해 온몸을 가리는 형태의 전통 복장이 발달하였다.

07 일 년 내내 날씨가 덥고 비가 많이 내리는 지역에서는 음식이 쉽게 상하는 것을 막으려고 기름에 볶거나 향신료를 사용한 요리가 발달하였다.

08 A는 페루의 안데스 산지로 적도와 가깝지만 해발 고도가 높아 고산 기후가 나타난다.
오답 확인 ㄱ. 이 지역의 해발 고도가 높아 주변 지역과 달리 일 년 내내 기후가 온화하다. ㄷ. 이 지역은 기후가 온화해 사람이 살기 적합하여 일찍부터 도시가 발달하였다.

서술형 문제

01 **예시 답안** 미국의 중부 지역은 평원이 넓게 발달하여 기계를 활용한 대규모 작물 재배가 가능하다.

구분	채점 기준
상	평원이 넓게 발달하여 기계를 활용한 대규모 작물 재배가 가능하다는 내용을 포함하여 서술한 경우
하	평원이 발달하였다고만 서술한 경우

02 **예시 답안** (가)는 건조 기후, (나)는 한대 기후가 나타나는 곳에 있어 농업이 어렵다. 따라서 유목이나 사냥을 위해 이동 생활을 하는 경우가 많아 게르, 이글루와 같은 가옥이 발달하였다.

구분	채점 기준
상	기후의 영향으로 농업이 어렵다는 것과 그에 따라 이동 생활을 한다는 특성을 모두 포함하여 서술한 경우
하	기후의 영향으로 농업이 어렵다는 점과 이동 생활을 한다는 점 중 한 가지만 서술한 경우

✦ 02 세계 각 지역의 공간적 상호 작용

STEP 2 개념 확인

15쪽

대표 자료 확인하기　① 네트워크　② 정보

한눈에 정리하기　① 네트워크　② 지역

1 자유 무역 협정(FTA)　**2** (1) ✕ (2) ◯　**3** 네트워크　**4** 공간적 상호 작용　**5** (1) – ㉡ (2) – ㉠　**6** (1) ◯ (2) ◯ (3) ✕

STEP 3 중단원 확인 문제

16~17쪽

01 ②　**02** ②　**03** ②　**04** ④　**05** ⑤　**06** ②
07 ⑤　**08** ③

01 제시된 사례는 멀리 떨어진 지역과의 상호 작용을 하는 사례이다. 교통과 통신 기술이 발달하면서 세계 여러 지역의 연계성이 높아지고 있다.

오답 확인 ① 교통과 통신의 발달로 시·공간 거리가 단축되었다. ③ 개인의 활동 범위가 지역을 넘어 국가, 세계 등으로 넓어지고 있다. ④ 교통수단의 발달로 다른 지역으로 이동하는 것이 수월해졌다. ⑤ 교통수단이 발달하면서 이동할 수 있는 거리가 증가하였다.

02 교통과 통신이 발달하면서 세계 여러 지역의 연계성이 높아지고 있다. 이에 따라 개인의 경제활동 범위도 지역을 넘어 국가, 세계 등으로 넓어지고 있다.

03 제시된 글은 공간적 상호 작용의 사례이다. 공간적 상호 작용이 활발해지며 상품은 다른 지역이나 국가로 이동한다. 공간적 상호 작용은 통신 기술이 발달하면서 점차 활발해지고 있다.

04 오늘날 스마트폰이 대중화되고 자료와 영상을 전송하는 속도가 빨라졌다. 이에 따라 다른 국가의 사람들과 영상 통화나 화상 회의 애플리케이션을 이용하여 실시간으로 정보를 주고받을 수 있게 되었다.

오답 확인 ㄱ. 제시된 사례는 통신 기술 발달의 영향을 받은 것이다. 항공기의 등장은 교통 발달의 사례이다. ㄷ. 전자 상거래는 통신의 발달로 증가하였다.

05 국가, 지역, 개인 등 여러 주체들이 상호 작용을 하면서 세계적 규모의 연계성을 갖게 되었다. ⑩ 세계적 규모뿐만 아니라 국가나 지역적 규모의 상호 작용도 증가하였다.

06 세계적 규모의 공간적 상호 작용으로는 초국적 기업에서 생산한 제품을 전 세계에 판매하는 것, 다른 국가에서 하는 스포츠 경기를 실시간으로 보는 것 등이 있다.

07 교통수단의 발달로 세계적 규모의 공간적 상호 작용이 활발하게 이루어짐과 동시에 국가나 지역 내에서도 여러 주체들 간 상호 작용도 활발하게 이루어지고 있다.

08 제시된 자료는 초국적 기업의 생산 과정에서 이루어지는 공간적 상호 작용에 관한 내용이다.

오답 확인 ㄹ. 공간적 상호 작용이 증가하면 초국적 기업의 생산 활동도 증가하게 된다.

서술형 문제

01 예시 답안 공간적 상호 작용은 지역 간 사람, 물자, 상품과 서비스, 정보 등의 이동과 소통이 이루어지는 것이다.

구분	채점 기준
상	제시어를 모두 활용하여 공간적 상호 작용의 의미를 서술한 경우
하	제시어를 한 가지만 사용하여 공간적 상호 작용의 의미를 서술한 경우

02 예시 답안 배달 애플리케이션으로 음식을 주문하고 배달 받는다. 이웃 지역의 축제에 방문하여 지역 특산물을 구매한다.

구분	채점 기준
상	국가적·지역적 규모의 공간적 상호 작용 사례를 두 가지 서술한 경우
하	국가적·지역적 규모의 공간적 상호 작용 사례를 한 가지만 서술한 경우

03 해저 케이블은 대륙과 대륙, 국가와 국가, 육지와 섬을 연결하여 정보를 주고받을 수 있게 한다. 이러한 통신의 발달로 공간적 상호 작용은 더욱 활발해졌다.

구분	채점 기준
상	해저 케이블의 역할과 해저 케이블망이 구축된 이후 나타난 변화를 모두 서술한 경우
하	해저 케이블의 역할과 해저 케이블망이 구축된 이후 나타난 변화 중 한 가지만 서술한 경우

✦ 03 세계와 지역의 상호 영향과 변화

STEP2 개념 확인
19쪽

대표 자료 확인하기 ① 세계화 ② 지역화

한눈에 정리하기 ① 경계 ② 가치 ③ 상표 ④ 장소 마케팅 ⑤ 지리적

1 세계화 2 (1) ✕ (2) ◯ (3) ◯ 3 (1) 세계화 (2) 세계 무역 기구
4 지역화 5 (1) ㄱ (2) ㄴ (3) ㄷ 6 (1) ◯ (2) ◯

STEP3 중단원 확인 문제
20~21쪽

01 ④   02 세계 무역 기구(WTO)   03 ⑤   04 ⑤
05 ⑤   06 ②   07 ⑤   08 ③

01 제시된 사례는 한 사회의 문화가 국경을 넘어 세계로 확산되는 모습을 보여 준다. 이처럼 정치, 경제, 사회 문화 등이 해당 지역이나 국가의 경계를 넘어 전 세계로 확대되는 현상을 세계화라고 한다.

오답 확인 ① 고령화는 전체 인구에서 노인 인구 비율이 높아지는 현상이다. ② 도시화는 도시의 인구가 증가하고 도시적 생활양식이 확산되는 현상이다. ③ 산업화는 농림어업 중심의 산업 구조에서 점차 제조업, 서비스업 중심의 산업 구조로 변화하는 현상이다. ⑤ 지역화는 지역적인 것이 세계적 차원에서 독자적인 가치를 지니게 되는 현상이다.

02 ㉠에 들어갈 국제기구는 세계 무역 기구(WTO)이다. 세계 무역 기구는 국가 간 자유로운 무역과 세계 교역 증진을 목적으로 한다.

03 세계화는 경제와 문화 등 여러 분야에 영향을 주었다. 세계화로 전 세계의 사람들이 같은 문화를 비슷한 시기에 즐길 수 있게 되었다. 그러나 서구 문화의 확산으로 지역의 전통문화는 소멸하거나 정체성이 훼손되기도 하였다.

오답 확인 가영. 세계화로 지역과 국가의 경계는 더욱 약화되고 있다. 나영. 멀리 떨어진 국가에서 생산된 물건을 살 수 있게 되었다.

04 세계 무역 기구의 출범과 초국적 기업의 등장으로 상품이나 자본, 노동력 등의 생산 요소가 국가 간에 자유롭게 이동하면서

세계가 하나의 거대한 시장으로 통합되고 있다.

[오답 확인] ①~④는 세계화가 문화에 미친 영향이다.

05 제시된 글은 피자를 소재로 하여 세계화로 널리 퍼진 문화가 각 지역의 특성에 맞게 지역 문화와 융합되는 현상을 설명한 것이다.

06 장소 마케팅은 지역의 특정 장소를 매력적인 상품으로 만드는 전략이다.

[오답 확인] ㄴ. 장소 마케팅은 지역의 특정 장소를 홍보하는 전략으로, 지역 특유의 이미지를 형성한다. ㄹ. 지역의 특성을 활용한 지역 축제를 개최하면 지역의 정체성이 명확해진다.

07 제시된 지도는 주요 지리적 표시제 상품을 표현한 것으로 이와 관계 깊은 지역화 전략은 지리적 표시제이다. 지리적 표시제는 특정 지역의 지리적 요인과 관련 있는 상품에 생산지 이름을 붙이는 것이다.

[오답 확인] ① 지역은 지리적 표시제 등 지역화 전략을 활용하여 지역의 경쟁력을 강화하고자 한다. ② 지리적 표시제와 같은 지역화 전략은 다른 지역과 차별화된 지역의 특성을 개발하여 세계 무대에서 경쟁력을 높이고자 하는 전략이다. ③ 장소 마케팅에 대한 설명이다. ④ 지역 브랜드에 대한 설명이다.

08 뉴욕의 'I♥NY'은 지역 브랜드의 대표적인 사례이다. 지역 브랜드는 지역의 상품이나 서비스, 축제 등을 특별한 상표로 인식하게 만드는 전략이다.

서술형 문제

01 (1) 세계화

(2) [예시 답안] 전 세계 사람들이 청바지와 같은 비슷한 옷을 입는다. 다른 국가의 전통 음식을 우리나라에서도 맛 볼 수 있다.

구분	채점 기준
상	일상생활에서 볼 수 있는 세계화의 영향을 두 가지 서술한 경우
하	일상생활에서 볼 수 있는 세계화의 영향을 한 가지만 서술한 경우

02 [예시 답안] 지역화, 지역화는 지역적인 것이 세계적 차원에서 독자적인 가치를 지니게 되는 현상이다.

구분	채점 기준
상	지역화라고 쓰고, 지역화의 의미를 서술한 경우
하	지역화라고만 쓴 경우

대단원 마무리 문제
24~27쪽

01 ①	**02** ⑤	**03** ⑤	**04** ②	**05** ①	**06** ③
07 ④	**08** ③	**09** ②	**10** ④	**11** ③	**12** ②
13 ⑤	**14** ⑤	**15** ⑤	**16** ⑤	**17** ②	
18 해설 참고		**19** 해설 참고			

01 기후는 위도의 영향을 받는다. 특정 지역이 위도상 어디에 위치하는지 알면 기후 특성을 추측할 수 있다.

[오답 확인] ② 위도와 경도는 정해진 것으로 바뀌지 않으므로 위도와 경도로 표현하는 절대적 위치도 바뀌지 않는다. ③ 주변 국가와의 관계로 표현하는 위치는 상대적 위치이다. ④ 대륙과 해양으로 위치를 표현하는 것은 절대적 위치에 해당한다. ⑤ 위치를 통해 자연환경을 파악할 수 있고, 이에 영향받은 사람들의 생활양식도 이해할 수 있다.

02 절대적 위치는 지구상의 위도와 경도, 대륙과 해양 등으로 표현한 위치로 거의 변하지 않는다. ⑤ 다른 국가와의 관계로 표현하는 위치는 상대적 위치이다.

03 (가)는 나이로비, (나)는 하얼빈의 모습이다. 나이로비는 적도와 가까워 열대 기후가 나타나는 지역에 있지만 해발 고도가 높아 연중 봄과 같이 온화한 날씨가 나타난다. 중국 북부의 하얼빈은 겨울이 매우 추운 곳으로, 이곳을 흐르는 쑹화강은 겨울이 되면 얼어붙는다. 하얼빈에서는 쑹화강의 얼음을 잘라 만든 구조물을 전시하는 빙설제가 열린다.

[오답 확인] ㄱ. 나이로비는 주변 지역보다 해발 고도가 높은 지역이다. ㄴ. 나이로비는 주변 지역보다 기온이 낮아 도시가 발달하였다.

04 ㉡ 태양 에너지의 양이 달라져 연평균 기온이 차이 나게 되는 것은 위도의 영향이다.

05 제시된 지도의 A는 아랍에미리트의 사막 지역, B는 몽골의 초원 지역, C는 일본 남동부 지역, D는 북극해 주변, E는 미국 중부이다. 아랍에미리트의 사막 지역 사람들은 햇빛과 모래바람으로부터 몸을 보호하려고 온몸을 가리는 형태의 긴 옷을 입는다.

[오답 확인] ② 몽골은 우리나라보다 내륙에 있어 연 강수량이 적다. ③ 중위도에 있는 일본은 온대 기후 지역에 속하여 사계절이 나타난다. ④ 고위도인 북극해 주변 지역은 매우 추운 지역이다. ⑤ 유목에 편리한 이동식 가옥이 발달한 곳은 몽골이다.

06 제시된 지도의 A는 인도네시아, B는 페루(안데스 산지 지역)이다. 인도네시아는 적도와 가까워 날씨가 덥고 습하다. 이 지역에서는 기름에 볶거나 향신료를 사용한 음식이 발달하였다. 페루는 적도와 가깝지만, 해발 고도가 높은 안데스 산지에서는 일 년 내내 봄과 같은 날씨가 나타난다. 이 지역에서는 오래전부터 도시가 발달하였다.

[오답 확인] ㄱ. 눈과 얼음으로 만든 집에 머무는 지역은 북극해 연안이다. ㄹ. A와 B는 비슷한 위도대에 있지만, 해발 고도가 달라 서로 다른 기후가 나타난다.

07 제시된 사진과 같은 경관을 볼 수 있는 지역은 몽골이다. 건조 기후로 농경이 어려운 몽골의 초원 지역에서는 가축에게 풀을 먹이며 이동하는 유목이 발달하였고, 이를 위해 이동식 가옥인 게르를 짓고 사는 경우가 많다.

08 교통과 통신의 발달로 다른 국가에서 생산한 제품을 더욱 쉽게 구매할 수 있게 되었다. 이는 세계적 규모의 공간적 상호 작용이

더욱 활발해지고 있다는 의미이다.

09 교통과 통신의 발달로 세계 각 지역의 공간적 상호 작용이 활발해졌다. 특히 사회 관계망 서비스로 전 세계 사람들의 실시간 소통이 가능해졌다.

오답 확인 ① 교통수단의 발달로 이동 범위가 확대되었다. 세계적 규모의 이동도 증가하고 있다. ③ 통신 기술의 발달로 멀리 떨어진 지역을 비롯하여 가까운 지역과의 공간적 상호 작용이 증가하였다. ④ 항공기의 등장으로 다른 지역으로 이동하는 데 걸리는 시간이 감소하였다. ⑤ 공간적 상호 작용의 증가로 사람, 상품, 서비스의 이동이 이루어지고 있다.

10 제시된 글은 초국적 기업에서 청바지를 생산할 때 세계 여러 국가에서 원료와 부품, 노동력을 공급 받는다는 내용이다. 교통과 통신의 발달로 세계적 규모의 공간적 상호 작용이 활발하게 이루어지고 있다. 특히 전 세계에 걸쳐 생산, 유통, 판매를 하는 초국적 기업에서 세계적 규모의 공간적 상호 작용이 더욱 활발하게 나타난다.

11 세계적 규모의 공간적 상호 작용으로는 특정 나라에서 생산한 물건을 전 세계에 판매하는 것, 다른 국가에서 열리는 스포츠 경기를 실시간으로 관람하는 것 등이 있다.

오답 확인 가현. 스마트폰 애플리케이션으로 음식을 주문하고 배달 받는 것은 국가적·지역적 규모의 공간적 상호 작용에 해당한다. 라현. 이웃 지역에서 열리는 지역 축제에 방문하여 지역 특산물을 구입하는 것은 국가적·지역적 규모의 공간적 상호 작용이다.

12 제시된 자료는 세계화의 등장 배경과 세계화의 영향을 도식화한 것이다. 교통과 통신의 발달, 세계 무역 기구의 출범, 초국적 기업의 등장으로 세계화가 가속화하였다. 특히 상품이나 생산 요소가 국가 간에 자유롭게 이동하면서 전 세계가 하나의 시장으로 통합되고 있다. 그 영향으로 지역 간 경쟁이 심해지고 경제 격차가 커지기도 한다.

오답 확인 ㄴ. 세계화로 생산 요소의 국제적 이동이 증가하였다. ㄹ. 세계화로 지역이나 국가 간 경계는 약화되고 있다.

13 지역적인 것이 세계적 차원에서 독자적인 가치를 지니게 되는 현상을 지역화라고 한다.

14 피자와 햄버거는 전 세계 어디에서나 즐길 수 있는 음식이지만, 지역에 따라 속재료와 모양이 달라지기도 한다. 이는 세계적인 문화와 지역 문화가 융합하여 새로운 형태로 변화하는 대표적인 사례이다.

15 제시된 지역 축제는 지역의 자연환경과 역사, 특산물 등을 소재로 한 축제라는 공통점이 있다. 이러한 지역 축제는 지역을 홍보하는 데 매우 효과적인 수단으로, 관광객을 불러 모으고 있다. 이는 지역의 관광 산업 발달과 지역 경제 활성화에 기여한다.

16 제시된 자료는 대표적인 지리적 표시제 상품인 이탈리아의 마찰렐라 디 부팔라 캄파나 치즈와 자메이카의 블루마운틴 커피에 대한 설명이다. 지리적 표시제는 지역의 지리적 요인과 관련

있는 상품에 생산지의 이름을 상표로 사용한 것이다.

오답 확인 ㄱ. 지역의 특성을 활용하는 전략으로 지역의 정체성이 강화될 수 있다. ㄴ. 해당 상품은 해당 지역에 직접 방문하지 않아도 구입할 수 있다.

17 지역의 긍정적인 변화는 세계에 영향을 미치기도 한다. 세계시민으로서 지역의 변화에 주도적으로 참여한다면 세계의 변화에도 영향을 미칠 수 있다.

18 예시 답안 인도네시아는 적도와 가까운 곳에 있어 덥고 습한 날씨가 나타난다. 이곳에서는 음식이 쉽게 상하지 않도록 기름에 볶거나 향신료를 사용한 음식이 발달하였다. 북극해 주변 지역은 기온이 낮아 농사를 짓기 어렵다. 이곳에서는 사냥을 나갔을 때 잠시 머물 수 있도록 눈과 얼음으로 만든 이글루를 볼 수 있다.

구분	채점 기준
상	위치의 영향을 받은 생활 모습을 두 가지 서술한 경우
하	위치의 영향을 받은 생활 모습을 한 가지만 서술한 경우

19 (1) (가): 국가적·지역적, (나): 세계적

(2) 예시 답안 이제 우리가 만드는 모든 콘텐츠들은 국내는 물론, 전 세계로 퍼져나가게 된다. 따라서 우리가 속한 지역의 정서만을 담기 보단 세계 여러 지역의 다양한 특성을 이해하고, 세계시민으로서 지역의 다양성에 공감하는 태도가 콘텐츠에도 반영되어야 한다.

구분	채점 기준
상	지역을 넘어 세계로 연결되어 있음을 이해하는 내용과 다양성에 공감하고 이해하는 세계시민의 자세를 포함하여 서술한 경우
하	세계시민의 자세가 필요하다고만 서술한 경우

일어나지만 내륙에 있어 해일은 발생하지 않는다. 라현. 유럽과 아시아를 구분하는 경계가 되는 산맥은 우랄산맥이다.

06 제시된 세 가지 조건처럼 아시아에 있고, 미얀마, 타이, 라오스, 캄보디아 등을 흐르는 국제 하천이며, 티베트고원에서 발원하여 인도차이나반도를 지나 흐르는 강은 메콩강이다.

07 서남아시아에서는 일 년 내내 비가 거의 내리지 않는 건조 기후가 나타난다. 싱가포르는 열대 기후 지역으로 일 년 내내 덥고 비가 많이 내린다.

> **오답 확인** ㄴ. 저위도의 동남아시아에서는 주로 열대 기후가 나타난다. ㄹ. 동아시아는 계절풍의 영향을 받아 여름은 덥고 습하며 겨울은 춥고 건조하다.

08 아시아에서 계절풍의 영향을 받는 지역은 여름이 되면 바다에서 바람이 불어오기 때문에 덥고 습하며 강수량이 많다. 이 지역에서는 벼농사가 발달하였다.

09 (가)는 열대 기후가 나타나는 싱가포르, (나)는 건조 기후가 나타나는 리야드의 기후 그래프이다. 제시된 지도의 A는 리야드, B는 싱가포르, C는 상하이이다.

서술형 문제

01 **예시 답안** 동아시아에서는 온대 기후와 냉대 기후가 나타난다. 이 지역은 계절풍의 영향으로 기온의 연교차가 크고 계절의 변화가 뚜렷하며 강수량이 여름철에 집중된다.

구분	채점 기준
상	제시어를 모두 사용하여 동아시아의 기후의 특징을 서술한 경우
하	온대 기후가 나타난다고만 쓴 경우

Ⅱ 아시아

✦ 01 아시아의 국가 및 주요 도시와 자연환경

STEP 2 개념 확인 31쪽

> **대표 자료 확인하기** ① 서남아시아 ② 남부아시아 ③ 동아시아 ④ 동남아시아 ⑤ 열대 기후 ⑥ 온대 기후 ⑦ 냉대 기후 ⑧ 고산 기후

> **한눈에 정리하기** ① 우랄산맥 ② 히말라야산맥 ③ 서남아시아

1 ㉠ 태평양 ㉡ 유럽 **2** (1)-㉡ (2)-㉠ (3)-㉢ (4)-㉤ (5)-㉣
3 (1) ○ (2) × (3) ○ **4** (1) 룹알할리 사막 (2) 히말라야산맥
5 (1) 사막 (2) 쌀 (3) 계절풍

STEP 3 중단원 확인 문제 32~33쪽

01 ② **02** ① **03** ⑤ **04** ① **05** ① **06** ①
07 ② **08** 계절풍 **09** ③

01 제시된 지도의 A 대륙은 아시아이다. 서쪽으로 유럽, 동쪽으로 태평양, 남쪽으로 인도양과 접한다. 아시아는 세계에서 가장 넓은 대륙이며, 세계에서 가장 높은 산인 에베레스트산이 있다. 또한 동아시아, 동남아시아, 서남아시아, 남부아시아, 중앙아시아 다섯 개 지역으로 구분할 수 있다. ② 아시아는 동쪽으로 태평양과 접한다.

02 두 학생이 원하는 조건을 모두 충족하려면 열대 기후 지역에 속하면서 불교를 믿는 국가에 있는 여행지여야 한다. 두 조건을 모두 충족하는 곳은 타이의 방콕이다.

> **오답 확인** ② 중국의 하얼빈은 냉대 기후가 나타나는 지역이다. ③ 몽골의 울란바토르는 건조 기후가 나타나는 지역이다. ④ 사우디아라비아의 메카는 건조 기후가 나타나는 지역이며, 이슬람교를 믿는 지역이다. ⑤ 우즈베키스탄의 사마르칸트도 건조 기후가 나타나는 지역이며, 이슬람교를 믿는 지역이다.

03 동남아시아의 주요 국가로는 필리핀, 인도네시아, 타이, 베트남, 말레이시아 등이 있다.

> **오답 확인** ㄱ. 몽골은 동아시아에 있는 국가이다. ㄴ. 인도는 남부아시아에 있는 국가이다.

04 카타르의 수도인 도하는 사막 위에 세워진 도시이다. 건조 기후가 나타나는 서남아시아에서는 사막의 풍경과 높고 화려한 건축물이 어우러진 도시를 볼 수 있다.

05 제시된 지도의 A 산맥은 히말라야산맥이다. 히말라야산맥에는 세계에서 가장 높은 산인 에베레스트산이 있으며, 산맥이 형성된 지 오래되지 않아 해발 고도가 높고 험준하다.

> **오답 확인** 다현. 히말라야산맥은 지각 운동이 활발하여 지진이 자주

✦ 02 아시아의 종교와 생활양식

STEP 2 개념 확인 35쪽

> **대표 자료 확인하기** ① 불교 ② 이슬람교 ③ 불교 ④ 힌두교 ⑤ 모스크 ⑥ 종탑

> **한눈에 정리하기** ① 인도 ② 아라비아반도 ③ 팔레스타인

1 (1)-㉢ (2)-㉠ (3)-㉣ (4)-㉡ **2** (1) × (2) × (3) ○ (4) ○
(5) × **3** 종교 갈등 **4** (1) ㄱ (2) ㄴ (3) ㄷ **5** 다문화주의

STEP 3 중단원 확인 문제 36~37쪽

01 ④ **02** ⑤ **03** ③ **04** ③ **05** ① **06** ②
07 ④ **08** ⑤ **09** 이스라엘

01 파키스탄은 인도가 영국에서 독립할 때 분리되었다. 파키스탄에는 이슬람교를 믿는 사람이 많다.

02 제시된 지도의 ⊙은 불교, ⓒ은 힌두교, ⓒ은 이슬람교, ⓔ은 크리스트교이다. ⑤ 소를 신성하게 여겨 소고기를 먹지 않는 종교는 힌두교이다. 이슬람교에서는 돼지고기를 먹지 않는다.

03 제시된 글에서 설명하는 종교는 힌두교이다. 힌두교는 사원의 지붕과 벽면을 수많은 신으로 장식하고 소고기를 먹지 않는다.

04 불교는 인도 북동부에서 발생하여 동남아시아와 동아시아로 전파되었다. 불교는 살생을 금지하며, 개인의 수행과 명상을 통한 깨달음을 중시한다.

[오답확인] ㄱ. 불교는 싯다르타(석가모니)가 창시하였다. 무함마드가 창시한 종교는 이슬람교이다. ㄹ. 갠지스강을 신성하게 여기는 종교는 힌두교이다.

05 이란(A)에서는 주로 이슬람교를 믿어 둥근 지붕과 뾰족한 첨탑이 있는 형태의 이슬람 사원을 볼 수 있다.

06 크리스트교를 믿는 사람들은 성경의 가르침에 따라 생활한다. 십자가를 중요한 상징물로 사용하며, 특히 일요일에는 성당이나 교회에 나가 예배를 드린다.

[오답확인] ① 돼지고기와 술을 먹지 않는 종교는 이슬람교이다. ③ 명상과 수행을 통해 깨달음을 얻고자 하는 종교는 불교이다. ④ 살아 있는 생명을 함부로 죽이지 않으며 채식을 선호하는 종교는 불교이다. ⑤ 하루 다섯 번 정해진 시간에 메카를 향해 기도하는 종교는 이슬람교이다.

07 무함마드가 창시하였으며, 서남아시아의 아라비아반도에서 시작되어 주변 국가로 전파된 종교는 이슬람교이다. 이슬람교를 믿는 사람들은 쿠란이라는 경전에 따라 생활하며, 돼지를 불결하게 여겨 돼지고기를 먹지 않는다.

08 힌두교를 믿는 인도 사람들은 소를 신성하게 생각하여 소고기를 먹지 않는다. 필리핀은 오랜 기간 동안 에스파냐와 미국의 식민 지배를 받았다. 그 영향으로 오늘날에도 크리스트교를 믿는 사람들이 많다.

[오답확인] ㄱ. 중앙아시아에서는 이슬람교를 믿는 사람이 가장 많다. 크리스트교를 믿는 사람이 많은 국가는 필리핀이다. ㄴ. 사우디아라비아에는 이슬람교의 성지인 메카와 메디나 등이 있어 많은 사람이 찾는다.

09 이스라엘은 유대교를 믿는 유대인과 이슬람교를 믿는 아랍인 간 종교와 영토 문제로 갈등을 겪고 있다.

[서술형 문제]

01 [예시답안] 이 지역은 카슈미르이다. 카슈미르에서는 이슬람교를 믿는 파키스탄과 힌두교를 믿는 인도 사이의 갈등이 발생하고 있다.

구분	채점 기준
상	카슈미르라고 쓰고, 이슬람교를 믿는 파키스탄과 힌두교를 믿는 인도 사이의 갈등이라고 서술한 경우
하	카슈미르라고만 쓴 경우

02 [예시답안] 종교의 자유를 법적으로 보장한다. 여러 민족이 같이 살 수 있는 주택 분양 정책을 시행한다. '민족 화합의 날'과 같이 다른 종교를 이해할 수 있는 문화 행사를 진행한다.

구분	채점 기준
상	문화 공존을 위한 정책을 두 가지 서술한 경우
하	문화 공존을 위한 정책을 한 가지만 서술한 경우

✦ 03 아시아의 인구 구조와 변화

STEP 2 개념 확인 39쪽

[대표 자료 확인하기] ① 중국 ② 인도 ③ 출생률

[한눈에 정리하기] ① 사망률 ② 난민 ③ 고령화

1 산아 제한 정책 **2** (1) × (2) × (3) × (4) ○ **3** 노동력 **4** (1) 출생률 (2) 낮아지고 **5** 노년층 **6** (1) – ⓒ (2) – ⊙

STEP 3 중단원 확인 문제 40~41쪽

01 ①	02 ④	03 ①	04 ⑤	05 ②	06 생산 가능 인구
07 ⑤	08 ③				

01 아시아는 1950년대부터 생활 수준의 향상과 의학 기술의 발달 등으로 사망률이 낮아지면서 인구가 빠르게 증가하였다. 이후 경제 발전과 산아 제한 정책 등으로 출생률이 감소하였고 인구 증가율도 점차 낮아지고 있다. 고령화율은 전체 인구에서 노년층 인구가 차지하는 비율이다.

02 아시아는 인구 부양력이 높은 쌀을 주식으로하여 과거부터 인구가 밀집하였다. 1950년대 이후부터 사망률이 낮아지면서 인구가 빠르게 증가하였으며 오늘날에는 경제 성장과 산아 제한 정책 등으로 인구 증가율이 낮아지고 있다. 오늘날에는 인도, 중국, 인도네시아, 파키스탄 등에 인구가 밀집한다. 아시아에서는 인구의 이동도 활발하게 나타난다. 특히 경제적 요인에 따른 이주가 활발하며, 내전, 분쟁, 경제난을 겪는 국가에서는 난민이 발생하고 있다. ④ 대한민국, 일본 등 경제 수준이 높은 국가의 출생률은 점차 감소하여 저출산·고령화 현상이 나타나고 있다.

03 아시아는 1950년대 이후 생활 수준이 향상되고 의료 기술이 발달하면서 사망률이 낮아져 인구가 급격하게 증가하였다.

[오답확인] ㄷ. 중국의 한 자녀 정책과 같이 산아 제한 정책을 실시하면 출산율이 감소하고 인구 증가율이 낮아진다. ㄹ. 아시아는 인구 부양력이 높은 쌀을 재배하여 과거부터 인구가 많이 밀집하였다.

04 제시된 자료의 ⊙은 인도, ⓒ은 중국이다. 중국은 한 자녀 정책을 시행하면서 출생률이 낮아졌다. 중국의 출생률 감소로 2023년 이후 인도가 인구가 가장 많은 국가가 되었다.

[오답확인] ㄱ. 한 자녀 정책을 시행하면서 출생률이 낮아진 국가는 중국이다. ㄴ. 오늘날 인구가 가장 많은 국가는 인도이다.

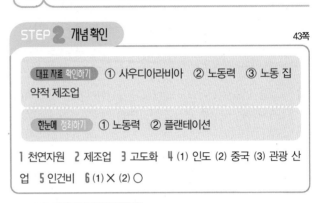

05 제시된 그래프는 중국과 인도의 인구수 변화를 나타낸 것으로, ㉠은 중국이다. 중국은 한 자녀 정책을 시행하면서 출생률이 감소하였고, 인구 증가율도 낮아졌다. 오늘날에는 저출산에 따른 인구 감소를 우려하여 다양한 출산 장려 정책을 시행하고 있다. ② 오늘날 세계에서 인구가 가장 많은 국가는 인도이다.

06 경제 활동에 참여할 수 있는 15세부터 64세까지의 인구를 생산 가능 인구라고 한다.

07 총 인구가 600만 명 정도인 싱가포르는 저출산 현상으로 노동력 부족 문제를 겪어 왔다. 싱가포르 정부는 이를 해결하고자 폭넓고 적극적인 이민 정책을 실시하며 외국인 노동자를 받아들였다.

08 사회 기반 시설이 부족한 일부 국가에서 인구가 급격하게 성장할 경우 식량 문제, 일자리 문제, 주택 문제 등이 발생할 수 있다.

[오답 확인] ① 인구가 증가하는 국가는 출생률이 높아 생산 가능 인구가 증가한다. ② 국가 내 이민자 비율이 증가하는 것은 주로 노동력이 부족하여 개방적인 이민 정책을 시행하는 지역이다. ④ 노년층 인구를 부양하는 비용이 증가하는 것은 인구가 감소하는 지역에서 나타나는 문제이다. ⑤ 인구가 증가하는 지역에는 저렴한 노동력을 활용하고자 초국적 기업의 생산 공장이 진출한다.

서술형 문제

01 [예시 답안] 사우디아라비아와 아랍에미리트는 개발이 활발한 국가로 인도, 파키스탄, 방글라데시 등에서 일자리를 찾아 이주하는 청장년층이 많다는 공통점이 있다.

구분	채점 기준
상	일자리를 찾아 이주하는 청장년층이 많다는 내용을 포함하여 서술한 경우
하	이 국가들로 이주하는 사람이 많다고만 서술한 경우

02 (1) 고령화

(2) [예시 답안] 고령자를 위한 임대 주택을 건설한다. 노인 돌봄 서비스를 운영한다. 또한 요양 로봇을 개발하는 등 노인의 자립을 지원하는 정책을 추진한다.

구분	채점 기준
상	고령화로 발생하는 문제를 해결하기 위한 정책을 두 가지 서술한 경우
하	고령화로 발생하는 문제를 해결하기 위한 정책을 한 가지만 서술한 경우

✦ 04 아시아의 산업 발달과 변화

STEP 2 개념 확인
43쪽

대표 자료 확인하기 ① 사우디아라비아 ② 노동력 ③ 노동 집약적 제조업

한눈에 정리하기 ① 노동력 ② 플랜테이션

1 천연자원 **2** 제조업 **3** 고도화 **4** (1) 인도 (2) 중국 (3) 관광 산업 **5** 인건비 **6** (1) ✕ (2) ◯

STEP 3 중단원 확인 문제
44~45쪽

01 ⑤ **02** ④ **03** ① **04** ⑤ **05** ③

06 서남아시아 **07** ③

01 동남아시아와 남부아시아는 선진국의 자본과 원주민의 노동력을 결합한 형태인 플랜테이션 농업과 벼농사가 발달하였다. 인구가 많은 중국, 인도, 동남아시아 국가는 저렴하고 풍부한 노동력을 바탕으로 노동 집약적 제조업이 발달하였다. 수목 농업은 덥고 건조한 여름에 잘 견디는 오렌지, 올리브, 포도 등을 재배하는 농업으로 주로 지중해성 기후가 나타나는 남부 유럽에서 이루어진다. 혼합 농업은 곡물 재배와 가축 사육을 함께 하는 농업 형태이다. 서안 해양성 기후가 나타나는 서부 유럽에서 주로 이루어진다. 중화학 공업은 금속, 기계, 철강, 조선, 자동차 등 중량이 큰 제품을 생산하는 산업이다.

02 제시된 지도의 A는 사우디아라비아, B는 카자흐스탄, C는 네팔, D는 인도네시아, E는 일본이다. 제시된 사진과 같이 사탕수수를 재배하는 모습을 볼 수 있는 곳은 열대 기후가 나타나는 인도네시아이다.

03 서남아시아는 풍부한 매장량을 바탕으로 석유, 천연가스를 생산, 수출하는 산업이 발달하였다. 인구가 많은 중국과 인도 등은 풍부한 노동력을 바탕으로 한 노동 집약적 제조업이 발달하였다. 우리나라와 일본은 가공 무역으로 자동차, 철강 등을 수출하고 있으며, 최근에는 고부가 가치 첨단 산업과 문화 산업을 육성하고 있다. ㉠ 세계적인 쌀 생산지는 동남아시아와 남부아시아이다. 중앙아시아 지역은 주로 밀을 재배한다.

04 제시된 지도의 A는 아랍에미리트, B는 베트남, C는 일본이다. 자동차 산업이 발달한 ㉠은 일본, 노동 집약적 제조업과 벼농사가 발달한 ㉡은 베트남이다.

05 아시아 여러 국가에서는 제조업과 서비스업의 비중이 높아지는 산업 구조의 고도화가 나타난다. 대한민국은 노동 집약적 산업의 비율이 줄어들고, 부가 가치가 높은 첨단 산업을 육성하고 있다. 중국은 첨단 산업을 육성하고 있으며, 카타르, 사우디아라비아 등 일부 산유국은 천연자원 수출로 축적한 자본을 관광, 물류, 문화 산업 등에 투자하고 있다. 일본은 첨단 산업 분야에서 경쟁력을 유지하고자 연구 개발에 적극 투자하고

있다. 베트남과 인도네시아는 저임금 노동력과 풍부한 자원을 이용한 제조업을 중심으로 성장하고 있으며 초국적 기업의 생산 공장이 잇따라 들어서면서 신흥 공업 국가로 발돋움하고 있다. ③ 인도는 산업 구조의 고도화가 나타나 제조업과 서비스업의 비율이 점차 높아지고 있다.

06 서남아시아는 석유와 천연가스 등 천연자원을 생산, 수출하며 성장하였다. 오늘날에는 천연자원 생산 외에도 관광·문화·물류 산업을 육성하여 산업 구조를 다각화하고자 노력하고 있다.

07 중국, 인도, 베트남 등의 국가에서 우리나라보다 저렴하고 풍부한 노동력을 활용한 제조업이 성장하면서 우리나라의 노동력 기반 산업의 경쟁력이 약화되었다. 이후 우리나라는 연구 개발, 기술 혁신을 바탕으로 부가 가치가 높은 산업을 육성하였다. 오늘날에는 세계 시장에서 그 기술력을 인정받아 미국, 일본, 중국 등과 경쟁하고 있다.

서술형 문제

01 **예시 답안** 과거 인도는 열대 기후를 바탕으로 사탕수수를 비롯한 다양한 농작물을 재배하였다. 이후 풍부한 노동력을 바탕으로 노동 집약적 제조업이 발달하였다. 오늘날 인도는 농업, 제조업과 정보 통신 산업을 비롯한 첨단 산업이 발달하고 있다.

구분	채점 기준
상	농업에서 제조업 중심의 산업 구조로 변화하였고, 오늘날에는 첨단 산업이 발달하고 있다는 내용을 포함하여 서술한 경우
하	농업에서 제조업 중심으로 산업 구조가 변화하였다고만 서술한 경우

02 **예시 답안** 우리나라는 경제에서 무역이 차지하는 비중이 높아 이웃한 국가의 산업 구조나 세계 경제 변화의 영향을 크게 받는다.

구분	채점 기준
상	우리나라의 경제에서 무역이 차지하는 비중이 높아 외부 변화의 영향을 받는다는 내용을 포함하여 서술한 경우
하	다른 국가나 세계 경제 변화의 영향을 받는다는 내용만 서술한 경우

대단원 마무리 문제

48~51쪽

01 ③	02 ⑤	03 ②	04 ②	05 ①	06 ④
07 ⑤	08 ③	09 ④	10 ⑤	11 ⑤	12 ①
13 ②	14 ②	15 ②	16 ⑤	17 ③	18 ④
19 ③	20 해설 참고				

01 아시아에는 히말라야산맥, 티베트고원 등의 지형이 있다.
오답 확인 ① 아시아는 유럽, 아프리카 대륙과 이어져 있다. ② 아시아는 세계에서 가장 큰 대륙이다. ④ 대한민국, 일본은 동아시아에

속한다. ⑤ 아시아는 열대, 건조, 온대, 냉대 등 다양한 기후가 나타나며, 세계에서 인구가 가장 많은 대륙이다.

02 A는 서남아시아, B는 중앙아시아, C는 남부아시아, D는 동아시아, E는 동남아시아이다. 동남아시아는 계절풍의 영향으로 기온이 높고 강수량이 풍부하여 벼농사가 발달하였다.
오답 확인 ① 서남아시아 지역은 주로 건조 기후가 나타나며, 강수량이 매우 적은 지역이다. ② 중앙아시아는 주로 건조 기후가 나타난다. ③ 남부아시아는 열대 기후, 건조 기후, 온대 기후가 나타난다. ④ 아시아에서 인구가 가장 많은 지역은 남부아시아이다.

03 제시된 사진은 중국 베이징의 자금성이다. 베이징은 중국의 오랜 수도였다. 오랫동안 정치와 행정의 중심지 역할을 한 베이징에서는 많은 유물과 유적을 볼 수 있다.

04 서남아시아는 건조 기후의 영향으로 사막이 넓게 나타나며, 일본, 인도네시아, 필리핀은 판의 경계에 있어 지진, 화산 활동이 활발하게 발생한다. 열대림은 열대 기후 지역에서 발달하는 숲이다. 가뭄은 오랫동안 비가 내리지 않아 발생하는 자연재해이다. 폭설은 한꺼번에 많은 눈의 양이 내리는 것이다.

05 인도네시아는 일 년 내내 기온이 높고 비가 많이 내리는 열대 기후가 나타난다. 열대 기후 지역에서는 늦은 오후에 스콜이 내리기도 한다.

06 제시된 지도의 A는 인도로 힌두교를 믿는 사람이 많다. 힌두교에서는 갠지스강을 성스럽게 여긴다.
오답 확인 ① 쿠란이라는 경전에 따르는 종교는 이슬람교로 서남아시아 지역에서 많이 믿는다. ② 돼지고기와 술을 금기시하는 것은 이슬람교이다. ③ 팔레스타인 지역에서 시작된 종교는 크리스트교이다. ⑤ 부처의 가르침에 따라 살생을 금지하는 것은 불교이다.

07 제시된 사진은 크리스트교의 성당인 마닐라 대성당이다. 제시된 지도의 A는 사우디아라비아, B는 카자흐스탄, C는 인도, D는 타이, E는 필리핀이다. 크리스트교 신자의 비율이 높은 국가는 필리핀이다.

08 아시아 중 불교 문화권에 해당하는 지역은 주로 동남아시아에 있는 국가로, 라오스, 타이, 캄보디아 등이 있다.
오답 확인 ① 이란에서는 주로 이슬람교를 믿는다. ② 인도에서는 주로 힌두교를 믿는다. ④ 이스라엘에서는 유대교, 이슬람교, 크리스트교 등을 믿는다. ⑤ 파키스탄에서는 주로 이슬람교를 믿는다.

09 이슬람교를 믿는 지역에서는 할랄 음식을 파는 음식점과 시간에 맞추어 하루 다섯 번 기도를 드리는 사람들을 볼 수 있다.
오답 확인 ㄱ. 불탑이 있는 사원은 불교를 믿는 지역에서 볼 수 있는 모습이다. ㄷ. 이슬람교를 믿는 사람들은 돼지고기를 먹지 않는다.

10 제시된 자료는 이스라엘과 팔레스타인의 분쟁이 발생한 까닭을 설명하고 있다.
오답 확인 ㄱ. 이 분쟁은 이슬람교와 크리스트교를 믿는 사람들 간 갈등이다.

11 (가)는 파키스탄, (나)는 일본이다. 인구 피라미드를 보면 파키스탄은 일본보다 노년층의 비율이 낮으므로 노년층을 부양하기

위한 비용 부담이 상대적으로 적다.

오답 확인 ① 출생률이 높고 유소년층 인구 비율이 높은 파키스탄은 인구가 증가한다. ② 일본은 기대 수명이 길어지면서 고령화 현상이 나타나고 있다. ③ 출생률이 낮은 일본은 유소년층 인구 비율이 적다. ④ 파키스탄보다 일본의 경제 수준이 더 높다.

12 제시된 자료는 우리나라의 인구수를 1로 가정하고 세계 주요 국가의 인구 규모를 비교한 것이다. 세계에서 인구가 가장 많은 ㉠은 인도, 그 다음으로 많은 ㉡은 중국이다.

오답 확인 ② 일본은 우리나라 인구의 약 2.4배이다. ③ 아시아에는 중국, 인도 등 우리나라보다 인구가 많은 국가가 있다. ④ 방글라데시와 필리핀은 우리나라보다 인구가 많다. ⑤ 전 세계 인구 순위 3위 국가는 미국으로 아메리카에 있다.

13 출생률이 높은 국가는 인도, 필리핀, 방글라데시, 파키스탄 등이 있고, 출생률이 낮은 국가로는 대한민국, 일본 등이 있다. ② 일본은 출생률이 감소하여 인구가 감소하는 국가이다.

14 저출산·고령화가 나타나는 국가에서는 생산 가능 인구가 감소하여 경제 성장이 어려워지고, 노년층을 부양하기 위한 비용이 커지게 된다.

오답 확인 ㄴ, ㄹ. 중위 연령이 낮아지고, 식량 부족 문제가 나타나는 것은 인구가 증가하는 지역에서 나타날 수 있는 변화이다.

15 일본 정부는 저출산·고령화에 대응하여 노인의 자립을 지원하기 위해 노인 돌봄 서비스, 고령자를 위한 임대 주택 등을 운영하고 있다.

16 우리나라와 일본은 가공 무역을 통한 중화학 공업 제품을 수출하고, 동남아시아와 남부아시아에서는 벼농사와 플랜테이션 농업이 발달하였다. 중국, 인도, 동남아시아 국가들은 노동 집약적 제조업이 발달하였다.

오답 확인 ㄱ. 영화, 음악, 만화 등 문화 산업이 발달한 지역으로는 우리나라와 일본 등이 있다. 서남아시아는 주로 석유와 천연가스 등 천연자원을 생산하는 산업이 발달하였다.

17 선진국의 자본과 원주민의 노동력을 결합하여 농작물을 재배하는 형태로 이루어지는 농업은 플랜테이션 농업이다.

오답 확인 ① 문화 산업은 대중문화를 생산하고 유통하며 수익을 창출하는 산업이다. ② 첨단 산업은 반도체, 생명 공학, 우주 항공, 신소재 등 관련 산업에 기술 파급 효과가 크고 부가 가치가 높으며, 에너지 절약형 산업으로 산업 구조의 고도화에 기여할 수 있는 산업이다. ④ 노동 집약적 제조업은 섬유, 의류, 신발 등 공업의 여러 요소 중에서 노동력이 많이 투입되는 산업이다. ⑤ 천연자원 생산 산업은 석유, 석탄 등 천연자원을 생산하는 산업이다.

18 중국, 인도, 동남아시아 국가에서 노동 집약적 제조업이 발달한 이유는 인구가 많고 저렴한 노동력이 풍부하기 때문이다.

19 아랍에미리트는 석유와 천연가스를 수출하여 축적한 자본을 관광, 물류 산업 등에 투자하고 있고, 일본은 첨단 산업 분야에서 경쟁력을 유지하고자 연구 개발에 투자하고 있다.

오답 확인 가현. 중국은 최근 다양한 기술력을 바탕으로 첨단 산업을

육성하고 있다. 라현. 대한민국은 연구 개발, 기술 혁신을 바탕으로 고부가 가치 산업을 육성하고 있다.

20 (1) **예시 답안** ⑺에서는 무분별한 인구 증가로 일자리 부족, 주택 부족 등의 문제가 발생할 수 있고, ⑷에서는 노년층을 부양하는 비용이 증가하는 문제가 발생할 수 있다.

구분	채점 기준
상	⑺, ⑷에서 발생하는 인구 문제를 한 가지씩 모두 서술한 경우
하	⑺, ⑷ 중 한 국가에서 발생하는 인구 문제만 서술한 경우

(2) **예시 답안** 우리나라에서는 저출산·고령화에 따른 문제가 발생하고 있다. 출생률이 계속 줄어들면 우리나라의 인구가 감소하게 된다. 출생률을 높이기 위해서는 출산 장려 정책과 동시에 양육을 지원하는 정책을 추진하여야 한다. 또 고령화에 대비하여 고령 인구도 경제활동에 참여할 수 있는 방안을 제도화하여야 한다고 생각한다.

구분	채점 기준
상	우리나라에서 발생하는 인구 문제의 해결 방안을 근거를 들어 서술한 경우
하	우리나라에서 발생하는 인구 문제만 서술한 경우

Ⅲ 유럽

✦ 01 유럽의 국가 및 주요 도시와 자연환경

STEP 2 개념 확인   55쪽

> **대표 자료 확인하기** ① 북부 유럽 ② 동부 유럽 ③ 서부 유럽
> ④ 남부 유럽 ⑤ 서안 해양성 기후 ⑥ 지중해성 기후 ⑦
> 냉대 기후
>
> **한눈에 정리하기** ① 우랄산맥 ② 스칸디나비아산맥 ③ 알프
> 스산맥

1 ㉠ 대서양 ㉡ 아시아 **2** (1) ㄱ, ㅂ (2) ㄷ (3) ㅁ (4) ㄴ, ㄹ **3** (1)
– ㉢ (2) – ㉠ (3) – ㉣ (4) – ㉡ **4** ① 스칸디나비아산맥 ② 알프
스산맥 **5** (1) 수목 농업 (2) 냉대 기후 (3) 편서풍

STEP 3 중단원 확인 문제   56~57쪽

| 01 ⑤ | 02 ③ | 03 ② | 04 ② | 05 ① | 06 ③ |
| 07 ⑤ | 08 ⑤ | 09 ② | | | |

01 지도에 표시된 A 대륙은 유럽이다. 유럽은 유라시아 대륙의 서
부에 위치하며 서쪽으로 대서양, 남쪽으로 지중해와 접한다.
동쪽의 우랄산맥을 경계로 아시아와 구분된다. 유럽은 위치와
문화적 특성에 따라 서부 유럽, 북부 유럽, 남부 유럽, 동부 유
럽으로 나눌 수 있다. ⑤ 히말라야산맥과 데칸고원은 아시아
에 있는 지형이다.

02 남부 유럽에는 일 년 내내 따뜻한 기후가 나타나고 아름다운
해안을 볼 수 있는 에스파냐, 이탈리아 등의 국가가 있다.

> **오답 확인** 영국은 서부 유럽, 우크라이나는 동부 유럽에 해당한다.

03 이탈리아의 수도이자 가톨릭교의 중심지인 바티칸이 시내에
있는 도시는 이탈리아의 로마이다.

> **오답 확인** ① 런던은 산업 혁명이 시작된 곳으로, 오늘날에는 세계
> 금융의 중심지 역할을 한다. ③ 파리는 역사적인 건축물과 유명한 미술
> 품이 많다. ④ 베를린은 독일의 수도로, 평화를 상징하는 브란덴부르크
> 문이 있다. ⑤ 마드리드는 자연 경관이 아름답고 문화·역사적 경관이
> 곳곳에 자리 잡고 있어 관광 자원이 풍부한 도시이다.

04 마터호른은 알프스산맥에서 피라미드 모양을 띤 아름다운 산
봉우리로, 스위스에서 볼 수 있다.

05 지도의 A는 스칸디나비아산맥, B는 우랄산맥, C는 라인강, D
는 동유럽 평원, E는 지중해이다. ① 스칸디나비아산맥은 비
교적 형성 시기가 오래되어 침식을 많이 받아 알프스산맥보다
해발 고도가 낮고, 경사가 완만한 편이다.

06 유럽 중앙에는 프랑스 평원과 북독일 평원, 동유럽 평원으로
이어지는 평야 지대가 나타난다.

> **오답 확인** ① 서부 유럽의 대부분 지역에서는 온대 기후가 나타난다.
> ② 남부 유럽의 지중해 연안은 여름이 덥고 건조하며 겨울은 온화하고
> 비가 많이 내리는 지중해성 기후가 나타난다. ④ 피오르, 빙하호 등 빙
> 하의 영향을 받은 지형은 아이슬란드, 노르웨이 등에서 볼 수 있다. ⑤
> 대륙 서안에 있는 유럽은 비슷한 위도의 대륙 동안보다 바다의 영향을
> 많이 받아 여름과 겨울의 기온 차이가 작다.

07 제시된 기후 그래프는 지중해성 기후가 나타나는 로마의 기후
그래프이다. 지중해성 기후 지역은 여름이 덥고 건조하며, 겨
울은 따뜻하고 비가 많이 내린다. 이 지역에서는 건조한 여름
을 잘 견디는 포도, 올리브, 코르크나무 등을 재배하는 수목 농
업이 발달하였다.

> **오답 확인** ㄱ. 타이가라고 불리는 침엽수림은 냉대 기후 지역에 분포
> 한다. ㄴ. 편서풍의 영향으로 강수량이 연중 고른 지역은 서안 해양성
> 기후 지역이다.

08 지도의 A는 서안 해양성 기후가 나타나는 런던, B는 냉대 기
후가 나타나는 모스크바, C는 지중해성 기후가 나타나는 로마
이다. ⑤ 서안 해양성 기후가 나타나는 런던, 지중해성 기후가
나타나는 로마는 모두 온대 기후 지역에 속한다.

> **오답 확인** ① 런던은 대서양을 흐르는 북대서양 난류와 일 년 내내
> 불어오는 편서풍의 영향을 받아 강수량이 연중 고르다. ② 모스크바는
> 대륙의 영향으로 기온의 변화가 심한 냉대 기후가 나타나 겨울이 길고
> 춥다. ③ 겨울철에 오로라를 볼 수 있는 지역은 북부 유럽의 고위도 지
> 역이다. ④ 온대 기후 지역에 속하는 런던은 냉대 기후 지역에 속한 모
> 스크바보다 겨울철 기온이 높다.

09 제시된 글에서 설명하는 기후는 냉대 기후이다. 동부 유럽은
내륙으로 갈수록 바다의 영향을 적게 받기 때문에 여름과 겨울
의 기온 차가 큰 냉대 기후가 넓게 나타난다. 북부 유럽은 비교
적 온화한 대서양 연안을 제외하면 대부분 냉대 기후 지역으로
침엽수림이 넓게 분포한다.

서술형 문제

01 **예시 답안** 유럽 북부에는 형성 시기가 오래되어 해발 고도가
낮은 스칸디나비아산맥, 남부에는 비교적 형성 시기가 오래되
지 않아 해발 고도가 높고 험준한 알프스산맥이 있다.

구분	채점 기준
상	제시어를 모두 사용하여 스칸디나비아산맥과 알프스산맥의 특징을 정확히 비교하여 서술한 경우
하	제시어 중 한 가지만 사용하여 스칸디나비아산맥과 알프스산맥의 특징을 비교하여 서술한 경우

02 (1) 지중해성 기후
(2) **예시 답안** 지중해성 기후 지역에서 가옥의 외벽을 흰색으
로 칠하는 까닭은 고온 건조한 여름철의 강한 햇볕을 차단
하기 위해서이다.

구분	채점 기준
상	고온 건조한 여름철의 강한 햇볕을 차단하기 위해서라고 정확히 서술한 경우
하	햇볕을 차단하기 위해서라고만 서술한 경우

정답과 해설 _{진도 교재}

✦ 02 유럽 도시의 다양한 특성

STEP 2 개념 확인 59쪽

대표 자료 확인하기 ① 빌바오 ② 프라이부르크 ③ 오슬로

한눈에 정리하기 ① 세계 도시 ② 산업화

1 (1) – ㉡ (2) – ㉠ (3) – ㉢ **2** (1) ○ (2) ○ (3) × **3** (1) 아테네
(2) 브뤼셀 **4** 지속가능한 도시 **5** (1) ㄷ (2) ㄱ (3) ㄴ

STEP 3 중단원 확인 문제 60~61쪽

01 ③ **02** ② **03** ③ **04** ③ **05** ② **06** 빌바오
07 ⑤ **08** ④ **09** ①

01 스웨덴의 스톡홀름과 독일의 프라이부르크는 사람과 환경이
조화를 이루는 환경·생태 도시의 대표적인 사례이다.

오답 확인 ① 세계 경제의 중심지 역할을 하는 도시는 영국의 런던,
프랑스의 파리 등이다. ② 지식·정보 산업, 첨단 기술 산업이 발달한
도시는 프랑스의 소피아 앙티폴리스, 스웨덴의 스톡홀름 등이다. ④ 독
특한 자연환경을 바탕으로 관광 산업이 발달한 도시는 아이슬란드의
레이캬비크, 스위스의 인터라켄 등이 대표적이다. ⑤ 에스파냐의 바르
셀로나, 이탈리아의 베네치아 등은 다양한 문화나 역사 유적을 바탕으
로 관광 산업이 발달하였다.

02 이탈리아의 베네치아에서는 곤돌라를 타고 수상 도시를 둘러
볼 수 있으며 스위스의 제네바에서는 세계 무역 기구(WTO)의
본부를 볼 수 있다. 파르테논 신전, 아크로폴리스 등 고대 유
적은 그리스의 아테네에 있다. 또한 슈베르트, 베토벤 등 유명
한 예술가들이 활동한 도시는 오스트리아의 빈이다. 에스파냐
의 바르셀로나에서는 천재 건축가인 가우디의 작품인 사그라
다 파밀리아 성당과 구엘 공원 등을 볼 수 있다. ② 사막에 세
워진 현대 도시를 볼 수 있는 곳은 서남아시아 지역이다.

03 올림픽이 최초로 열렸으며, 고대 유적지를 볼 수 있는 도시는
그리스의 아테네이다.

04 지도에 표시된 A 국가는 벨기에이며, 벨기에의 수도는 브뤼
셀이다. 브뤼셀에는 유럽 연합(EU)과 북대서양 조약 기구
(NATO)의 본부가 있어 유럽의 수도라고도 불린다.

오답 확인 ① 빅 벤, 타워 브리지를 볼 수 있는 도시는 영국의 런던이
다. ②, ④ 유명한 예술가들이 활동한 고전 음악의 성지이며, 구시가지
전체가 유네스코 세계 문화유산으로 등재된 도시는 오스트리아의 빈이
다. ⑤ 유럽에서 인구가 가장 많고 붉은 광장, 크렘린 궁전이 유명한 도
시는 러시아의 모스크바이다.

05 지도의 A는 런던, B는 로테르담, C는 베를린, D는 제네바, E
는 베네치아이다. 오늘날 세계 물류 산업의 중심지 역할을 하
는 도시는 네덜란드의 로테르담이다.

06 사진의 구겐하임 미술관이 있는 도시는 에스파냐 빌바오이다.

빌바오는 과거 제철 산업과 조선업이 발달하였으나 이들 산업
이 쇠퇴하자 도시 재생 사업을 추진하여 오늘날 많은 사람들이
찾는 관광 도시로 성장하였다.

07 지속가능한 도시는 산업화, 도시화 과정에서 발생한 도시 문제
와 기후위기 문제 등을 해결하기 위해 등장하였으며, 경제적·
사회적·문화적 측면에서 균형적인 발전을 추구한다.

오답 확인 ㄱ. 지속가능한 도시는 환경과 발전의 균형을 추구하는 도
시로, 탄소 배출을 줄이고자 노력한다. ㄴ. 지속가능한 도시는 인간의
편의와 개발을 추구하기보다는 자연환경을 보호하는 도시이다.

08 제시된 사례는 스웨덴의 말뫼가 지속가능한 도시를 만들기 위
해 첨단 기술을 도입하여 화석 에너지 대신 신·재생 에너지를
사용하는 모습을 보여 준다.

09 오슬로는 화석 에너지를 사용하는 자동차 대신 전기 자동차 사
용을 장려하는 정책을 추진하는 지속가능한 도시이다.

오답 확인 ② ㉠에 들어갈 말은 '화석 에너지'이다. ③, ④, ⑤ 오슬
로와 같은 지속가능한 도시는 기후위기 문제를 해결하고자 도시 내 녹
지 공간이 차지하는 비율을 늘리고, 이산화 탄소와 같은 온실가스 배출
량을 줄이기 위해 노력하고 있다.

서술형 문제

01 **예시 답안** 독일의 프라이부르크에서는 태양광 지붕을 설치하
여 태양광 에너지를 스스로 만드는 주택을 건축하기를 장려하
고 있다. 덴마크의 코펜하겐에서는 자전거 이용을 장려하는 정
책을 펼치고 있다.

구분	채점 기준
상	지속가능한 도시에 해당하는 도시와 그 노력 두 가지를 정확히 서술한 경우
하	지속가능한 도시에 해당하는 도시와 그 노력을 한 가지만 서술한 경우

✦ 03 유럽의 통합과 분리 움직임

STEP 2 개념 확인 63쪽

대표 자료 확인하기 ① 영국 ② 튀르키예 ③ 네덜란드어

한눈에 정리하기 ① 유로 ② 관세

1 유럽 연합(EU) **2** (1) × (2) ○ (3) ○ **3** (1) 솅겐 조약 (2) 동부
유럽 **4** (1) 스코틀랜드 (2) 에스파냐 (3) 벨기에 **5** (1) × (2) ○

STEP 3 중단원 확인 문제 64~65쪽

01 ④ **02** ③ **03** ① **04** ④ **05** ④ **06** ④
07 ②

01 밑줄 친 '국제기구'는 유럽 연합(EU)이다. 유럽 연합은 유럽 의회, 유럽 연합 집행 위원회 등을 구성하여 정치적 통합을 추구하고 있으며, 회원국 간 경제 협력을 위해 유럽 중앙은행을 설립하였다.

오답확인 ㄱ. 유럽 연합은 국가를 초월한 입법, 사법, 행정 기능을 갖추고 있다. ㄷ. 유럽 연합은 1993년에 출범하였다.

02 지도의 A는 영국, B는 프랑스이다. 영국은 유럽 연합에서 탈퇴하였기 때문에 영국 시민은 유럽 연합 회원국인 프랑스를 여행할 때는 여권이 필요하다.

오답확인 ① 영국은 유럽 연합 회원국이었으나 2020년 1월에 유럽 연합에서 탈퇴하였다. ② 프랑스는 유럽 연합 출범 당시 12개 회원국 중 하나였다. 유럽 연합 가입을 희망하는 국가는 튀르키예, 우크라이나 등이다. ④ 영국은 유럽 연합 회원국이 아니기 때문에 프랑스에서 생산한 물건을 영국에 팔 때는 관세를 내야 한다. ⑤ 영국은 파운드, 프랑스는 유로를 사용한다.

03 유럽 연합은 2024년 기준 27개국이 가입해 있으며, 세르비아, 우크라이나 등의 국가가 유럽 연합 가입을 희망하고 있다. 반면 노르웨이, 스위스와 같이 유럽 연합 가입을 희망하지 않는 국가도 있다. ① 북부 유럽의 국가 중 아이슬란드, 노르웨이 등은 유럽 연합에 가입하지 않았다.

04 튀르키예는 유럽 연합에 가입하면 유럽 연합 회원국에 관세 없이 물건을 수출할 수 있어 무역이 증가하고 경제적 이익이 커진다. 또한 일자리를 찾아 유럽 국가로 이동하는 것이 자유로워진다. 더불어 유럽 연합 회원국으로서 국제 사회에 영향력이 커질 수 있기 때문에 유럽 연합에 가입하려고 노력하고 있다.

05 한 국가 내에서 분리·독립 움직임이 강한 지역은 대부분 고유의 민족, 언어, 종교 등을 가지고 있어 지역의 특성이 뚜렷한 곳이다. ㄹ 영국의 스코틀랜드, 이탈리아의 파다니아 등은 해당 국가로부터 분리·독립하고자 하는 대표적인 지역이다.

06 ㉠에 들어갈 지역은 플랑드르이다. 벨기에의 플랑드르 지역과 왈롱 지역은 문화적 차이와 함께 경제적 격차가 벌어지면서 두 지역의 갈등이 더욱 심화되고 있다.

오답확인 ② 에스파냐의 카탈루냐 지역은 고유한 역사와 문화를 가지고 있어 에스파냐로부터 독립을 요구하고 있다. ③ 이탈리아 북부의 파다니아 지역은 비교적 경제적 수준이 낮은 남부 지역과의 경제적 차이로 분리 독립 움직임이 나타나고 있다. ⑤ 영국의 스코틀랜드 지역은 잉글랜드와 민족, 문화가 달라 영국으로부터 분리·독립을 요구하고 있다.

07 제시된 글은 영국의 유럽 연합 탈퇴를 보여 준다. 영국이 유럽 연합을 탈퇴하면서 유럽 연합의 관세 면제 혜택을 더 이상 누리지 못하면서 유럽 내 무역이 감소하여 경기가 침체하는 문제가 발생할 수 있다. 이는 다른 유럽 연합 회원국의 탈퇴로 이어질 수도 있다. ② 영국이 유럽 연합을 탈퇴하면서 영국 내 외국인 노동자가 빠져나가 노동력이 부족해질 수 있다.

---

01 **예시 답안** 이 조약은 솅겐 조약이다. 솅겐 조약에 가입한 국가의 주민들은 국경을 지날 때 국경 검문, 비자나 여권 없이 자유롭게 이동할 수 있다.

구분	채점 기준
상	솅겐 조약과 솅겐 조약이 주민 생활에 미친 영향을 모두 서술한 경우
하	솅겐 조약이라고만 쓴 경우

02 **예시 답안** 바르셀로나가 있는 카탈루냐 지역은 에스파냐의 다른 지역과 문화가 달라 오래전부터 갈등을 겪어 왔다. 오늘날에는 경제적인 이유로 갈등이 심화되면서 독립을 희망하고 있다.

구분	채점 기준
상	카탈루냐 지역과 에스파냐의 다른 지역과의 문화적, 경제적 차이를 모두 서술한 경우
하	카탈루냐 지역과 에스파냐의 다른 지역과의 문화적, 경제적 차이 중 한 가지만 서술한 경우

03 **예시 답안** 영국은 유럽 연합에 많은 분담금을 지불하고 있었다. 이주민 유입에 따른 문화 갈등이 발생하였고, 원주민과 이주민 간 노동 시장에서 경쟁이 심화되었다.

구분	채점 기준
상	영국의 유럽 연합 탈퇴 배경을 두 가지 모두 정확히 서술한 경우
하	영국의 유럽 연합 탈퇴 배경을 한 가지만 서술한 경우

대단원 마무리 문제

01 ④	02 ④	03 ⑤	04 ④	05 ①	06 ③
07 ④	08 ②	09 ③	10 ②	11 ⑤	12 ⑤
13 ③	14 ④	15 ①	16 ③	17 ④	18 ③
19 해설 참고					

01 지도의 A는 북부 유럽, B는 동부 유럽, C는 서부 유럽, D는 남부 유럽이다. ④ 남부 유럽에는 아름다운 지중해를 볼 수 있는 에스파냐, 이탈리아 등의 국가들이 있다.

오답확인 ① 영국, 프랑스 등이 있는 곳은 서부 유럽이다. ② 세계의 근대화와 산업화를 주도한 곳은 서부 유럽이다. ③ 러시아는 동부 유럽에 해당한다. ⑤ 북부 유럽, 동부 유럽, 서부 유럽, 남부 유럽은 위치와 정치, 경제, 문화 등을 고려하여 구분한 것이다.

02 (가)는 콜로세움이 있는 이탈리아 로마, (나)는 루브르 박물관이 있는 프랑스 파리이다. ④ 프랑스 파리에는 노트르담 대성당 등 역사적인 건축물과 유명한 미술품이 많아 세계 문화·예술의 중심지로 불린다.

오답확인 ① 로마는 이탈리아의 수도이다. 프랑스의 수도는 파리이다. ② 빅 벤은 영국의 런던에 있다. ③ 가톨릭교의 중심지인 바티칸은 로마 시내에 있다. ⑤ (가)는 남부 유럽, (나)는 서부 유럽에 속한다.

03 서부 유럽에 있는 영국은 금융 산업이 발달하였으며, 금융 산업 종사자 수도 많다. 남부 유럽에 있는 에스파냐는 자연 경관이 아름다워 관광 자원이 풍부하다. ㅁ 피오르 등 빙하 지형을 볼 수 있는 곳은 노르웨이 등이 대표적이다.

04 ④ 빙하 지형은 알프스산맥과 노르웨이, 아이슬란드 등 북부 유럽에서 볼 수 있다.

05 제시된 사진은 노르웨이에 있는 송네 피오르이다. 지도의 A는 노르웨이, B는 포르투갈, C는 프랑스, D는 체코, E는 우크라이나이다. 사진과 같은 빙하 지형을 볼 수 있는 곳은 노르웨이이다.

06 ㈎는 서안 해양성 기후가 나타나는 영국 런던, ㈏는 냉대 기후가 나타나는 러시아 모스크바의 기후 그래프이다. ③ 서안 해양성 기후 지역은 난류가 흐르는 바다 쪽에서 일 년 내내 불어오는 편서풍의 영향으로 기온의 연교차가 작고 계절별 강수량이 고르다.

  오답 확인 ①, ② 서안 해양성 기후 지역은 겨울이 따뜻하고 일 년 내내 강수량이 고르다. ④, ⑤는 지중해성 기후 지역에 대한 설명이다.

07 유럽 평원 지역은 서안 해양성 기후가 나타나며, 서안 해양성 기후 지역은 일 년 내내 강수량이 고른 편이어서 수운 교통이 발달하기에 유리하다.

08 ② 유럽은 일찍부터 산업화와 도시화가 진행되고 오랜 기간 도시가 성장하면서 다양한 유형의 도시가 발달하였다.

09 프라하, 아테네, 베네치아, 바르셀로나는 옛 역사를 간직한 문화유산이 많아 관광 도시로 발달하였다.

10 세계적으로 번성한 무역항이 있는 도시는 네덜란드의 로테르담이다. 유럽 연합(EU)의 본부가 있는 도시는 벨기에의 브뤼셀이다.

11 제시된 글에서 설명하는 도시는 독일의 프랑크푸르트이다. 프랑크푸르트에는 유럽 연합의 중앙은행과 독일 연방 은행, 독일 증권 거래소 등이 있다.

12 노르웨이의 오슬로와 독일의 프라이부르크는 탄소중립을 실천하며 지속가능한 도시로 주목받고 있다.

13 코펜하겐과 같은 지속가능한 도시는 화석 에너지 사용을 줄이고 친환경 에너지를 적극 활용하여 탄소 배출을 줄이고자 노력한다. 자전거 사용을 장려하는 것은 화석 에너지 사용을 줄여 온실가스 배출량을 줄이기 위함이다.

14 ㄹ 유럽 연합은 유로라는 단일 화폐를 사용한다. 파운드는 영국이 사용하는 화폐이다.

15 ㄷ. 대부분의 유럽 연합 회원국이 유로화를 사용하고 있어 환전하지 않고도 물건을 구매할 수 있다. ㄹ. 회원국에서 외국인에 대한 취업 규제 없이 일할 수 있다.

16 ③ 영국은 브렉시트 이후 유럽 연합의 관세 면제 혜택을 더 이상 누리지 못하면서 유럽 연합 회원국과의 자유로운 무역이 어려워지기도 하였다.

17 지도의 A는 영국의 스코틀랜드, B는 영국의 북아일랜드, C는 벨기에의 플랑드르, D는 에스파냐의 카탈루냐, E는 이탈리아의 파다니아 지역이다. 제시된 글에서 설명하는 지역은 에스파냐의 카탈루냐 지역이다.

18 지도의 A는 플랑드르 지역, B는 왈롱 지역이다. 플랑드르 지역은 네덜란드어를 사용하며 경제 발달 수준이 높다. 반면, 왈롱 지역은 프랑스어를 사용하며 상대적으로 경제 발달 수준이 낮다. 이러한 언어와 경제 수준 차이 때문에 두 지역 간 갈등이 나타나고 있다.

  오답 확인 ㄱ. 플랑드르 지역을 중심으로 분리·독립 움직임이 나타나고 있다. ㄹ. 플랑드르 지역은 고부가 가치의 지식 산업, 왈롱 지역은 농업·광공업 중심의 산업이 발달하였다.

19 (1) 유럽 연합(EU)
  (2) 예시 답안 내가 영국 국민이라면 유럽 연합 탈퇴에 반대할 것이다. 유럽 연합에 계속 가입되어 있으면 이웃 국가의 물건을 관세 없이 수입할 수 있어 상대적으로 저렴한 가격에 물건을 구매할 수 있다. 또한 출입국 절차 없이 다른 국가로 자유롭게 이동할 수 있어 편리하다. 유럽 연합의 국제적인 영향력이 크므로, 유럽 연합에서 탈퇴할 경우 영국이 국제 사회에 미치는 영향력이 줄어들 수도 있다. 따라서 영국이 유럽 연합에서 탈퇴하지 않고 회원국 지위를 유지하는 것이 좋을 것이다.

구분	채점 기준
상	유럽 연합 탈퇴에 대한 입장을 근거를 들어 서술한 경우
하	유럽 연합 탈퇴에 대한 입장만 서술한 경우

01 아프리카의 국가 및 주요 도시와 자연환경

STEP 2 개념 확인   75쪽

대표 자료 확인하기 ① 열대 기후 ② 건조 기후

한눈에 정리하기 ① 나일강 ② 동아프리카 지구대 ③ 사하라 사막 ④ 이집트 ⑤ 빅토리아 폭포

1 ㉠ 대서양 ㉡ 지중해 2 사하라 사막 3 (1) ㄴ, ㄷ, ㄹ (2) ㄱ, ㅁ, ㅂ
4 (1) – ㉢ (2) – ㉡ (3) – ㉠ 5 (1) ○ (2) × (3) ○ 6 (1) 열대
(2) 온대 (3) 건조

STEP 3 중단원 확인 문제   76~77쪽

| 01 ③ | 02 ② | 03 ② | 04 ④ | 05 ① | 06 ③ |
| 07 ① | 08 ③ | 09 ⑤ | 10 ① |

01 아프리카는 북쪽으로 지중해를 접하고 있고, 지중해를 사이에 두고 유럽과 마주하고 있다.

오답 확인 ① 아프리카의 북동쪽에는 아시아가 있다. ② 아프리카는 동쪽에 인도양을 접하고 있다. ④ 아프리카의 서쪽에는 대서양이 있다. ⑤ 아프리카에서 지중해를 건너면 유럽으로 갈 수 있다.

02 아프리카는 세계에서 두 번째로 큰 대륙으로, 북반구와 남반구에 걸쳐 있다. 아프리카는 아프리카에서 가장 큰 사막인 사하라 사막을 기준으로 북부 아프리카와 중·남부 아프리카로 나눌 수 있다.

오답 확인 ㄴ. 중·남부 아프리카에는 나이지리아, 케냐, 남아프리카 공화국, 탄자니아 등의 국가가 있다. ㄹ. 북부 아프리카에는 이집트, 알제리, 모로코 등의 국가가 있다.

03 이집트의 카이로는 고대 이집트 문명과 관련된 각종 유물과 유적이 많다. 에티오피아의 아디스아바바는 고원에 발달한 도시이며, 탄자니아는 야생 동식물의 서식지인 세렝게티 초원으로 유명하다. 남아프리카 공화국의 요하네스버그는 풍부한 광물 자원을 바탕으로 성장한 도시이고, 케냐의 수도인 나이로비는 정보 기술(IT) 산업과 사파리 관광이 발달하였다. ② 라고스는 나이지리아의 경제 중심지로, 철도와 항만이 발달하여 수출입에 유리하다.

04 아프리카에서 아름다운 도시로 손꼽히는 케이프타운은 남아프리카 공화국의 입법 수도이다. 유럽과 아시아를 잇는 무역항이 발달하면서 성장하였다.

05 지도의 A는 사하라 사막, B는 나일강, C는 빅토리아 호수, D는 킬리만자로산, E는 빅토리아 폭포이다. ① 아프리카에서 가장 넓은 사막은 A 사하라 사막이다. 사하라 사막은 아프리카 면적의 약 30%를 차지하며, 모래 언덕이나 자갈·바위 등으로 이루어져 있다.

06 제시된 사진의 (가)는 나일강, (나)는 킬리만자로산이다. 나일강은 적도 근처의 빅토리아 호수 부근에서 발원하여 여러 국가를 지나며 지중해로 흐른다. 나일강 유역 중 물을 구하기 좋은 곳에서 고대 문명이 번성하였고, 도시가 발달하였다. 킬리만자로산은 케냐와 탄자니아의 국경 지대에 있으며 해발 고도가 약 5,895m로, 아프리카에서 가장 높은 산이다.

07 아프리카에서 가장 높은 킬리만자로산은 화산 활동으로 형성되었으며, 빅토리아 폭포는 잠비아와 짐바브웨의 국경을 따라 흐르는 잠베지강에 있다.

오답 확인 ㄷ. 빅토리아호는 케냐, 우간다, 탄자니아의 경계에 있다. ㄹ. 아틀라스산맥은 아프리카의 북서부에 있다.

08 ㉠은 적도와 가까운 지역에서 나타나는 열대 기후, ㉡은 북부의 사하라 사막과 남서부 해안 지역에서 나타나는 온대 기후, ㉢은 지중해 연안과 남아프리카 공화국 일대에서 나타나는 온대 기후이다.

09 지도의 ㉠은 열대 기후, ㉡은 건조 기후, ㉢은 온대 기후, ㉣은 고산 기후이다. 아프리카의 적도 부근은 기온이 높고 강수량이 많은 열대 기후가 나타난다. 건조 기후 지역은 대체로 연강수량이 500mm 미만인 곳으로, 사하라 사막과 그 주변 지역, 남서부 해안 지역이 해당한다. 온대 기후는 지중해 연안과 남아프리카 공화국 일대에서 나타나지만 그 범위가 좁다. 해발 고도가 높은 에티오피아고원 등 일부 산지 지역에서는 고산 기후가 나타난다. ⑤ 아프리카는 적도를 중심으로 적도에서 고위도로 가면서 ㉠ 열대 기후, ㉡ 건조 기후, ㉢ 온대 기후 순으로 나타난다.

10 ㉠에 들어갈 기후는 건조 기후이다. 건조 기후 지역은 강수량보다 증발량이 많아 물을 구하기 어렵다. 따라서 물을 구할 수 있는 오아시스 주변에서 밀, 대추야자 등을 재배하는 오아시스 농업이 발달하였다.

서술형 문제

01 **예시 답안** ㉠에 들어갈 지역은 사하라 사막이다. 사하라 사막은 북부 아프리카에 펼쳐져 있고, 아프리카에서 가장 넓은 사막이다.

구분	채점 기준
상	사하라 사막이라고 쓰고, 사하라 사막의 특징을 서술한 경우
하	사하라 사막이라고만 쓴 경우

02 (1) (가) 건조 기후, (나) 열대 기후
(2) **예시 답안** (가)는 넓은 사막이 펼쳐져 있고, (나)는 키가 큰 풀이 자라는 초원에 듬성듬성 서 있는 나무와 수많은 야생 동물을 볼 수 있다.

구분	채점 기준
상	(가), (나)의 자연 경관을 정확히 비교하여 서술한 경우
하	(가), (나)의 자연 경관 중 한 가지만 서술한 경우

02 ~ 03 아프리카의 문화와 지역 잠재력 ~ 아프리카의 지속가능한 발전을 위한 노력

STEP 2 개념 확인 80쪽

대표 자료 확인하기 ① 건조 ② 진흙 ③ 아프리카 연합(AU)

한눈에 정리하기 ① 석유 ② 태양광 ③ 보츠와나 ④ 외국 자본

1 (1) 열대 (2) 두껍고 **2** (1) – ㉠ (2) – ㉡ **3** 조각상 **4** (1) × (2) ○ (3) ○ **5** 지속가능한 발전 **6** 어젠다 2063 프로젝트 **7** (1) 공정 무역 (2) 공정 여행

STEP 3 중단원 확인 문제 81~83쪽

01 ⑤ **02** ④ **03** ③ **04** ⑤ **05** ④ **06** ④
07 ⑤ **08** ② **09** ⑤ **10** 아프리카 연합(AU) **11** ②
12 ⑤ **13** ④ **14** ③ **15** ②

01 건조 기후 지역에서는 강한 햇볕과 모래바람을 막기 위해 온몸을 감싸는 형태의 옷을 주로 입는다. 쌀이나 밀을 재배하기 어려운 곳에서는 옥수수, 카사바, 감자 등으로 만든 음식을 주로 먹는다.

오답 확인 ㄱ. 건조 기후 지역은 밀을 주식으로 한다. ㄴ. 강수량이 많은 지역에서는 빗물이 집 안으로 들어오는 것을 막기 위해 경사를 급하게 만든다. 흙벽돌집은 건조 기후 지역에서 볼 수 있다.

02 제시된 사진은 말리에 있는 젠네 모스크이다. 젠네 모스크는 주변에서 구하기 쉬운 진흙으로 지었으며, 진흙으로 만든 건축물 중 세계에서 가장 규모가 커 유네스코 세계 문화유산으로 등재되었다. ④ 젠네 모스크는 아프리카의 이슬람교를 대표하는 사원이다.

03 지도에 제시된 곳은 북부 아프리카이다. 북부 아프리카는 서남아시아에서 전파된 이슬람교의 영향으로 이슬람교도가 많다.

04 파블로 피카소의 「아비뇽의 처녀들」에는 단순하고 추상적인 형식의 아프리카 원시 조각상의 영향이 잘 나타난다.

05 일정한 형태나 형식이 없는 것이 특징인 전통 아프리카 미술은 서양 미술에 많은 영향을 주었으며, 특유의 리듬감과 경쾌함을 살려 북이나 나무를 두드리는 음악이 발달한 아프리카 음악은 힙합과 재즈 등에 영향을 주었다. 아프리카에서 많이 사용하는 화려한 색과 기하학적인 무늬는 오늘날 패션 산업에 영향을 주었다. ④ 아프리카 음악은 아메리카 대륙으로 전파되어 삼바, 레게 등의 음악에 영향을 주었다.

06 아프리카의 여러 지역은 일조량이 많아 태양광 발전에 유리하고, 대하천이 지나는 지역은 수력 자원이 풍부하다. 오늘날에는 이러한 신·재생 에너지를 효율적으로 활용하고자 연구·개발을 지속하고 있다.

07 밑줄 친 '이 국가'는 남아프리카 공화국이다. 남아프리카 공화국은 망간 생산량이 세계 1위이다.

08 아프리카 대륙의 평균 연령은 다른 대륙보다 낮아서 '젊은 대륙'으로 불리기도 한다.

09 아프리카는 다른 대륙보다 출생률이 높고, 30세 이하 인구가 전체 인구의 약 70%를 차지하고 있어 전 세계에서 아프리카 인구가 차지하는 비율이 점점 커질 것으로 예상된다.

오답 확인 ① 아프리카 총 인구수는 증가하고 있다. ②, ③ 아프리카는 경제활동을 하는 청장년층 인구의 비중이 커 노동력이 풍부하며, 이를 바탕으로 경제가 성장하고 있다. ④ 유소년층 인구와 노년층 인구 모두 증가하고 있다.

10 아프리카 국가들은 단결을 추구하고, 정치적·경제적·사회적 통합을 지향하기 위해 아프리카 연합(AU)을 설립하였다.

11 제시된 자료는 '어젠다 2063 프로젝트'에 대한 내용이다. 아프리카 연합(AU)은 지속가능발전 목표와 연결되는 아프리카의 지속가능발전 계획인 어젠다 2063 프로젝트를 발표하였다. 어젠다 2063 프로젝트는 기반 시설 확충, 친환경 에너지 개발, 정치 및 사회 환경 개선 등 아프리카 각 지역에서 실천할 수 있는 다양한 노력을 제시하였다. ② 국제 연합(UN)에서 2015년에 발표한 것은 지속가능발전 목표(SDGs)이다.

12 지도의 A는 알제리, B는 이집트, C는 나이지리아, D는 케냐, E는 보츠와나이다. 제시된 내용은 보츠와나에 대한 설명이다. 보츠와나는 다이아몬드 수출로 얻은 이익을 사회 기반 시설과 교육에 투자하여 경제가 빠르게 성장하였다.

13 남아프리카 공화국에서는 화석 연료의 사용을 줄이고 신·재생 에너지를 개발하고 있으며, 르완다에서는 의료 기반 시설을 확충하는 등 지속가능한 발전을 위해 아프리카 여러 국가에서 노력하고 있다.

14 (가)는 일반 커피, (나)는 공정 무역 커피의 이익 배분 구조이다. ③ 공정 무역 제품을 이용하면 개발 도상국의 원료나 제품에 정당한 값을 치러 생산자들의 경제적·생태적 환경을 개선하는 데 도움을 줄 수 있다.

오답 확인 ①, ②, ⑤ 세계시민으로서 아프리카의 지속가능한 발전을 위한 착한 소비를 실천하기 위해서는 (나) 공정 무역 제품을 이용해야 한다. ④ (나) 공정 무역 제품은 생산자와 소비자 간의 직거래를 통해 중간 상인의 수를 줄여 생산자에게 정당한 대가를 지불할 수 있다.

15 세계시민으로서 우리는 아프리카를 교류와 협력의 동반자로 인식하고, 객관적인 정보를 바탕으로 아프리카를 이해해야 한다. 또한 아프리카 문화를 존중해야 한다. 아프리카가 겪고 있는 빈곤과 기아 문제를 해결하기 위한 기부에 참여하고, 아프리카 현지 경제에 도움이 되는 공정 여행을 이용해야 한다. ② 생산자에게 건강한 노동 환경을 제공하며 경제적 독립에 도움을 주는 공정 무역 제품을 구매하면 아프리카의 지속가능한 발전에 도움을 줄 수 있다.

01 예시 답안 아프리카에는 다양한 지하자원이 풍부하게 매장되어 있으며, 이들 자원을 세계로 수출하고 있다. 이러한 자원 수출은 아프리카 경제 성장의 주요 요인이 되고 있다.

구분	채점 기준
상	지하자원이 풍부하게 매장되어 있고, 이들 자원이 수출되어 경제 성장에 도움이 된다고 서술한 경우
하	지하자원이 풍부하게 매장되어 있다고만 서술한 경우

02 예시 답안 세계의 다양한 주체들은 기후변화 대응, 빈곤 퇴치 등 인류 공동의 목표에 함께 도달할 수 있도록 아프리카의 지속가능한 발전에 동참하고 있다.

구분	채점 기준
상	기후변화 대응, 빈곤 퇴치 등 인류 공동의 목표에 함께 도달할 수 있도록 아프리카의 지속가능한 발전에 동참하고 있다고 정확히 서술한 경우
하	아프리카의 지속가능한 발전을 위해서라고만 서술한 경우

대단원 마무리 문제

86~89쪽

01 ②	**02** ③	**03** ③	**04** ③	**05** ①	**06** ①
07 ③	**08** ③	**09** ④	**10** ⑤	**11** ①	**12** ③
13 ⑤	**14** ⑤	**15** ①	**16** ⑤	**17** ④	**18** ①
19 해설 참조					

01 아프리카는 대륙 가운데에 적도가 지나가며, 북반구와 남반구에 걸쳐 있다. 아프리카는 서쪽으로 대서양, 동쪽으로 인도양과 접하고 있다.

오답확인 ㄴ. 아프리카는 홍해를 사이에 두고 아시아의 아라비아반도와 마주한다. ㄹ. 아프리카는 북쪽으로 지중해를 사이에 두고 유럽과 마주하고 있다.

02 아프리카는 사하라 사막을 기준으로 지역을 구분한다. 북부 아프리카에는 이집트, 알제리, 모로코 등의 국가가 있고, 중·남부 아프리카에는 나이지리아, 케냐, 남아프리카 공화국, 탄자니아 등의 국가가 있다.

03 ③ 아프리카 연합(AU)의 본부는 에티오피아의 아디스아바바에 있다. 케이프타운은 남아프리카 공화국의 남서쪽에 있는 해안 도시로, 남아프리카 공화국의 입법 수도이다.

04 아프리카는 북부의 아틀라스산맥, 동부의 에티오피아고원 등을 제외하면 대체로 평탄하다. 아프리카에서 가장 큰 호수는 빅토리아호이며, 잠베지강에는 세계 3대 폭포 중 하나인 빅토리아 폭포가 있다.

오답확인 ㄹ현. 아프리카에서 가장 높은 산은 킬리만자로산이고, 가장 긴 하천은 나일강이다.

05 지도의 A는 사하라 사막, B는 나일강, C는 빅토리아호, D는 킬리만자로산, E는 빅토리아 폭포이다. ① 사하라 사막은 아프리카를 북부 아프리카와 중·남부 아프리카로 구분하는 기준이 된다.

오답확인 ② 나일강은 적도 근처에서 발원하여 지중해로 흘러간다. ③ 빅토리아호는 케냐, 우간다, 탄자니아의 경계에 있다. ④ 고대 이집트 문명이 발달한 곳은 이집트의 카이로이다. ⑤ 아프리카에서 가장 높은 산은 킬리만자로산으로, 이는 케냐와 탄자니아의 국경 지대에 있다.

06 제시된 자료는 아프리카에서 볼 수 있는 바오바브나무이다. 아프리카에서는 삼림을 불태워 작물을 재배하는 모습과 빅토리아 폭포에서 급류 타기를 즐기는 모습을 볼 수 있다. 또한 낙타를 타고 사막을 건너는 모습, 세렝게티 초원 등에서 차를 타고 야생 동물을 관찰하는 모습을 볼 수 있다. ① 일 년에 모내기를 세 번까지 할 수 있는 지역은 동남아시아 지역이다.

07 (가)는 다르에스살람의 기후 그래프로 열대 기후 지역, (나)는 카이로의 기후 그래프로 건조 기후 지역에 해당한다. (가) 지역은 비가 내리는 우기와 비가 거의 오지 않는 건기가 번갈아 나타나며 다양한 야생 동물이 서식한다. (나) 지역은 강수량보다 증발량이 많아 나무와 풀이 자라기 힘들어 이 지역 사람들은 물을 구하기 쉬운 하천 주변에 농사를 짓는다. ③ 울창한 숲은 열대 기후 지역 중에서 일 년 내내 비가 많이 내리는 지역에서 볼 수 있다.

08 건조 기후 지역에서는 물을 구하기 쉬운 오아시스 주변이나 나일강과 같이 건조 지역을 흐르는 하천 주변에서 밀, 대추야자 등과 같은 작물을 재배한다.

오답확인 ① 수목 농업은 여름철 고온 건조한 기후에 잘 견디는 올리브, 오렌지 등을 재배하는 농업으로, 지중해성 기후 지역에서 주로 이루어진다. ② 혼합 농업은 식량 작물 재배와 가축 사육을 함께 하는 농업으로, 서안 해양성 기후 지역에서 주로 이루어진다. ④, ⑤ 플랜테이션 농업과 이동식 화전 농업은 열대 기후 지역에서 주로 이루어진다.

09 아프리카의 종교 문화는 북부 아프리카와 중·남부 아프리카에서 다르게 나타난다. 북부 아프리카는 서남아시아에서 전파된 이슬람교가 주로 분포하며, 중·남부 아프리카는 토속 신앙과 크리스트교가 주를 이루고 있다. 말리에 있는 젠네 모스크는 이슬람 사원으로 이슬람교 분포 지역에서 볼 수 있다. ④ 이슬람교는 북부 아프리카에 주로 분포하며, 이는 건조 기후 지역과 대체로 일치한다.

10 아프리카 조각상은 각 지역의 환경에 영향을 받아 다양한 모습으로 발달하였으며, 조각상은 유럽으로 전파되어 서양 미술에 많은 영향을 주었다. 특히 입체주의 화가 피카소는 아프리카 미술에 매료되어 아프리카 조각상이 가지는 단순하고 추상적인 형식으로 그림 속 여성을 표현하였다.

11 ① 나이지리아에는 석유가 풍부하게 매장되어 있고, 석유 생산이 활발하다.

12 아프리카는 다른 대륙보다 중위 연령이 낮고 출생률이 높기 때문에 유소년층과 청장년층 인구가 차지하는 비율이 높다. 따라서 아프리카는 경제활동 인구가 증가하여 성장 잠재력이 높다.
오답확인 ㄱ. 아프리카는 유럽보다 중위 연령이 낮은 것으로 볼 때 출생률이 높을 것이다. ㄹ. 중위 연령이 가장 높은 대륙은 유럽, 가장 낮은 대륙은 아프리카이다.

13 아프리카 대륙 자유 무역 지대(AfCFTA)는 2019년에 공식적으로 출범한 신생 자유 무역 지대로, 아프리카 내 단일 시장을 구성하여 교역 확대를 추구한다.
오답확인 ① 아프리카 연합(AU)은 에티오피아의 아디스아바바에 본부가 있다. ② 지속가능발전 목표(SDGs)는 국제 연합(UN)이 세웠다. ③ 아프리카 연합(AU)은 2023년 9월에 유럽 연합(EU)에 이어 '주요 20개국(G20)'의 두 번째 지역 단체 회원국이 되었다. ④ 아프리카 대륙 자유 무역 지대(AfCFTA)는 대륙 내 관세나 무역 규제를 없애는 자유 무역 지대이다.

14 ㉠은 다이아몬드, ㉡은 신·재생 에너지이다.

15 제시된 사례는 그레이트 그린 월 프로젝트를 보여 준다. 세계은행을 비롯한 여러 주체들은 아프리카 11개 국가를 가로지르는 초대형 숲을 만들어 기후변화와 사막화로 황폐해진 사하라 사막 남쪽 사헬 지대를 복구하는 사업을 추진하고 있다.

16 ⑤ 어젠다 2063 프로젝트는 아프리카 연합(AU)이 발표하였다.

17 정부를 비롯한 공공기관이 개발 도상국의 경제 발전, 복지 증진 등의 목적으로 재정, 기술, 물자 등을 지원하는 것을 공적 개발 원조라고 한다.

18 ㄷ. 첨단 기술 제품은 인터넷이나 안정적인 전기 공급이 필요한 경우가 많아 아프리카 저개발 지역에서 사용할 수 없을 수 있다. ㄹ. 아프리카의 생산자와 직거래하여 더 많은 이익이 생산자에게 갈 수 있도록 해야 한다.

19 (1) 예시답안 미래 세대가 사용할 자원, 환경 등을 해치지 않으면서 현재 세대와 미래 세대를 함께 발전시키는 것을 의미한다.

구분	채점 기준
상	지속가능한 발전의 의미를 정확히 서술한 경우
하	현재 세대와 미래 세대를 함께 발전시키는 것이라고만 서술한 경우

(2) 예시답안 세계 여러 국가가 아프리카의 잠재력을 바탕으로 아프리카를 지속가능한 발전의 동반자로 바라보며 교류를 지속할 수 있어야 한다. 이를 위해 개별 국가뿐만 아니라 국제기구, 기업, 개인 등 다양한 주체들의 지원과 협력도 이루어져야 한다고 생각한다.

구분	채점 기준
상	아프리카와 동반자 관계를 형성해야 한다는 점과 다양한 주체들의 협력이 필요하다는 점을 서술한 경우
하	특정 주체의 협력만 강조하는 서술을 한 경우

Ⅴ 아메리카

✦ 01 아메리카의 국가 및 주요 도시와 자연환경

STEP 2 개념 확인
93쪽

대표 자료 확인하기 ① 로키산맥 ② 미시시피강 ③ 애팔래치아산맥 ④ 안데스산맥 ⑤ 아마존강

한눈에 정리하기 ① 뉴욕 ② 상파울루 ③ 냉대 기후 ④ 열대 기후

1 ㉠ 파나마 지협 ㉡ 리오그란데강 **2** ㉠ 북아메리카 ㉡ 남아메리카 **3** (1) ㉠ (2) ㉢ (3) ㉡ **4** ㄴ, ㄷ, ㄹ **5** (1) ○ (2) ✕ (3) ○ **6** 고산 기후

STEP 3 중단원 확인 문제
94~95쪽

| 01 ③ | 02 ④ | 03 ④ | 04 ③ | 05 ④ | 06 ⑥ |
| 07 ③ | 08 ③ | 09 ⑤ | | | |

01 북아메리카에는 미국, 캐나다, 멕시코와 쿠바, 자메이카 등 카리브해 연안의 국가들이 있다. ③ 페루는 남아메리카에 있는 국가이다.

02 캐나다의 토론토는 캐나다의 정치·경제·문화의 중심지이다. 인구의 50% 이상이 이민자로, 다양한 민족이 거주한다. 브라질의 상파울루는 남아메리카에서 인구가 가장 많은 도시이며, 남아메리카 금융의 중심지 역할을 한다.

03 사진은 미국 로스앤젤레스의 할리우드의 경관이다. 이곳은 영화 산업이 발달하였다.
오답확인 ①은 캐나다의 몬트리올, ②는 아르헨티나의 부에노스아이레스, ③은 멕시코의 멕시코시티, ⑤는 브라질의 리우데자네이루에 대한 설명이다.

04 A는 리오그란데강, B는 파나마 지협이다. 아메리카는 지리적으로 파나마 지협을 기준으로 북아메리카와 남아메리카로 구분하며, 문화적으로 리오그란데강을 기준으로 앵글로아메리카와 라틴 아메리카로 구분한다.
오답확인 ① A에는 리오그란데강이 흐른다. ② A는 문화적으로 아메리카를 구분한다. ④ A는 미국과 멕시코의 국경을 이룬다. ⑤ B는 지리적으로 아메리카를 구분한다.

05 지도의 A는 에콰도르, B는 볼리비아, C는 브라질, D는 칠레, E는 우루과이이다. 칠레는 국토가 남북으로 길게 뻗어 있어 다양한 기후가 나타나며, 구리와 포도 수출로 잘 알려져 있다.

06 ⑥ 북아메리카 대륙의 서쪽에는 높고 험준한 로키산맥이 있고, 동쪽에는 오랜 침식을 받아 낮고 완만한 애팔래치아산맥이 있다.

07 남아메리카에는 서쪽에 안데스산맥이 남북으로 뻗어 있다. 이 곳에서 시작하여 대서양으로 흘러드는 아마존강 유역에는 세계 최대의 열대림이 있다.

08 사진은 미국 서부에 있는 그랜드 캐니언이다. 그랜드 캐니언은 강의 침식으로 생긴 거대한 협곡이다.

> **오답확인** ①은 우유니 소금 사막, ②는 아마존 열대림, ④는 대평원, ⑤는 애팔래치아산맥에 대한 설명이다.

09 지도의 ㉠은 열대 기후, ㉡은 건조 기후, ㉢은 온대 기후, ㉣은 냉대 기후, ㉤은 한대 기후이다. 제시문은 한대 기후의 고상 가옥에 대한 설명이다. 한대 기후 지역에서는 여름철에 기온이 높아져 얼어 있던 땅이 녹으면 건물이 무너질 수 있어서 기둥을 땅 깊숙이 박고 건물을 땅에서 띄워 짓는다.

서술형 문제

01 **예시답안** 적도 부근에 있는 마나우스는 열대 기후가 나타난다. 반면 키토는 적도와 가깝지만 해발 고도가 높은 곳에 있어 고산 기후가 나타난다.

구분	채점 기준
상	연평균 기온이 다른 까닭을 제시어를 모두 사용하여 정확히 서술한 경우
하	연평균 기온이 다른 까닭을 서술하였으나, 제시어를 모두 사용하지 않은 경우

✦ 02 다양한 민족과 인종으로 구성된 아메리카

STEP 2 개념 확인
97쪽

> **대표 자료 확인하기** ① 유럽계 ② 아프리카계 ③ 원주민 ④ 혼혈(인) ⑤ 가톨릭교

> **한눈에 정리하기** ① 히스패닉 ② 외래문화

1 (1) ○ (2) × (3) ○ **2** 혼혈인 **3** (1) 유럽인 (2) 에스파냐, 포르투갈 **4** ㉠ 영어 ㉡ 에스파냐어 **5** 햄버거 **6** ㄱ, ㄴ

STEP 3 중단원 확인 문제
98~99쪽

01 ①	02 ②	03 ⑤	04 ⑤	05 ③	06 브라질
07 ②	08 ①				

01 앵글로아메리카는 식민 지배와 이민자 유입의 영향으로 민족과 인종 구성이 다양하다. ① 원주민은 오늘날 미국 전체 인구의 1% 미만으로, 주로 원주민 보호 구역에 거주한다.

02 16세기 말 영국인이 식민 지배를 하여 앵글로아메리카를 개척하였고, 이후 유럽 각 지역에서 이민자가 유입하였다. 유럽인들은 아프리카에서 많은 노예들을 강제로 이주시켰다.

03 ⑤ 에스파냐어를 모국어로 사용하면서 미국에 거주하는 라틴 아메리카 출신 사람을 히스패닉이라고 한다. 그래프를 보면 2020년에는 1990년보다 히스패닉 인구의 비율이 11.7%에서 18.7%로 증가한 것을 알 수 있다.

04 라틴 아메리카는 원주민, 유럽계, 아프리카계, 그리고 이들 사이에서 태어난 혼혈인 등 다양한 민족과 인종으로 구성된다. 아르헨티나에는 유럽계의 거주 비율이 높으며, 혼혈인은 라틴 아메리카 전역에 걸쳐 거주한다.

> **오답확인** ㄱ. 자메이카에는 주로 아프리카계가 거주한다. ㄴ. 페루에는 아프리카계의 거주 비율이 낮으며, 원주민의 비율이 상대적으로 높다.

05 앵글로아메리카에 속하는 미국은 영국의 영향을 받아 주로 영어를 사용하며 개신교가 주요 종교로 자리 잡고 있다. ③ 미국은 주로 영국의 식민 지배를 받았으며, 주로 에스파냐의 식민 지배를 받은 것은 라틴 아메리카의 국가들이다.

06 제시문은 브라질의 리우데자네이루에서 열리는 리우 카니발에 대한 설명이다. 유럽과 아프리카의 문화가 아메리카의 문화와 만나 브라질 고유의 축제로 발전하였다.

07 멕시코의 타코는 옥수수로 만든 빵으로, 원주민과 유럽계 이주민들의 문화가 결합해 만들어졌다. 햄버거는 독일인들이 먹던 함부르크 스테이크가 변형되어 바쁜 현대인의 생활 방식에 맞게 간편 음식으로 대중화된 음식이다.

08 타코는 옥수수와 밀로 만든 둥글고 납작한 빵인 토르티야에 토마토, 고추, 양파 등으로 만든 살사 소스와 고기, 콩, 야채를 넣어 먹는 요리이다.

서술형 문제

01 **예시답안** 멕시코에는 원주민과 유럽계, 그리고 이들 사이에서 태어난 혼혈인 등 다양한 민족(인종)이 살고 있다.

구분	채점 기준
상	멕시코의 인구 특징을 제시어를 모두 사용하여 정확히 서술한 경우
하	멕시코의 인구 특징을 서술하였으나, 제시어를 모두 사용하지 않은 경우

02 **예시답안** 캐나다 동부의 퀘벡 지역은 과거 프랑스가 지배했던 곳이다. 프랑스계 이주민의 비율이 높기 때문에 영어와 프랑스어를 함께 사용한다.

구분	채점 기준
상	과거 프랑스의 지배를 받아 프랑스계 이주민의 비율이 높다고 서술한 경우
하	영어와 프랑스어가 공용어로 쓰인다고만 서술한 경우

✦ 03 아메리카의 초국적 기업

> 대표 자료 확인하기 ① 미국 ② 노동력 ③ 생산 공장
>
> 한눈에 정리하기 ① 자본 ② 시장 ③ 일자리

1 (1) ✕ (2) ◯ (3) ✕ 2 (1) 초국적 기업 (2) 공간적 분업 3 (1) ㉠
(2) ㉢ (3) ㉢ 4 ㄱ, ㄴ 5 멕시코 6 (1) ✕ (2) ◯ (3) ◯

01 ④ 02 ④ 03 ① 04 ③ 05 본사 06 ③
07 ④ 08 ⑤ 09 ②

01 교통과 통신의 발달로 세계 여러 지역 간에 교류가 활발해지고, 세계 무역 기구(WTO)의 등장과 자유 무역 협정(FTA)의 확대로 무역 장벽이 낮아지면서 자본, 기술, 서비스의 국제 이동이 수월해졌다.

오답 확인 가영. 무역 장벽이 낮아졌다.

02 ④ 미국은 세계 경제에 많은 영향을 주고 있으며 세계 주요 초국적 기업의 본사가 가장 많이 들어선 국가이다. 오늘날에는 브라질, 멕시코 등 라틴 아메리카 국가에서도 초국적 기업이 성장하고 있다.

03 초국적 기업은 한 국가 내에서 시작한 기업이 해외에 자회사와 지사, 생산 공장 등을 만들어 생산과 판매 활동을 하면서 성장한다. 이후 의사 결정 권한을 갖게 된 해외 자회사는 현지화한 상품과 서비스를 제공한다.

04 본사는 자본이 정보를 확보하기 유리한 지역, 연구소는 고급 인력이 많은 지역, 생산 공장은 토지의 가격과 임금이 저렴한 지역에 주로 들어선다.

오답 확인 ① ㉠은 자본이 많은 지역에 들어선다. ② ㉠은 정보를 얻기 유리한 지역에 들어선다. ④ ㉢은 저렴한 노동력이 많은 지역에 들어선다. ⑤ ㉢은 토지의 가격이 저렴한 지역에 들어선다.

05 오늘날 초국적 기업은 본사에 모든 권한이 집중되지 않고, 여러 국가에 분포하는 자회사가 비교적 동등한 지위를 가지며 수평적으로 연결된다.

06 초국적 기업은 이윤을 최대한 창출하려고 연구 개발·생산·판매 등의 기능을 분리하고, 분리된 기능을 효율적으로 수행할 수 있도록 서로 다른 지역에 배치한다. ③ 베트남에는 저렴한 인력이 필요한 생산 공장이 들어서 있다.

07 오늘날 초국적 기업은 본사에 모든 권한이 집중되지 않고, 여러 국가에 분포하는 자회사가 비교적 동등한 지위를 지니며 수평적으로 연결된다.

08 초국적 기업의 생산 공장이 들어서면 새로운 산업 단지가 조성되어 일자리가 생기고 지역 경제가 활성화된다. 하지만 환경 오염, 노동 환경 악화 등의 문제가 발생할 수 있다.

오답 확인 ① 인구가 유입된다. ② 일자리가 늘어난다. ③ 지역 경제가 활성화된다. ④ 사회 기반 시설이 갖추어진다.

09 초국적 기업이 떠난 지역은 산업 구조에 공백이 생긴다. 실업률이 높아지고 세금 유입이 줄어들며 집값이 떨어지는 등 지역 경제가 침체된다.

서술형 문제

01 예시 답안 멕시코는 임금이 저렴한 노동력이 풍부하다. 또한 소비 시장이 큰 미국과 가깝다는 이점이 있어 초국적 기업의 생산 공장이 많이 들어서 있다.

구분	채점 기준
상	초국적 기업의 입지를 제시어를 모두 사용하여 정확히 서술한 경우
하	초국적 기업의 입지를 서술하였으나, 제시어를 모두 사용하지 않은 경우

02 예시 답안 일자리가 줄어들고 인구가 유출되어 지역 경제가 침체된다.

구분	채점 기준
상	생산 공장의 이전에 따른 디트로이트의 지역 변화를 제시어를 모두 사용하여 정확히 서술한 경우
하	생산 공장의 이전에 따른 디트로이트의 지역 변화를 서술하였으나, 제시어를 모두 사용하지 않은 경우

01 ⑤ 02 ① 03 ④ 04 ② 05 ① 06 ①
07 ④ 08 ③ 09 히스패닉 10 ③ 11 ④
12 ⑤ 13 ③ 14 ③ 15 ③ 16 ④
17 해설 참고

01 아르헨티나는 라틴 아메리카이자 남아메리카에 있는 국가이다. 적도가 지나가지 않은 남반구에 있고, 국토가 태평양이 아닌 대서양과 접해 있다.

오답 확인 질문 1에서 ③ 캐나다, 질문 2에서 ② 멕시코, 질문 3에서 ④ 에콰도르, 질문 4에서 ① 칠레가 부합하지 않는다.

02 미국 로스앤젤레스는 영화 산업 등 다양한 문화 산업이 발달하였다.

오답 확인 1번 문항은 뉴욕, 3번 문항은 상파울루, 4번 문항은 멕시코시티, 5번 문항은 몬트리올에 대한 설명이다.

03 쿠스코, 키토, 멕시코시티 등은 잉카 문명과 아스테카 문명 등 고대 문명의 유적이 남아 있는 도시이다. 또한 과거 에스파냐의 식민 지배를 받았다는 공통점이 있다.

오답 확인 ㄱ. 두 도시는 모두 해발 고도가 높은 고산 지대에 있어 오래전부터 도시가 발달한 곳이다.

04 지도에 표시된 A 지역은 아마존 분지로, 이곳에는 세계 최대의 아마존 열대림이 있다.

오답 확인 ① 그랜드 캐니언은 미국 서부에 있다. ③ 로키산맥은 미국 서부에 있다. ④ 우유니 사막은 안데스 산지의 볼리비아에 있다. ⑤ 페리토 모레노 빙하는 남아메리카 남쪽 끝의 아르헨티나에 있다.

05 ① 아마존강은 남아메리카에 있다.

06 지도에 표시된 지역은 냉대 기후 지역으로, 여름은 짧고 겨울이 긴 기후가 나타난다. 과거 빙하에 덮여 있었던 지역에서는 빙하 지형이 분포하기도 한다.

오답 확인 ㄴ은 열대 기후, ㄷ은 건조 기후 지역에 대한 설명이다.

07 지도에 표시된 B 국가는 브라질이다. ④ 브라질은 대부분의 지역에서 열대 기후가 나타난다.

08 ③ 유럽인들은 아프리카에서 많은 흑인을 노예로 이주시켰다.

09 에스파냐어를 모국어로 사용하면서 미국에 거주하는 라틴 아메리카 출신의 사람을 히스패닉이라고 한다.

10 라틴 아메리카는 원주민, 유럽계, 아프리카계 간의 혼혈이 이루어지면서 민족(인종) 구성이 다양하다. ③ 라틴 아메리카에서 아시아계의 거주 비율은 높지 않다.

11 유럽인이 아메리카에 정착하면서 원주민, 유럽계, 아프리카계 간의 혼혈이 이루어졌으며 라틴 아메리카의 민족(인종) 구성이 다양해졌다.

오답 확인 ㄱ, ㄷ. 복잡한 혼혈이 거듭되어 순수 혈통의 원주민 비율이 낮은 편이다.

12 자메이카의 레게는 카리브해, 미국, 아프리카의 예술이 융합된 음악이다. 아르헨티나의 탱고는 아프리카의 춤과 리듬이 유럽의 음악과 결합한 춤이다.

13 ㉠은 샌프란시스코의 차이나타운, ㉡은 로스앤젤레스의 올베라 거리에 대한 설명이다.

14 밑줄 친 기업은 초국적 기업으로, 전 세계를 대상으로 생산 및 판매 활동을 한다. 자회사는 지역의 특성에 맞춰 독자적으로 제품을 기획할 수 있다. ③ 오늘날 국가 간 교류가 늘어나면서 기업의 활동 범위가 넓어지고 있다.

15 아메리카의 많은 초국적 기업은 이윤을 극대화하고자 기업의 기능을 각각 적합한 지역에 분리하여 배치하고 있다. 필리핀은 노동력이 저렴하면서 영어에 능통한 사람이 많고, 미국 문화에 대한 친밀도가 높아서 미국의 초국적 기업이 이곳에 콜센터를 이전하기도 하였다.

16 초국적 기업의 관련 산업 시설이 들어서면 지역 경제가 활성화되지만, 초국적 기업이 떠나게 되면 지역은 일자리가 줄어들어 지역 경제가 침체되기도 한다. ④ 초국적 기업이 들어선 곳에서 나타날 수 있는 변화이다.

17 (1) **예시 답안** 초국적 기업이란 국경을 넘어 전 세계를 대상으로 제품을 생산하고 판매하는 기업이다.

구분	채점 기준
상	초국적 기업의 의미를 기업의 활동 범위와 기업의 기능을 포함하여 정확하게 서술한 경우
하	초국적 기업의 의미를 세계적으로 활동하는 기업이라고만 서술한 경우

(2) **예시 답안** 초국적 기업은 본사, 자회사, 연구소, 생산 공장 등을 서로 다른 국가나 지역에 배치하여 경영의 효율을 높이고 이윤을 극대화할 수 있다. 그러나 국가 간 원활한 외교가 이루어지지 않으면 해외에서의 기업 활동에 어려움을 겪을 수 있다. 또한 기업의 생산 공장이 해외로 이전할 경우 본국의 일자리가 줄어들어 실업률이 높아지는 등의 문제도 발생할 수 있다. 따라서 본국과 해외에 생산 공장 등을 균형 있게 배치해야 한다.

구분	채점 기준
상	초국적 기업의 공간적 분업의 의미를 정확히 쓰고, 그 영향에 대한 자신의 의견을 논리적으로 서술한 경우
하	초국적 기업의 공간적 분업의 의미를 썼으나 그 영향에 대한 자신의 의견을 미흡하게 서술한 경우

Ⅵ 오세아니아와 극지방

✦ 01 발전 가능성이 큰 오세아니아

STEP 2 개념 확인
113쪽

대표 자료 확인하기 ① 열대 기후 ② 건조 기후 ③ 온대 기후 ④ 농산물

한눈에 정리하기 ① 사막 ② 광물 ③ 아시아

1 ㉠ 남반구 ㉡ 오스트레일리아 2 ㉠ 그레이트디바이딩 ㉡ 대찬정 분지 3 (1) ㉡ (2) ㉠ 4 (1) 적다 (2) 작다 (3) 남동부 5 ㄱ, ㄴ, ㄹ 6 (1) ✕ (2) ✕ (3) ○

STEP 3 중단원 확인 문제
114~115쪽

| 01 ⑤ | 02 ③ | 03 ④ | 04 ④ | 05 ③ | 06 ① |
| 07 ④ | 08 ③ | 09 역내 포괄적 경제 동반자 협정(RCEP) |
| 10 ③ |

01 오세아니아는 캥거루, 코알라 등 독특한 야생 동물이 많아 생태 관광지로 주목받고 있다.
오답 확인 ① 태평양, 인도양, 남극해와 접해 있다. ② 대부분 남반구에 있다. ③ 면적이 가장 큰 국가는 오스트레일리아이다. ④ 오스트레일리아와 뉴질랜드를 비롯하여 태평양의 작은 섬나라들로 이루어져 있다.

02 오세아니아에는 오스트레일리아의 시드니, 멜버른, 캔버라, 뉴질랜드의 오클랜드, 웰링턴 등의 주요 도시가 있다. 오스트레일리아의 수도는 캔버라, 뉴질랜드의 수도는 웰링턴, 뉴질랜드에서 인구가 가장 많은 도시는 오클랜드이다.
오답 확인 나영. 시드니는 오스트레일리아의 도시로, 인구가 많고 경제, 문화, 교육 등이 발달하였다.

03 제시문은 대찬정 분지에 대한 설명이다. 대찬정 분지는 그레이트디바이딩산맥 서쪽 중앙부에 넓게 펼쳐져 있다.

04 지도의 A 지역은 뉴질랜드의 남섬이다. 남섬은 높은 산지와 빙하로 이루어져 있어 U자곡과 피오르 등 다양한 빙하 지형이 발달하였다.
오답 확인 ①은 건조 기후 지역, ②는 열대 기후 지역, ③과 ⑤는 북섬에 대한 설명이다.

05 오스트레일리아는 대체로 해안보다 내륙의 강수량이 적으며, 뉴질랜드는 바다의 영향을 받아 기온의 연교차가 작은 기후가 나타난다.
오답 확인 ㄱ. 오스트레일리아는 건조 기후가 넓게 나타난다. ㄹ. 뉴질랜드는 일 년 내내 비가 고르게 내리고 기온의 연교차가 작은 온대 기후가 나타난다.

06 지구는 자전축이 23.5° 기울어진 채 공전하므로 북반구와 남반구의 중위도 지역에서는 계절이 반대로 나타난다.

07 오스트레일리아는 에너지 자원과 광물 자원이 풍부하여 광업이 발달하였다. 오스트레일리아에서 생산된 철광석과 석탄은 제조업이 발달한 대한민국, 중국, 일본 등으로 많이 수출되고 있다.

08 그래프는 뉴질랜드의 주요 수출 품목을 나타낸 것이다. ③ 뉴질랜드는 석유, 석탄 등의 에너지 자원을 많이 수출하지 않는다.

09 2020년 역내 포괄적 경제 동반자 협정(RCEP)이 체결되어 오세아니아 국가들과 아시아 국가 간 경제 협력이 증진되고 상호 의존성은 더욱 커질 것이다.

10 뉴질랜드는 과거 영국과 교역을 많이 하였으나, 오늘날에는 지리적으로 가까운 아시아 지역의 국가들과 교역을 확대하며 무역 상대국을 다양화하고 있다.

서술형 문제

01 **예시 답안** 남반구에 있는 오스트레일리아는 북반구와 계절이 반대로 나타나 밀 수확 시기가 다르므로 수출에 유리하다.

구분	채점 기준
상	오스트레일리아의 밀 수출 특징을 이유를 제시어를 모두 사용하여 정확히 서술한 경우
하	오스트레일리아의 밀 수출 특징을 서술하였으나, 제시어를 모두 사용하지 않은 경우

✦ 02 ~ 03 태평양 지역의 환경 문제와 해결 방안 ~ 극지방의 지리적 중요성과 지역 개발

STEP 2 개념 확인
118쪽

대표 자료 확인하기 ① 해류 ② 영유권

한눈에 정리하기 ① 플라스틱 ② 항공 ③ 기후변화

1 (1) ✕ (2) ○ (3) ○ 2 미세 플라스틱 3 (1) 상승 (2) 좁아진다 4 (1) ㉡ (2) ㉠ 5 남극 조약 6 ㉠ 다산 과학 기지 ㉡ 세종 과학 기지

STEP 3 중단원 확인 문제
119~121쪽

01 ③	02 해양 쓰레기	03 ⑤	04 ⑤	05 ③
06 ①	07 ④	08 ⑥	09 ③	10 ⑤	11 ①
12 ⑤	13 ①	14 ①

01 A는 북극해, B는 인도양, C는 태평양, D는 대서양, E는 남극해이다. 제시문에서 설명하는 바다는 태평양이다.

02 해양 쓰레기는 육지에서 버려져 바다로 떠내려온 것부터 바다에서 어업 활동 중 버려진 것까지 종류가 다양하다. 특히 담배꽁초, 음식 포장지, 플라스틱병, 비닐봉지, 어업용 밧줄과 그물망의 비중이 높다.

03 사진은 플라스틱 쓰레기로 생명에 위협을 받는 해양 생물의 모습이다. 특히 미세 플라스틱은 조류나 해양 생물들이 먹이로 착각하여 먹이 사슬을 타고 결국 더 큰 동물에게까지 영향을 미친다.

04 인구 증가에 따른 자원 소비 및 화석 연료 사용 증가, 무분별한 벌목, 도시화 등으로 지구 온난화가 나타난다. 이에 따라 빙하가 녹고 해수면이 상승한다.

05 태평양의 섬나라들은 국토가 바닷물에 잠겨 국가가 사라질 위기에 놓여 있다. 지하수에 염분이 스며들어 섬에 식수가 부족해지고 농작물도 염해 피해를 입고 있다. 또한 바닷물이 육지로 넘쳐 시설물이 무너지고 있다.

　오답확인 ㄱ. 지하수의 염도가 높아진다. ㄹ. 투발루 주민들의 주요 생산 작물인 바나나를 재배할 수 있는 땅이 줄어든다.

06 기후변화와 지구 온난화는 해수 온도 변화를 일으켜 바닷속의 생태계에 영향을 미친다. 해수 온도 상승에 따른 산호 백화 현상이 대표적이다.

07 ㉠은 국제 연합(UN), ㉡은 파리 협정이다.

08 생활 속에서 에너지 절약, 대중교통 이용, 저탄소 제품 구매 등의 방법으로 환경 문제 해결에 동참할 수 있다. ⑥ 난방 온도를 2℃ 낮추고, 냉방 온도를 2℃ 높여 냉난방 적정 온도를 유지한다.

09 인간의 활동은 주변 환경뿐 아니라 멀리 떨어진 지역의 환경에도 영향을 미친다. 환경 문제는 해당 지역뿐만 아니라 전 세계가 함께 해결해야 한다.

10 북극은 북극점을 중심으로 북극해가 펼쳐져 있으며, 유럽, 아시아, 북아메리카, 그린란드에 둘러싸여 있다.

　오답확인 가영. 지구 온난화의 영향을 크게 받고 있다. 나영. 남극에 대한 설명이다.

11 A는 북동 항로, B는 기존 항로이다. 지구 온난화로 북동 항로의 개척 가능성이 커지고 있으며, 북동 항로가 개척되면 기존 항로보다 운항 거리를 크게 단축할 수 있다.

　오답확인 ② A는 북극해의 빙하가 녹으면서 생긴 항로이다. ③ A는 북극해를 통과해 아시아와 유럽을 연결하는 항로이다. ④ 부산에서 로테르담까지 A를 이용하면 B보다 운송 비용과 시간을 줄일 수 있다. ⑤ A는 북동 항로, B는 기존 항로이다.

12 남극은 수산 자원, 지하자원 등이 풍부하며, 다양한 연구가 이루어지고 있다. ⑤ 남극은 매우 고립되어 있고 추운 기후가 나타나 인간 거주 지역이 형성되지 않았다.

13 북극은 석유, 천연가스 등 에너지 자원이 매장량이 많으며, 오늘날 기후변화로 개발 가능성이 커지고 있다.

　오답확인 ㄷ. 남극 조약에 대한 내용이다. ㄹ. 북극해 주변의 국가들은 각국 해안 200해리 선까지 자원 개발의 권리를 인정받고 있고, 그 범위에 속하지 않는 북극해 공해를 더 많이 차지하고자 영유권 주장을 하고 있다.

14 북극해의 지리적 중요성이 커지면서 이곳의 개발을 둘러싸고 이해관계가 부딪히고 있다. ① 북극 개발에 찬성하는 주장으로 적절하지 않다.

서술형 문제

01 (1) 산호 백화 현상
(2) 　예시 답안 생활 속에서 에너지를 절약하고 대중교통을 이용한다. 저탄소 제품을 구매하여 탄소 배출을 줄인다.

구분	채점 기준
상	산호 백화 현상 등 기후변화에 따른 환경 문제를 해결하기 위한 생활 속 실천 방안을 두 가지 모두 서술한 경우
하	산호 백화 현상 등 기후변화에 따른 환경 문제를 해결하기 위한 생활 속 실천 방안을 한 가지만 서술한 경우

02 　예시 답안 각종 기반 시설과 편의 시설이 생겨 주민들의 삶의 질이 향상된다. 반면 주민들의 삶의 터전이 파괴되어 전통적인 생활 방식을 버리고 도시로 이주하는 주민들이 늘어난다.

구분	채점 기준
상	북극 개발에 따른 긍정적 변화와 부정적 변화를 모두 서술한 경우
하	북극 개발에 따른 긍정적 변화와 부정적 변화 중 한 가지만 서술한 경우

대단원 마무리 문제 　　124~127쪽

01 ④	02 ②	03 ①	04 ②	05 ①	06 ③
07 ⑤	08 ③	09 ⑤	10 ⑤	11 ③	12 ②
13 ④	14 ④	15 ⑤	16 해설 참고		

01 사진은 오스트레일리아 시드니의 랜드마크인 오페라 하우스이다.

　오답확인 ① 오스트레일리아의 대도시이다. ② 오스트레일리아 캔버라에 대한 설명이다. ③ 오스트레일리아의 남동부 해안에 있다.

02 울루루는 오스트레일리아 내륙(A), 대보초는 오스트레일리아 북동부 해안(B), 활화산과 간헐천은 뉴질랜드 북섬(D)에서 볼 수 있다.

03 A는 열대 기후, B는 건조 기후이다. 오스트레일리아 북부 지역에서는 열대 우림을, 내륙 지역에서는 건조한 사막을 볼 수 있다.

04 C는 온대 기후이다. 오스트레일리아의 남동부 해안은 온대 기후가 나타나며 인구 밀도가 높다.

　오답확인 ㄴ은 열대 (사바나) 기후, ㄹ은 건조 기후 지역에 대한 설명이다.

05 오스트레일리아는 광물·에너지 자원이 풍부하며, 철광석과 석탄은 산업이 발달하여 천연자원의 수요가 큰 우리나라, 중국, 일본 등으로 수출되고 있다. 또한 오스트레일리아는 기업적 농목업으로 밀, 소고기, 양털, 유제품 등을 생산한다. ① 오스트레일리아는 철광석, 석탄 등의 생산은 많지만, 세계적인 석유 수출국은 아니다.

06 온대 기후가 나타나는 뉴질랜드는 넓은 목초지에서 양이나 소를 방목하여 양털, 소고기 등을 수출하며, 키위, 체리 등의 과일도 많이 재배하여 수출한다.

> 오답 확인 ①은 아시아의 열대 기후 지역 또는 온대 기후 지역, ④는 건조 기후 지역, ⑤는 열대 기후 지역의 농업에 대한 설명이다.

07 ㉤ 오스트레일리아와 뉴질랜드는 아시아 주요 국가와 경제 협력을 강화하고자 동남아시아 국가 연합(ASEAN) 10개국, 우리나라, 중국, 일본과 역내 포괄적 경제 동반자 협정(RCEP)을 체결하였다.

08 ㉠에 들어갈 용어는 해양 쓰레기이다. 태평양 주변 지역에서 바다로 흘러들거나 배에서 버려지는 쓰레기가 해류를 따라 이동하다가 한곳에 모여 쓰레기 섬을 이루기도 한다.

09 인간이 사용하고 버린 플라스틱 쓰레기는 자연 분해가 거의 되지 않은 채로 바다를 떠돌면서 태평양 지역에 살고 있는 많은 해양 생물들을 위협한다. ⑤ 해양 생물이 먹은 미세 플라스틱은 먹이 사슬을 타고 더 큰 동물과 인간에게까지 영향을 미친다.

10 (가)는 해수면 상승에 따른 투발루의 국토 침수, (나)는 대보초의 백화 현상에 대한 설명이다. 지도의 A는 북극해, B는 히말라야산맥, C는 대보초, D는 투발루이다.

11 태평양 지역에서 여러 환경 문제가 나타나자 국제 사회는 온실가스 배출량을 단계적으로 줄이기 위한 파리 협정 등의 기후변화 협약을 맺었다.

> 오답 확인 ①, ②, ④, ⑤는 개인의 노력에 해당한다.

12 (가)는 북극, (나)는 남극이다. 북극은 유럽, 아시아, 북아메리카의 주요 도시를 짧은 거리로 연결하는 항공 교통의 요지이며, 남극은 평균 2,000m 두께의 빙하로 덮여 있는 대륙이다.

> 오답 확인 ㄴ. 북극은 기후변화로 바다 면적이 늘어나고 있다. ㄹ. 남극 조약에 따라 남극에는 군사 기지가 없다.

13 ④ 기후변화로 북극해의 생태계가 변화하고 북극곰, 바다코끼리 등의 개체수가 줄어들고 있다.

14 ④ 남극에서는 남극 조약에 따라 군사적인 조치를 금지하고, 평화적인 목적의 과학 연구를 허용하고 있다.

15 과거 많은 국가가 남극 대륙의 영유권을 주장하기도 하였지만, 현재는 남극 조약을 맺고 자원 탐사와 군사 활동을 금지하는 등 남극 대륙을 평화적으로 이용하고 있다.

16 (1) 북극해
(2) 예시 답안 북극해에는 석유, 천연가스 등의 에너지 자원과 각종 수산 자원이 풍부하다. 북극해에는 북극곰, 바다코끼리

등 다양한 해양 생물이 살고 있다.

구분	채점 기준
상	북극해의 경제적·환경적 가치를 두 가지 모두 서술한 경우
하	북극해의 경제적·환경적 가치 중 한 가지만 서술한 경우

(3) 예시 답안 극지방 개발에 찬성한다. 북극은 아직 개발되지 않은 석유와 천연가스 등이 풍부하게 매장되어 있다. 적절한 기술과 환경 보호 조치를 동반하면 인류에게 큰 경제적 이익을 가져다줄 것이다. / 극지방 개발에 반대한다. 북극을 개발할수록 빙하가 더 많이 녹을 것이고, 이는 지구 온난화에 따른 문제를 가속화할 수 있다. 또한 유전과 광물 자원 개발로 환경 오염이 심해지고, 동식물 생태계가 파괴될 수 있다.

구분	채점 기준
상	극지방 개발에 대한 입장을 밝히고, 그 까닭을 논리적으로 서술한 경우
하	극지방 개발에 대한 입장만 밝힌 경우

중간고사 1회

01 ⑤	02 ②	03 ⑤	04 ②	05 ④	06 ⑤
07 ②	08 ④	09 ②	10 ⑤	11 ④	12 ③
13 ③	14 ①	15 ⑤	16 ⑤	17 ②	18 ②
19 ②	20 ③	21 ④	22 ③	23 ④	24 ⑤
25 ①	26 ②	27 ②	28 공간적 상호 작용		
29 해설 참고	30 해설 참고	31 해설 참고			
32 해설 참고					

01 교통과 통신이 발달한 오늘날에는 위치에 따라 다른 국가와의 무역, 국제 관계, 문화 교류 등이 달라질 수 있으므로 특정 지역이 어디에 위치하고 있는지가 더욱 중요해지고 있다.

02 몹시 춥거나 건조한 지역, 높은 산지 지역에 거주하는 사람들은 적지만, 이곳 주민들은 열악한 자연환경에 적응한 생활 양식과 문화를 만들며 살아간다.

03 냉대 기후와 한대 기후가 나타나는 북극해 근처 지역은 농사짓기에 불리하다. 따라서 이 지역에서는 멀리 사냥을 나갔을 때 잠시 머물기 위해 주변에서 구할 수 있는 눈과 얼음으로 집을 짓는다. 건조 기후가 나타나는 몽골에서는 유목 생활에 적합하도록 조립과 해체가 쉬운 이동식 가옥이 발달하였다.

오답 확인 ㄱ. 고산 기후가 나타나 고산 도시가 발달한 곳은 주로 안데스 산지의 국가들이다. 일본에서는 온대 기후가 나타난다.

04 페루의 쿠스코는 적도 부근에 있지만 해발 고도가 높아 일 년 내내 기후가 온화하여 일찍부터 고산 도시가 발달하였다.

05 싱가포르는 열대 기후가 나타나 일 년 내내 덥고 습하다. 이 지역에서는 음식이 상하는 것을 막고자 기름에 튀기거나 향신료를 많이 사용한다.

06 교통과 통신의 발달로 공간적 상호 작용이 증가하고 있다. 특히 통신 기술의 발달로 시공간 제약 없이 정보를 주고받을 수 있게 되었다.

07 제시된 글은 초국적 기업에서 이루어지는 세계적 규모의 공간적 상호 작용에 대한 내용이다. 초국적 기업에서는 전 세계에 걸쳐 생산·유통·판매 활동이 활발하게 이루어진다.

08 세계적 규모의 공간적 상호 작용이 활발히 이루어지는 것과 동시에 국가적·지역적 규모의 상호 작용도 활발하게 이루어지고 있다. 이웃한 지역으로 이동하는 것은 국가적·지역적 규모의 공간적 상호 작용에 해당한다.

09 세계화로 상품이 국가 간에 자유롭게 이동할 수 있게 되었다. 다른 나라에서 생산된 물건을 더욱 쉽게 구매할 수 있다.

10 (가)는 지리적 표시제 상품인 서산 팔봉산 감자, (나)는 지역 브랜드 중 하나인 뉴욕의 'I♥NY'를 활용한 기념품이다. 이는 세계 무대에서 지역의 경쟁력을 높이고자 하는 지역화 전략에 해당한다.

11 지리적 표시제는 특정 지역의 지리적 요인과 관련 있는 상품에 생산지의 이름을 상표로 사용하는 제도이다. 지역 브랜드는 지역의 상품이나 서비스, 축제 등을 특별한 상표로 인식하게 만드는 전략이다.

오답 확인 ㄹ. (가), (나)와 같은 상품은 지역 고유의 특성을 활용하여 지역을 홍보하는 것이다. 이러한 상품이 증가하면 다른 지역과 차별화된 지역 고유의 특성을 강화할 수 있다.

12 아시아는 동쪽으로 태평양, 남쪽으로 인도양과 접하며 서쪽의 우랄산맥과 캅카스산맥을 경계로 유럽과 구분된다.

13 A는 아시아이다. 아시아는 세계에서 가장 큰 대륙이며 인구도 가장 많다. 주요 국가로는 대한민국, 중국, 일본 등이 있다.

오답 확인 ㄹ. 알프스산맥, 스칸디나비아산맥은 유럽에 있는 산맥이며, 아시아에는 히말라야산맥 등이 있다.

14 제시된 기후 그래프는 리야드의 기후 그래프이다. 연 강수량이 매우 적은 것으로 보아 건조 기후가 나타나는 것을 알 수 있다.

오답 확인 ② 온대 기후에 대한 설명이다. ③ 냉대·한대 기후에 대한 설명이다. ④ 열대 기후에 대한 설명이다. ⑤ 고산 기후에 대한 설명이다.

15 (가)는 파키스탄, (나)는 일본의 인구 피라미드이다. ⑤ 일본은 출생률이 낮아 유소년층의 비율이 낮고, 노년층의 비율이 높은 인구 구조가 나타난다. 이와 같은 인구 구조가 유지된다면 일본의 인구는 점차 감소할 것이다.

16 베트남, 중국, 인도 등의 국가는 풍부한 노동력을 바탕으로 노동 집약적 제조업이 발달하였다. 오늘날 아시아의 여러 국가에서는 산업 구조의 고도화가 나타난다.

오답 확인 ㄱ. 사우디아라비아는 건조 기후가 나타나 벼농사에 적합하지 않다. 사우디아라비아는 세계적인 석유 수출국이다. ㄴ. 일본은 부품·소재 산업, 로봇 산업 등 첨단 산업 분야에서 경쟁력을 유지하고자 연구 개발에 투자하고 있다. 노동 집약적 제조업의 비중이 커지는 국가는 베트남, 인도네시아 등이다.

17 지도에 표시된 국가들은 중국, 인도, 베트남, 인도네시아이다. 이 지역은 인구가 많고, 풍부한 노동력을 바탕으로 공업이 성장하였다. 오늘날에는 산업 구조의 고도화와 다각화가 나타나고 있다.

18 유럽은 유라시아 대륙의 서부에 있으며, 남쪽으로 지중해, 서쪽으로 대서양과 접해 있다.

오답 확인 ㄴ. 유럽은 중위도에 있어 온대 기후가 넓게 분포한다. ㄹ. 유럽은 일찍부터 산업화와 도시화가 진행되어 대도시가 많다.

19 남부 유럽은 지중해에 접하여 관광 산업이 발달하였으며, 주요 국가로는 이탈리아, 그리스 등이 있다. 서부 유럽은 산업과 경제가 발달하였으며, 주요 국가로는 영국, 프랑스 등이 있다.

오답 확인 ㄴ. 북부 유럽에는 사회 복지 제도가 잘 갖추어진 노르웨이, 핀란드 등의 국가가 있다. ㄹ. 동부 유럽에는 국토 면적이 넓은 러시아, 유럽의 새로운 시장으로 떠오르는 폴란드 등의 국가가 있다.

20 제시된 사진은 알프스산맥의 산봉우리인 마터호른이다. 마터호른은 스위스와 이탈리아의 국경을 이룬다.

21 유명한 예술가들이 활동한 고전 음악의 성지이며, 다양한 음악과 춤 축제가 열리는 예술의 도시는 오스트리아의 빈이다.

22 2024년 기준 유럽 연합 회원국은 총 27개국이며, 유럽 연합은 회원국 간 관세를 없애 상품, 자본, 노동력, 서비스 등의 자유로운 이동을 추구한다. 회원국 대부분은 유로라는 단일 화폐를 사용한다. ③ 우크라이나, 몰도바, 튀르키예 등 여러 국가들이 유럽 연합에 가입하기 위한 절차를 밟고 있다.

23 독일, 프랑스, 이탈리아, 오스트리아와 같이 대부분의 유럽 연합 회원국은 유로화를 사용한다. ④ 튀르키예는 자국의 화폐인 '리라'를 사용한다.

24 A는 영국, B는 프랑스이다. 영국이 유럽 연합에서 탈퇴하면서 영국과 프랑스의 국경을 넘을 때는 비자와 여권이 필요하고, 무역에서는 관세가 적용된다.

　　[오답 확인] ㄱ. 영국은 2020년 1월 유럽 연합에서 탈퇴하였다. ㄴ. 영국은 파운드, 프랑스는 유로를 사용한다.

25 제시된 글에서 설명하는 지역은 영국의 스코틀랜드이다. 지도의 A는 영국의 스코틀랜드, B는 영국의 북아일랜드, C는 벨기에의 플랑드르, D는 에스파냐의 카탈루냐, E는 이탈리아의 파다니아이다. 영국은 네 지역으로 구성되어 있는데, 이 중 스코틀랜드는 잉글랜드와 민족과 언어, 문화가 달라 갈등을 겪어 왔다.

26 ㉠에 들어갈 지역은 카탈루냐이다. 카탈루냐 지역은 부유한 지역으로 세금은 많이 내지만 정부의 혜택은 적다는 까닭으로 에스파냐로부터 독립을 희망하고 있다.

27 ㉠에 들어갈 국가는 영국이다. 2020년 1월에 유럽 연합을 처음으로 탈퇴한 국가는 영국이다.

28 지역 간 사람, 물자, 상품과 서비스, 정보 등의 이동과 소통이 이루어지는 것을 공간적 상호 작용이라고 한다.

29 [예시 답안] ㉠은 세계화이다. 세계화는 정치, 경제, 사회, 문화 등의 인간 활동이 해당 지역이나 국가의 경계를 넘어 전 세계로 확대되는 현상이다.

구분	채점 기준
상	세계화라고 쓰고, 세계화의 의미를 서술한 경우
하	세계화라고만 쓴 경우

30 (1) ㉠ 이슬람교, ㉡ 카슈미르

　　(2) [예시 답안] 이슬람교를 믿는 사람들은 하루에 다섯 번 기도를 드리고, 평생에 한 번 이상 사우디아라비아의 메카에서 성지 순례를 한다.

구분	채점 기준
상	이슬람교와 관련 있는 생활 모습을 두 가지 서술한 경우
하	이슬람교와 관련 있는 생활 모습을 한 가지만 서술한 경우

31 [예시 답안] 지중해성 기후(A)는 여름이 덥고 건조하며, 겨울이 온화하고 비가 많이 내린다.

구분	채점 기준
상	여름은 덥고 건조하며 겨울은 온화하고 비가 많이 내린다고 서술한 경우
하	여름과 겨울 중 한 계절의 기후 특징만 서술한 경우

32 [예시 답안] 밑줄 친 조약의 명칭은 셍겐 조약이다. 셍겐 조약에 가입한 국가의 주민들은 가입국 간 국경을 지날 때 비자나 여권 없이 자유롭게 이동할 수 있다.

구분	채점 기준
상	셍겐 조약이라고 쓰고, 회원국 간 국경을 지날 때 비자나 여권 없이 자유롭게 이동할 수 있다고 서술한 경우
하	셍겐 조약이라고만 쓴 경우

01 ①	**02** ⑤	**03** ③	**04** ②	**05** ⑤	**06** ⑤
07 ①	**08** ①	**09** ③	**10** ②	**11** ⑤	**12** ②
13 ④	**14** ③	**15** ④	**16** ③	**17** ④	**18** ①
19 ②	**20** ①	**21** ⑤	**22** ⑤	**23** ②	**24** ②
25 ②	**26** ②	**27** 해설 참고		**28** 해설 참고	
29 해설 참고		**30** 유럽 연합(EU)		**31** 해설 참고	

01 위치란 일정한 곳에 차지하고 있는 자리를 말한다. 위치는 절대적 위치와 상대적 위치로 구분할 수 있다. 절대적 위치는 지구상의 위도와 경도 등으로 표현하는 위치로 거의 바뀌지 않는다.

`오답 확인` 상대적 위치를 알면 주변 국가와의 관계를 알 수 있다. 특정 지역의 위치를 알면 그 지역에서 살아가는 사람들의 생활양식을 이해할 수 있다.

02 아랍에미리트는 건조 기후의 영향으로 사막이 발달하였다. 이지역의 사람들은 햇빛과 모래바람으로부터 피부를 보호하고자 온몸을 감싸는 형태의 긴 옷을 입는다.

03 중국 북동부의 하얼빈은 겨울철이 매우 추운 곳으로, 겨울이 되면 이곳을 흐르는 강이 얼어붙는다. 하얼빈에서는 강의 얼음을 잘라 만든 구조물을 전시하는 빙설제가 열린다.

04 A는 아랍에미리트의 사막 지역, B는 몽골의 초원 지역, C는 일본 남동부 지역, D는 북극해 주변, E는 미국 중부 지역이다. 초원이 넓게 펼쳐져 있으며 유목에 적합한 이동식 가옥이 발달한 지역은 몽골이다.

05 제시된 현상은 공간적 상호 작용의 사례이다. ⑤ 전 세계에 걸쳐 생산·유통·판매 활동을 하는 초국적 기업에서 공간적 상호 작용이 활발하게 나타난다.

06 제시된 현상은 세계화에 관한 것이다. 세계 무역 기구의 출범과 초국적 기업의 등장으로 경제의 세계화가 이루어졌고, 교통과 통신 기술의 발달로 세계화는 더욱 빠르게 진행되고 있다.

07 지역적인 것이 세계적으로 차원에서 독자적인 가치를 지니게 되는 현상을 지역화라고 한다. 지역화는 지역의 특성을 살리는 것이다. 지역 고유의 특성이 사라질 수 있는 것은 세계화의 영향이다.

08 아시아에는 실크로드의 중심지였던 우즈베키스탄의 사마르칸트, 사막 위에 세워진 도시인 카타르의 도하 등의 도시가 있다.

`오답 확인` ㄷ, ㄹ. 빈(오스트리아)과 로테르담(네덜란드)은 유럽의 도시이다.

09 ㉠은 히말라야산맥, ㉡은 메콩강이다. 우랄산맥은 아시아와 유럽의 경계가 되는 산맥이며, 황허강은 중국에 있고, 갠지스강은 인도에 있다.

10 A는 불교, B는 힌두교, C는 이슬람교, D는 크리스트교이다. ② 힌두교에서는 소를 신성하게 여겨 소고기를 먹지 않는다. 돼지고기를 먹지 않는 종교는 이슬람교이다.

11 제시된 글에서 설명하는 종교는 크리스트교이다.

12 아시아에서 인구가 가장 많고 벼농사를 지으며 노동 집약적 공업이 발달한 국가는 인도이다.

13 오늘날에는 인도, 중국을 중심으로 인도네시아, 파키스탄 등에 많은 사람이 살고 있다.

`오답 확인` ① 오늘날 경제 발전과 산아 제한 정책 등을 시행하면서 출생률이 감소하여 인구 증가율은 점차 낮아지고 있다. ② 1950년대부터 사망률이 낮아지면서 인구가 빠르게 증가하였다. ③ 대한민국, 일본 등 경제 수준이 높은 국가는 출생률이 낮아지고 있다. ⑤ 중국, 동남아시아 국가에서 경제 수준이 높은 국가로 이주하는 노동자가 많다.

14 사회 기반 시설이 뒷받침되지 않은 채 무분별하게 인구가 증가하는 지역에서는 지역 내 식량 문제, 일자리 문제, 주택 문제 등이 발생할 수 있다.

`오답 확인` ① 급격한 인구 증가로 식량이 부족해져 식량 수입량이 증가할 수 있다. ②, ⑤ 출생률이 낮은 지역에서 발생할 수 있는 문제이다. ④ 일자리를 찾아 외국으로 이민하는 비율이 높아질 수 있다.

15 서남아시아는 석유와 천연가스 매장량과 생산량이 많다. 오늘날에는 석유와 천연가스 수출로 축적한 자본을 관광·문화·물류 산업에 투자하면서 산업 구조를 다각화하고 있다.

`오답 확인` ㄱ. 서남아시아는 건조 기후가 나타나 벼농사와 플랜테이션에 적합하지 않다. ㄷ. 가공 무역으로 자동차, 철강 등을 수출하는 지역은 동아시아 지역이다.

16 세계의 공장이라고 불리며, 오늘날에는 첨단 산업을 육성하고 있는 국가는 중국이다.

17 지도에 표시된 A 지역은 유럽이다. 유럽은 산업화와 도시화가 일찍부터 진행되어 런던, 파리와 같은 대도시가 많다.

`오답 확인` ① 유럽은 유라시아 대륙의 서부에 있다. ② 유럽은 우랄 산맥을 경계로 아시아와 구분된다. ③ 히말라야산맥과 바이칼 호수는 아시아에 있다. 유럽에는 알프스산맥, 스칸디나비아산맥 등이 있다. ⑤ 유럽은 국가마다 사용하는 언어 차이가 크다.

18 서부 유럽에는 영국, 프랑스, 독일, 스위스, 네덜란드 등의 국가가 있다.

`오답 확인` ㄷ. 노르웨이는 북부 유럽에 속한다. ㄹ. 이탈리아는 남부 유럽에 속한다.

19 알프스산맥은 스위스와 이탈리아의 경계에 있으며, 알프스산맥의 해발 고도 높은 곳에서는 빙하 지형을 볼 수 있다.

`오답 확인` ㄴ. 아시아와 경계가 되는 산맥은 우랄산맥과 캅카스산맥이다. ㄹ. 알프스산맥은 스칸디나비아산맥보다 형성 시기가 오래되지 않아 해발 고도가 높고 험준하다.

20 ① 빈은 오스트리아의 도시이다.

21 A는 영국 런던, B는 네덜란드 로테르담, C는 벨기에 브뤼셀, D는 스위스 제네바, E는 이탈리아 베네치아이다. 수상 도시이며, 곤돌라를 타고 도시를 둘러볼 수 있는 도시는 이탈리아의 베네치아이다.

22 A는 영국 런던이다. 런던은 18세기 산업 혁명이 시작된 곳이며, 오늘날에는 세계 금융의 중심지 역할을 한다.

오답확인 ① 오스트리아 빈에 대한 설명이다. ② 그리스 아테네에 대한 설명이다. ③ 스위스 제네바에 대한 설명이다. ④ 네덜란드 로테르담에 대한 설명이다.

23 코펜하겐과 같이 탄소중립을 실천하는 도시를 지속가능한 도시라고 한다.

오답확인 ㄴ. 지속가능한 도시는 탄소 배출량을 줄이고자 노력한다. ㄹ. 지속가능한 도시는 화석 에너지보다 재생 에너지를 활용한 전력 생산 비율을 확대하고자 노력한다.

24 유럽 연합에 가입한 국가들은 대부분 유로를 사용하고 있다.

오답확인 ① 튀르키예는 유럽 연합에 가입하고자 노력하고 있다. ③ 2024년 기준 총 회원국 수는 27개국이다. ④ 유럽 연합을 탈퇴한 국가는 영국이며, 우크라이나는 유럽 연합 가입을 희망하고 있다. ⑤ 독일, 프랑스는 유럽 연합의 초기 회원국이다.

25 튀르키예가 유럽 연합에 가입하고자 하는 까닭은 유럽 연합에 가입하면 유럽 국가들과 무역이 증가하여 경제적 이익이 커지고, 유럽 연합 회원국으로서 국제 사회에서 영향력이 커질 수 있기 때문이다. 하지만 유럽의 많은 사람들이 크리스트교를 믿는 것과 달리 튀르키예 사람들은 대부분 이슬람교를 믿는다.

26 벨기에와 같이 한 국가 내에서 지역마다 사용하는 언어가 다른 경우에는 문화적 차이로 갈등이 발생할 수 있다.

27 예시답안 ㉠에 들어갈 용어는 공간적 상호 작용이다. 공간적 상호 작용의 사례로는 항공기를 타고 세계 곳곳을 여행하는 것, 지구 반대편에서 하는 스포츠 경기를 실시간으로 보는 것, 전국 곳곳에서 열리는 지역 축제에 방문하여 지역 특산물을 사는 것 등이 있다.

구분	채점 기준
상	공간적 상호 작용이라고 쓰고, 그 사례를 한 가지 서술한 경우
하	공간적 상호 작용이라고만 쓴 경우

28 (1) 예시답안 (가)는 출생률이 높아 유소년층 인구 비율이 높고, 노년층 인구 비율이 낮은 인구 구조가 나타난다. (나)는 출생률이 낮아 유소년층 인구 비율이 낮고 노년층 인구 비율이 높은 인구 구조가 나타난다.

구분	채점 기준
상	제시어를 모두 사용하여 (가), (나) 지역의 인구 구조를 비교 서술한 경우
하	(가), (나) 중 한 지역의 인구 구조만 서술한 경우

(2) 예시답안 저출산·고령화 현상으로 인구가 감소하여 경제 성장이 어려워지고 노년층을 부양하는 비용이 커질 수 있다.

구분	채점 기준
상	저출산·고령화 현상으로 인구가 감소하여 경제 성장이 어려워지고 노년층을 부양하기 위한 비용이 커진다고 서술한 경우
하	저출산·고령화 현상이 나타난다고 서술한 경우

29 예시답안 A 국가들은 인구가 많아 풍부한 노동력을 바탕으로 노동 집약적 제조업이 발달하였다.

구분	채점 기준
상	풍부한 노동력을 바탕으로 노동 집약적 제조업이 발달하였다고 서술한 경우
하	인구가 많다고만 서술한 경우

30 ㉠에 들어갈 용어는 유럽 연합(EU)이다. 유럽 연합은 유럽의 정치적·경제적 통합을 실현하기 위한 유럽 국가들의 연합 기구로, 1993년에 출범하였다.

31 예시답안 제시문에서 설명하는 도시는 지속가능한 도시이다. 지속가능한 도시는 자연환경을 보호하고 경제적·사회적·문화적 측면에서 균형적인 발전을 추구하는 도시이다.

구분	채점 기준
상	지속가능한 도시라고 쓰고 그 의미를 서술한 경우
하	지속가능한 도시라고만 쓴 경우

01 ④	02 ①	03 ④	04 ④	05 ①	06 ④
07 ④	08 ②	09 ①	10 ②	11 ④	12 ③
13 ⑤	14 ⑤	15 ⑤	16 ⑤	17 ②	18 ③
19 ④	20 ⑤	21 ④	22 ⑤	23 ③	
24 해설 참고		25 해설 참고		26 아프리카 연합(AU)	
27 해설 참고		28 해설 참고			

01 아프리카는 북동쪽으로 아시아가 있고, 동쪽으로 인도양과 접해 있다. 북쪽으로 지중해를 두고 유럽을 마주하고 있다.

오답 확인 ㄹ. 사하라 사막을 기준으로 북부 아프리카와 중·남부 아프리카로 구분한다.

02 (가)는 나이지리아의 라고스, (나)는 이집트의 카이로에 대한 설명이다.

03 아프리카의 기후는 적도를 중심으로 대칭적인 기후가 나타나며, 주로 북부 아프리카에는 건조 기후, 남아프리카 공화국 일대에는 온대 기후가 나타난다. 열대 기후 지역에서 열대 우림 주변으로 초원이 넓게 넓게 나타난다. ④ 콩고 분지와 기니만 연안에는 열대 기후가 나타난다.

04 제시된 글은 킬리만자로산에 대한 설명이다. 지도의 A는 사하라 사막, B는 나일강, C는 빅토리아호, D는 킬리만자로산, E는 빅토리아 폭포이다.

05 젠네 모스크는 건조 기후 지역에서 얻기 쉬운 재료인 진흙을 이용해 만든 건축물이다. 모스크라는 이름에서 알 수 있듯이 이슬람교 사원이다.

06 아프리카 조각상, 가면 등은 각 지역 환경에 영향을 받아 부족 사회마다 다양한 모습으로 발달하였다. 이는 유럽으로 전파되어 서양 미술에 많은 영향을 주었다.

07 세계은행, 우리나라와 같이 세계의 다양한 주체들은 아프리카의 기후변화 대응, 빈곤 퇴치 등 지속가능한 발전을 위해 노력하고 있다.

08 (가)는 미국의 로스앤젤레스, (나)는 브라질의 리우데자네이루에 대한 설명이다. 지도의 A는 로스앤젤레스, B는 뉴욕, C는 리우데자네이루이다.

09 지도의 A는 로키산맥, B는 대평원, C는 오대호이다.

오답 확인 B. 북아메리카의 중부에 있는 대평원에는 초원이 펼쳐져 있다. C. 캐나다와 미국 북부에 걸쳐 있는 오대호는 과거 빙하에 덮여 있었던 곳에 생긴 빙하호이다.

10 A는 에콰도르의 키토로 고산 기후가 나타나고, B는 페루의 이키토스로 열대 기후가 나타난다.

오답 확인 ① A 지역은 연중 봄과 같은 열대 고산 기후가 나타난다. ③ B 지역은 증발량보다 강수량이 많다. ④ B 지역은 해발 고도가 낮고 열대 기후가 나타난다. ⑤ A, B 지역 모두 기온의 연교차가 작다.

11 미국 내 민족(인종)은 유럽계, 히스패닉, 아프리카계, 아시아계 순으로 많다. (가)는 유럽계 민족이다.

오답 확인 ㄱ. 히스패닉에 대한 설명이다. ㄷ. 아메리카 원주민에 대한 설명이다.

12 에스파냐의 식민 지배를 받은 멕시코는 유럽의 가톨릭교를 받아들이면서 멕시코인의 피부색과 비슷한 성모상을 만들었다.

13 초국적 기업의 본사와 해외 자회사는 전문화된 자산과 기능을 각자 보유하고 있어 상호 의존적이며 수평적으로 연결되어 있다.

14 초국적 기업은 경영의 효율을 높이고 이윤을 극대화하고자 공간적 분업을 하고 있다. 제시문은 생산 비용 절감, 시장 확보 등을 위해 브라질에 생산 공장을 유치한 미국의 자동차 초국적 기업의 사례이다.

15 초국적 기업은 생산 비용을 줄이거나 판매 시장을 넓히고자, 또는 세금 혜택이나 정부 지원 등 기업 활동에 유리한 조건을 찾아 생산 공장의 위치를 옮긴다.

16 A는 그레이트샌디 사막, B는 대찬정 분지, C는 그레이트디바이딩산맥, D는 대보초, E는 남알프스산맥이다. 뉴질랜드 남섬에 있는 남알프스산맥은 높고 험준한 산맥으로, 빙하 지형이 발달해 있다.

17 A는 열대 기후, B는 건조 기후, C는 온대 기후이다.

오답 확인 ㄴ. 계절의 변화가 뚜렷한 기후는 C(온대 기후)이다. ㄹ. A>C>B 순으로 강수량이 많다.

18 C는 온대 기후 지역으로, 사계절이 비교적 뚜렷한 편이다. ③은 오스트레일리아 남동부 해안에 있는 도시인 멜버른의 경관이다.

오답 확인 ①은 열대 기후 지역에서 볼 수 있는 열대 우림, ②는 건조 기후 지역에서 볼 수 있는 사막, ④는 한대 기후 지역에서 볼 수 있는 빙하 지형, ⑤는 볼리비아에 있는 우유니 소금 사막이다.

19 오스트레일리아는 에너지 자원과 광물 자원이 풍부하여 아시아 국가들과 많은 무역을 하고 있다. 또한 밀, 소고기, 양털, 유제품 등을 주로 생산하는 세계적인 농목업 국가이다. ④ 농산물의 3분의 2가량을 세계 시장에 수출한다.

20 뉴질랜드는 양털, 소고기, 과일, 유제품 등을 주로 수출하며, 농산물 수출이 전체 수출에서 높은 비중을 차지한다. ⑤ 뉴질랜드는 제조업이 발달한 대한민국, 중국, 일본 등에서 자동차를 비롯한 각종 공산품을 수입하고 있다.

21 투발루 외교 장관은 지구 온난화에 따른 해수면 상승의 심각성을 전하고자 바닷물 속에서 연설을 하였다.

오답 확인 ㄱ. 극지방의 빙하가 녹아 태평양 작은 섬나라들이 침수 피해를 입고 있다. ㄷ. 기후 난민이 발생하여 국외로 유출되고 있다.

22 북극은 해빙과 바다로 이루어져 있으며, 남극은 거대한 빙하가 덮여 있는 대륙이다. 북극은 교통의 중심지이자 다양한 자원의 보고로 주목받고 있다.

오답 확인 ㄱ. 아마존 열대 우림에 대한 설명이다. ㄴ. 남극에 대한 설명이다.

23 북극과 남극의 정치적·경제적 중요성이 커지고 기후변화의 영향으로 이 지역의 개발이 이전보다 활발하게 진행되고 있다. ③ 북극에 대한 설명이다.

24 예시 답안 A 지역에서는 열대 기후가 나타난다. 일 년 내내 기온이 높고 비가 많이 내리는 지역에서는 열대 작물을 대규모로 재배하는 플랜테이션 농업이 발달하였다. 건기와 우기가 뚜렷하여 키가 큰 풀로 이루어진 넓은 초원에서는 다양한 야생 동물을 관람하는 사파리 체험과 같은 관광 산업이 발달하였다.

구분	채점 기준
상	열대 기후의 특징을 바탕으로 열대 기후 지역에 발달한 산업을 두 가지 모두 서술한 경우
하	열대 기후의 특징을 바탕으로 열대 기후 지역에 발달한 산업을 한 가지만 서술한 경우

25 예시 답안 아프리카에 젊은 인구가 많다는 것은 노동력이 풍부하고 소비 시장이 커서 성장 잠재력이 높다는 것을 의미한다.

구분	채점 기준
상	풍부한 노동력과 규모가 큰 소비 시장으로서의 잠재력을 정확하게 서술한 경우
하	노동력과 소비 시장의 측면 중 한 가지만 정확하게 서술한 경우

26 제시된 내용은 아프리카 연합(AU)에 대한 설명이다. 아프리카 연합은 아프리카 지역의 지속가능한 발전을 위해 노력하고 있다.

27 (1) 오대호
(2) 예시 답안 산업 기반이 약해져 실업률이 증가하고 인구가 감소하여 지역 경제가 침체된다.

구분	채점 기준
상	생산 공장이 해외로 이전하며 나타난 지역 변화를 구체적으로 서술한 경우
하	지역 경제가 침체된다고만 서술한 경우

28 (1) 먹이 사슬
(2) 예시 답안 고래, 바다거북, 조류 등이 성장과 번식에 피해를 입는다. 어패류 및 어류를 거쳐 사람의 체내로 들어온다.

구분	채점 기준
상	미세 플라스틱의 영향을 두 가지 모두 서술한 경우
하	미세 플라스틱의 영향을 한 가지만 서술한 경우

기말고사 2회
32~37쪽

01 ②	02 ②	03 ④	04 ③	05 ①	06 ①
07 ①	08 ⑤	09 ③	10 ④	11 ④	12 ②
13 ③	14 ⑤	15 ①	16 ①	17 ⑤	18 ④
19 ②	20 ②	21 ②	22 ①	23 ⑤	
24 해설 참고		25 해설 참고		26 초국적 기업	
27 해설 참고		28 해설 참고			

01 ㉠에 들어갈 국가는 케냐, ㉡에 들어갈 국가는 탄자니아이다.

02 아프리카는 사하라 사막을 기준으로 북부 아프리카와 중·남부 아프리카로 나눌 수 있다. ② 이집트는 북부 아프리카에 해당한다.

03 ④ 나일강 하구에 있으며, 고대 이집트 문명의 유적이 남아 있는 도시는 이집트의 카이로이다.

04 A는 사하라 사막, B는 나일강, C는 빅토리아 호수, D는 킬리만자로산, E는 빅토리아 폭포이다. ③ 아프리카에서 가장 큰 호수인 빅토리아호는 케냐, 우간다, 탄자니아에 걸쳐 있다.

05 북부 아프리카에서는 이슬람교가 주민들의 일상생활에 많은 영향을 주고 있다. 아프리카의 음악은 아메리카 대륙으로 전파되어 힙합, 재즈 등에 영향을 주었다.

오답 확인 다영. 벽이 두껍고 창문이 작은 건물은 건조 기후 지역에서 볼 수 있다. 적도 주변의 열대 기후 지역에서는 덥고 습한 기후에 적합한 개방적인 가옥을 짓는다. 라영. 아프리카 전통 의상은 화려한 색과 기하학적 무늬를 많이 사용하였고, 이것이 현대 패션에 많은 영향을 주었다.

06 아프리카에는 다양한 광물 자원이 많이 매장되어 있으며, 특히 중·남부 아프리카 지역에 금, 구리, 코발트, 다이아몬드와 같은 광물 자원이 많이 매장되어 있다.

07 인구가 많은 에티오피아는 풍부한 노동력과 규모가 큰 소비 시장의 잠재력을 바탕으로 경제가 성장하고 있다.

오답 확인 ㄷ, ㄹ은 에티오피아의 경제 성장과 직접적인 관련이 없다.

08 ⑤ 공정 무역은 개발 도상국 생산자에게 더 나은 거래 조건을 제공하는 무역 방식이다. 따라서 아프리카 지역의 주민보다 우리가 공정 무역 제품을 이용해야 한다.

09 A는 리오그란데강, B는 파나마 지협이다. 아메리카는 지리적으로 파나마 지협을 경계로 북아메리카와 남아메리카로 구분하며, 문화적으로 리오그란데강을 기준으로 앵글로아메리카와 라틴 아메리카로 구분한다.

10 ④ 남아메리카 대륙 동부에는 오래되고 안정화된 고원이 넓게 펼쳐져 있다.

11 북아메리카의 서쪽에는 로키산맥이 있고, 동쪽에는 애팔래치아산맥이 있다. 두 산맥 사이에 대평원이 펼쳐져 있고, 남쪽으로 미시시피강이 흐른다. ④ 아마존 분지는 남아메리카에 있다.

12 지도에 표시된 지역은 온대 기후 지역이다. 북아메리카의 온대 기후 지역은 기후가 온화하여 뉴욕, 로스앤젤레스 등 대도시가 발달하였다.

오답 확인 ①은 냉대 기후 지역, ③은 열대 기후 지역, ④와 ⑤는 건조 기후 지역에 대한 설명이다.

13 (가)는 원주민, (나)는 유럽계에 대한 설명이다. 라틴 아메리카는 역사적 배경에 따라 혼혈 인구가 많으며, 민족(인종) 분포가 지역별로 다르게 나타난다.

14 오늘날 히스패닉이 미국으로 유입하여 독자적인 문화를 형성하고 있다.

오답 확인 ㄱ. 남부 유럽의 영향을 받은 히스패닉은 주로 가톨릭교를 믿는다. ㄴ. 이슬람교를 믿는 사람들이 돼지고기를 먹지 않는다.

15 제시된 기업들은 본사가 있는 국가를 포함하여 해외 여러 국가에서 기업의 조직을 운영하면서 전 세계를 대상으로 생산 및 판매 활동을 하는 초국적 기업에 해당한다. ③ 오늘날 초국적 기업은 제조업뿐만 아니라 농업, 제조업, 서비스업 등 다양한 분야에 진출해 활동한다.

16 초국적 기업이 경영의 효율을 높이고 이윤을 극대화하고자 본사, 연구소, 생산 공장, 자회사 등을 서로 다른 국가나 지역에 배치하는 것을 공간적 분업이라고 한다.

17 초국적 기업의 시설이 들어서는 지역은 새로운 산업 단지가 조성되어 일자리가 생기고, 기술을 이전 받아 관련 산업이 발달하는 등 지역 경제가 활성화된다.

오답 확인 ㄱ. 산업이 발달하여 인구가 유입된다. ㄴ. 일자리가 늘어 지역 경제의 활력이 살아난다.

18 오세아니아에서 면적이 가장 넓은 나라는 오스트레일리아로, 주요 도시로 시드니, 캔버라, 멜버른 등이 있다. 19세기 중반 이후 성장한 멜버른은 유럽풍의 건물이 잘 보존되어 있어 '남반구의 유럽'으로 불리기도 한다.

19 지도의 A에서는 사막 지형, B에서는 대보초, C에서는 화산 지형을 볼 수 있다. 오스트레일리아의 중부와 서부에는 사막이 넓게 펼쳐져 있고, 뉴질랜드의 북섬은 지진과 화산 활동이 활발하여 온천, 간헐천 등이 분포한다.

20 ㉠은 석탄, ㉡은 철광석이다. 오스트레일리아는 세계 최대의 석탄 및 철광석 수출국으로, 우리나라와 일본 등으로 많이 수출하고 있다.

오답 확인 ① 석탄은 화석 연료로서 재생 가능하고 친환경적이지 않다. ③ 양고기 또는 양모(양털)는 찬정 개발로 건조 지역에서 생산이 가능해졌다. ④ 철광석과 석탄은 오스트레일리아의 주요 수출품이다. ⑤ ㉠은 북서부 해안 근처, ㉡은 동부 산지 주변에서 많이 생산된다.

21 산호초는 다양한 생물들에게 서식처를 제공한다. 또한 파도의 힘을 줄여 해안 침식을 방지하고, 태풍과 같은 자연재해로부터 해안 지역을 보호하는 역할을 한다.

오답 확인 ㄴ은 해수면 상승, ㄹ은 해양 쓰레기의 영향에 대한 설명이다.

22 사진은 쓰레기가 해류를 따라 이동하다가 한곳에 모여 섬을 이룬 모습이다.

오답 확인 ㄷ. 법을 제정하는 일은 정부의 역할이다. ㄹ. 태평양 지역의 쓰레기 문제는 국제 사회 모두가 책임지고 해결해야 한다.

23 극지방에는 다양한 지하자원이 매장되어 있는 등 지리적으로 중요한 가치를 지닌다. 자원을 개발하여 경제 활성화를 이룰 수 있지만, 무분별한 자원 개발은 극지방의 환경 파괴를 불러올 수 있으므로 신중해야 한다.

24 예시 답안 (가)는 중·남부 아프리카, (나)는 북부 아프리카이다. 이는 사하라 사막을 기준으로 지역을 구분한 것이다.

구분	채점 기준
상	(가), (나) 지역의 명칭을 쓰고, 사하라 사막이 지역 구분의 기준이 된다고 서술한 경우
하	사하라 사막이라는 구분 기준만 서술한 경우

25 예시 답안 ㉠은 지속가능한 발전이다. 아프리카의 지속가능한 발전을 위해 아프리카는 빈곤과 기아, 단순한 경제 구조 등을 해결해야 한다.

구분	채점 기준
상	지속가능한 발전을 쓰고, 이를 위한 아프리카의 해결 과제를 두 가지 서술한 경우
중	지속가능한 발전을 쓰고, 이를 위한 아프리카의 해결 과제를 한 가지만 서술한 경우
하	지속가능한 발전만 쓴 경우

26 초국적 기업은 전 세계를 대상으로 생산 및 판매 활동을 하는 기업으로, 교통과 통신의 발달로 세계 여러 지역 간에 교류가 활발해지면서 성장하였다. 본사, 연구소, 생산 공장을 서로 다른 지역에 배치하여 운영한다.

27 (1) 아프리카계

(2) 예시 답안 목화와 사탕수수 재배에 필요한 노동력을 채우려고 아프리카에서 많은 흑인을 강제로 이주시켰다.

구분	채점 기준
상	아프리카계 민족(인종)이 앵글로아메리카로 이주하게 된 배경을 유럽인의 농장 운영을 위한 강제 이주와 관련지어 서술한 경우
하	아프리카계 민족(인종)이 앵글로아메리카로 이주하게 된 배경으로 강제 이주만 서술한 경우

28 (1) 영국

(2) 예시 답안 제2차 세계 대전 이후 영국의 경제 영향력이 축소되고, 유럽 연합 결성 이후 유럽 국가들과의 무역량이 줄어들었다. 제조업이 발달한 아시아 국가에서 천연자원에 대한 수요가 증가하였다.

구분	채점 기준
상	오스트레일리아의 무역 상대국이 아시아 및 태평양 연안의 국가들로 변화한 까닭을 두 가지 모두 정확히 서술한 경우
하	오스트레일리아의 무역 상대국이 아시아 및 태평양 연안의 국가들로 변화한 까닭을 한 가지만 서술한 경우

MEMO

한·끝·시·리·즈 필수 개념과 시험 대비를 한 권으로 끝! 사회 공부의 진리입니다.

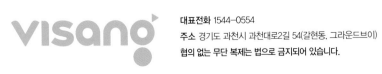

대표전화 1544-0554
주소 경기도 과천시 과천대로2길 54(갈현동, 그라운드브이)
협의 없는 무단 복제는 법으로 금지되어 있습니다.

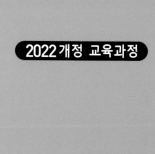
2022 개정 교육과정

한끝

시험,
한 권으로
끝내기

중학
사회
①·1

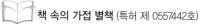
책 속의 가접 별책 (특허 제 0557442호)
'시험, 한 권으로 끝내기'는 본책에서 쉽게 분리할 수 있도록 제작되었으므로
유통 과정에서 분리될 수 있으나 파본이 아닌 정상제품입니다.

visang

우리는 남다른 상상과 혁신으로
교육 문화의 새로운 전형을 만들어
모든 이의 행복한 경험과 성장에 기여한다

ABOVE IMAGINATION

우리는 남다른 상상과 혁신으로
교육 문화의 새로운 전형을 만들어
모든 이의 행복한 경험과 성장에 기여한다

중간·기말고사 끝내기

하루 한 단계, 개념 정리와 실전 문제로 **시험 완벽 대비**

📖 하루하루 학습 계획

중간고사 시험 D-Day :	월	일
중간고사 시험 D-	Ⅰ 단원 핵심 정리	
중간고사 시험 D-	Ⅱ 단원 핵심 정리	
중간고사 시험 D-	Ⅲ 단원 핵심 정리	
중간고사 시험 D-	중간고사 1회	
중간고사 시험 D-	중간고사 2회	

기말고사 시험 D-Day :	월	일
기말고사 시험 D-	Ⅳ 단원 핵심 정리	
기말고사 시험 D-	Ⅴ 단원 핵심 정리	
기말고사 시험 D-	Ⅵ 단원 핵심 정리	
기말고사 시험 D-	기말고사 1회	
기말고사 시험 D-	기말고사 2회	

✦ 시험 전 학습 일정을 직접 세워 보세요.

01 세계 여러 지역의 다양한 특성

◆ 위치가 지역에 미치는 영향

1. 위치

(1) 의미: 일정한 곳에 차지하고 있는 자리

(2) 절대적 위치와 상대적 위치

❶ ☐☐☐ 위치	경도와 위도, 대륙과 해양으로 표현하는 위치로 거의 바뀌지 않음
❷ ☐☐☐ 위치	주변 국가와의 정치, 경제, 사회, 문화적 관계로 표현하는 위치로 상황에 따라 달라짐

(3) 지역의 특성과 위치의 관계: 위치를 알면 지역의 자연환경과 ❸ ☐☐ 환경 및 지역의 특성을 이해할 수 있음

2. 위치가 지역의 특성에 미치는 영향

☆☆
(1) 위치에 따라 달라지는 모습

자연 환경	• 저위도에서 고위도로 갈수록 태양 에너지를 적게 받아 연평균 ❹ ☐☐ 이/가 낮아짐 • 내륙이 해안보다 기온의 ❺ ☐☐☐ 이/가 크고 연 강수량이 적음 • 지각이 불안정한 지역에서는 지진과 화산 활동이 발생함
인문 환경	• 기온이 온화하고 하천 주변에 평지가 넓게 펼쳐진 지역은 도시와 산업이 발달함 • 자연환경이 열악한 지역은 환경에 ❻ ☐☐ 한 생활양식과 문화가 발달함

(2) 오늘날 위치의 중요성: 위치에 따라 다른 국가와의 무역, 국제 관계, 문화 교류 등이 달라질 수 있어 특정 지역이 어디에 위치하고 있는지가 더욱 중요해짐

◆ 세계 여러 지역의 특성

1. 세계 여러 지역의 다양성

(1) 자연환경과 인문환경의 상호 작용: 지역의 자연환경과 인문환경이 서로 영향을 주고받으며 지역마다 고유한 특성이 나타남

(2) 지리적 다양성의 존중: 우리는 서로 다른 가치관과 신념을 존중하는 ❼ ☐☐☐☐ (으)로서 태도를 가져야 함

☆☆
2. 위치의 영향을 받는 세계 여러 지역의 특성

(1) 아랍에미리트: ❽ ☐☐ 의 햇볕과 모래 바람으로부터 몸을 보호하려고 온몸을 감싸는 긴 옷을 입음

(2) 인도네시아: 더운 날씨에 음식이 상하지 않도록 음식을 기름에 볶거나 ❾ ☐☐☐ 을/를 많이 사용함

(3) 일본: 나무로 집을 지어 지진 피해를 줄임

(4) 페루: 해발 고도가 높아 ❿ ☐☐ 기후가 나타나면서 도시가 발달함

(5) 몽골: 유목을 하여 조립과 해체가 쉬운 ⑪ ☐☐☐ 가옥이 발달함

(6) 미국 중부: 기계를 이용한 대규모 밀·옥수수 농사가 발달함

(7) 북극해 연안: 멀리 사냥을 나갈 때 잠시 머물기 위해 주변의 눈과 얼음으로 집을 지음

↑ 게르   ↑ 이글루

02 세계 각 지역의 공간적 상호 작용

◆ 서로 연결된 지역

1. 지역의 연결

(1) 지역이 연결되는 까닭: 지역 간에 부족한 것을 채우기 위해 사람과 물자 등이 ⑫ ☐☐ 하는 과정에서 지역이 서로 연결됨

(2) 상호 협력의 필요성에 따른 지역의 연결 사례

자유 무역 협정 (FTA)	국가 간에 상품·서비스 등을 자유롭게 사고팔기 위함
유럽 연합(EU)	유럽의 정치·경제 통합을 실현하기 위함
국제 연합(UN)	세계 평화와 안전 보장을 위함

2. 연결된 세계에 대한 인식

(1) 네트워크로의 세계: 교통과 통신의 발달로 각 지역은 이전보다 더욱 긴밀하게 연결되어 네트워크를 형성함 → 세계는 다양한 규모에서 서로 겹겹이 연결되어 있음

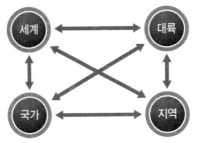

← 네트워크로 연결된 세계

(2) 연결된 세계에 대한 인식의 중요성: 세계시민으로서 우리 삶이 세계와 긴밀하게 연결되어 있다는 사실을 인식하고, 세계 여러 지역의 다양한 현상에 관심을 가져야 함

◆ 세계 각 지역의 공간적 상호 작용

1. 공간적 상호 작용

(1) **의미**: 지역 간 사람, 물자, 상품과 서비스, 정보 등의 이동과 소통이 이루어지는 것

(2) **공간적 상호 작용의 증가**

교통의 발달	사람과 물자의 이동이 더욱 쉽고 빨라졌으며 이동할 수 있는 ⑬◻◻◻ 범위가 확대됨
통신의 발달	다양한 정보를 시간과 거리에 관계없이 빠르게 주고받을 수 있게 됨

(3) **사례**: 항공기를 타고 세계를 여행하는 것, 다른 나라에서 판매하는 제품을 구입하는 것, 세계의 다양한 소식을 실시간으로 전달받는 것 등

2. 규모에 따른 공간적 상호 작용

⑭◻◻◻ 규모	지구 반대편에서 하는 스포츠 경기를 실시간으로 보는 것, 특정 국가에서 생산한 제품을 전 세계에 판매하는 것 등
국가적·지역적 규모	전국 곳곳에서 열리는 지역 축제에 방문하여 지역 특산물을 사는 것, 스마트폰 애플리케이션으로 음식을 주문하고 배달받는 것 등

03 세계와 지역의 상호 영향과 변화

◆ 세계화가 지역에 미치는 영향

1. 세계화

(1) **의미**: 정치, 경제, 사회, 문화 등의 인간 활동이 해당 지역이나 국가의 경계를 넘어 전 ⑮◻◻(으)로 확대되는 현상

(2) **배경**: 새로운 교통수단의 등장과 통신 기술의 발달로 시·공간적 거리가 단축됨 → 지역 간 사람, 물자, 정보의 교류가 활발해짐

(3) **영향**: 지역 간 상호 ⑯◻◻◻이/가 더욱 높아지고, 국경의 의미와 역할은 점차 줄어듦

2. 세계화에 따른 지역의 변화

(1) **경제의 세계화**

배경	세계 무역 기구(WTO)의 출범과 초국적 기업의 등장으로 상품과 생산 요소의 국가 간 자유로운 이동이 가능해짐
영향	• 전 세계가 하나의 시장으로 통합됨 • 경제의 세계화가 일부 지역을 중심으로 이루어지면서 지역 간 경쟁이 심해지고 경제적 격차가 커짐

(2) **문화의 세계화**

배경	세계화로 다양한 분야의 문화가 확산됨
영향	• 전 세계 사람들이 같은 문화를 비슷한 시기에 함께 즐길 수 있게 됨 • 세계화로 널리 퍼진 문화는 각 지역 특성에 맞게 지역 문화와 ⑰◻◻되기도 함 • 서구 문화의 유입으로 지역의 전통문화가 소멸되거나 정체성이 훼손될 수 있음

◆ 지역화가 세계에 미치는 영향

1. 지역화

(1) **의미**: ⑱◻◻◻인 것이 세계적 차원에서 독자적 가치를 지니게 되는 현상

(2) **배경**: 세계화 속에서 지역의 고유한 전통과 특성을 살려 다른 지역보다 독특하고 차별화된 경쟁력을 갖추고자 노력함

2. 지역화에 따른 세계의 변화

(1) **지역화 전략**

지역 브랜드	지역의 상품이나 서비스, 축제 등을 특별한 상표로 인식하게 만드는 전략
장소 마케팅	지역의 특정 장소를 매력적인 상품으로 만드는 전략
⑲◻◻◻ 표시제	특정 지역의 지리적 요인과 관련 있는 상품에 생산지의 이름을 상표로 사용하는 제도

(2) **지역의 변화가 세계에 미친 영향**: 세계화와 지역화는 서로 영향을 주며 역동적으로 ⑳◻◻ ◻◻함

◀ 정답 확인하기 ▶

❶ 절대적	❷ 상대적	❸ 인문	❹ 기온
❺ 연교차	❻ 적응	❼ 세계시민	❽ 사막
❾ 향신료	❿ 고산	⑪ 이동식	⑫ 이동
⑬ 공간적	⑭ 세계적	⑮ 세계	⑯ 의존성
⑰ 융합	⑱ 지역적	⑲ 지리적	⑳ 상호 작용

◀ 스스로 점검하기 ▶

맞은 개수	이렇게 해 봐
10개 이하	진도 교재로 돌아가 복습해 봐!
11 ~ 15개	틀린 문제의 답을 다시 확인하고 **중간고사·기말고사를 풀도록 해!**
16 ~ 20개	자신감을 가지고 **중간고사·기말고사를 풀어 봐.** 학교 시험 100점 도전!

01 아시아의 국가 및 주요 도시와 자연환경

◐ 아시아의 국가와 주요 도시

1. 아시아의 위치와 지역 구분
(1) 위치: 동쪽으로 ❶ ⬚⬚⬚ , 남쪽으로 인도양과 접하고, 우랄산맥과 캅카스산맥을 경계로 유럽과 구분됨
(2) 특징: 세계의 대륙 중 면적이 가장 넓고, 인구가 가장 많음
(3) 지역 구분: 동아시아, 동남아시아, 남부아시아, 서남아시아, 중앙아시아로 구분할 수 있음

2. 아시아의 주요 국가와 도시

주요 국가	• 동아시아: 대한민국, 중국, 일본 등 • 동남아시아: 타이, 베트남, 인도네시아 등 • 남부아시아: 인도, 네팔, 파키스탄 등 • 서남아시아: 사우디아라비아, 아랍 에미리트 등 • 중앙아시아: 카자흐스탄, 우즈베키스탄 등
주요 도시	서울(대한민국), 베이징(중국), 도쿄(일본), 방콕(타이), 사마르칸트(우즈베키스탄), 두바이(아랍 에미리트) 등

◐ 아시아의 자연환경

1. 아시아의 지형

산지	❷ ⬚⬚⬚⬚ 산맥: 해발 고도가 높고 지각 운동이 활발하여 지진이 자주 일어나며, 중국과 주변 국가의 경계가 됨
사막	• 중앙아시아와 서남아시아 일대에 분포 • 아라비아반도 주변으로 룹알할리 사막 등이 분포함
하천	• 갠지스강, 창장강, 황허강 등이 있음 • ❸ ⬚⬚ 강: 동남아시아의 국제 하천임
화산	환태평양 조산대에 있는 지역에서는 화산 활동과 지진이 활발함

2. 아시아의 기후

동아시아	• 온대 기후와 냉대 기후가 주로 나타남 • 계절풍의 영향으로 여름은 덥고 습하며 겨울은 춥고 건조함
동남아시아·남부아시아	• 주로 열대 기후가 나타나며 기온이 높고 강수량이 많음 • 계절풍의 영향을 받는 지역에서는 벼농사가 발달함
서남아시아·중앙아시아	• 건조 기후가 넓게 분포하여 일 년 내내 ❹ ⬚⬚⬚ 이/가 매우 적음 • 유목과 관개 농업을 함

02 아시아의 종교와 생활양식

◐ 아시아의 주요 종교와 생활양식

1. 아시아 주요 종교의 분포

불교	인도 북동부에서 동남아시아와 동아시아로 전파
힌두교	• 인도 북부에서 발생, 인도의 주요 종교로 자리 잡음 • 여러 신을 섬기는 다신교
이슬람교	아라비아반도에서 중앙아시아와 북부 아프리카로 전파
크리스트교	• 팔레스타인 지역에서 유럽과 주변 지역으로 전파 • ❺ ⬚⬚⬚ 의 주요 종교로 자리 잡음

2. 종교와 관련된 생활양식

불교	• ❻ ⬚⬚ 금지, 수행과 명상을 통한 깨달음 중시 • 몇 개월 동안 승려 생활을 하면서 불교 신자들이 주는 음식을 받고 복을 빌어주는 ❼ ⬚⬚ 의식을 치름
힌두교	• 소를 성스럽게 여겨 소고기를 먹지 않음 • 갠지스강을 성스럽게 여겨 이 강에서 목욕을 하거나 장례를 치름
이슬람교	• ❽ ⬚⬚ (이)라는 경전을 따르며 하루에 다섯 번 기도 • 평생 한 번 이상 메카에서 성지 순례를 해야 함 • ❾ ⬚⬚ 고기와 술을 금지함
크리스트교	• 일요일마다 교회에서 예배를 드림 • ❿ ⬚⬚ 을/를 주요 상징물로 사용함

◐ 아시아 종교의 갈등과 공존

종교 갈등	• 이스라엘·팔레스타인: ⓫ ⬚⬚⬚⬚ 과/와 유대교를 믿는 민족 간 종교·영토 갈등이 나타남 • 카슈미르: 힌두교와 이슬람교를 믿는 국가 간 종교 갈등이 발생함 • 미얀마: 다수의 불교도와 소수의 이슬람교도 간에 갈등이 있음 • 스리랑카: 불교를 믿는 신할리즈족과 힌두교를 믿는 타밀족 간 갈등이 지속됨
종교 공존	싱가포르, 말레이시아 등 여러 국가에서 종교의 자유를 법으로 보장하거나 인종과 민족 간 차별을 줄이고자 노력함

03 아시아의 인구 구조와 변화

◐ 아시아의 인구 특징

1. 아시아의 인구 성장과 인구 분포

(1) 인구 성장: 1950년대부터 ⑫ ◻◻◻ 이/가 감소하면서 인구가 성장함 → 이후 경제 발전과 산아 제한 정책 등으로 인구 증가율이 낮아짐

(2) 인구 분포: 주로 인구 부양력이 높은 ⑬ ◻농사 지대에 인구가 밀집함(인도, 중국, 파키스탄 등)

2. 인구 이동

경제적 이동	• 주로 경제 수준이 낮은 국가에서 높은 국가로의 이동이 많음 • 개발이 활발한 국가로 일자리를 찾아 이주하는 청장년층이 많음
정치적 이동	민족 탄압, 내전, 경제난 등으로 아프가니스탄, 시리아, 미얀마 등의 국가에서는 ⑭ ◻◻ 이/가 발생함

◐ 아시아의 인구 구조 변화

1. 인구 증가로 성장 잠재력을 갖춘 지역

(1) 인구 증가 지역: 인도, 파키스탄 등 ⑮ ◻◻◻ 이/가 높은 국가 → 유소년층의 비율이 높아 중위 연령이 낮음

(2) 인구 증가의 영향

① 인구 증가율이 높은 국가는 성장 잠재력이 커서 많은 초국적 기업이 진출함

② 사회 기반 시설이 부족한 국가에서의 무분별한 인구 성장은 사회 문제로 성장의 걸림돌이 될 수 있음

2. 인구 감소를 막고자 노력하는 지역

(1) 인구 감소 지역: 대한민국, 일본 등 ⑯ ◻◻ 수준이 높은 국가에서는 출생률이 낮아지고, 기대 수명이 늘어나 노년층 인구가 증가함 → 중위 연령이 높음

(2) 인구 감소의 영향

① 저출산·⑰ ◻◻◻ 현상으로 생산 가능 인구가 감소하여 경제 성장이 어려워짐

② 노년층을 부양하기 위한 비용이 커짐

04 아시아의 산업 발달과 변화

◐ 아시아의 산업 변화

1. 아시아의 주요 산업

천연자원 생산업	• 벼농사 및 플랜테이션 농업 → 동남아시아 및 남부아시아 • ⑱ ◻◻과/와 천연가스의 매장량과 생산량이 많음 → 서남아시아
노동 집약적 제조업	풍부한 노동력을 바탕으로 섬유·의복, 전자 제품 등을 생산 → 중국, 인도, 동남아시아
첨단·문화 산업	고부가 가치 첨단·문화 산업 발달 → 대한민국, 일본 등

2. 아시아 주요 국가의 산업 변화

(1) 아시아 산업 변화의 특징: 산업 구조의 ⑲ ◻◻◻ 과/와 다각화가 나타남

(2) 주요 국가의 산업 변화

중국	노동 집약적 제조업 → 첨단 산업 육성
일본	부품·소재 산업, 로봇 산업 등 첨단 산업 연구
인도	• 농업, 제조업, 정보 통신 산업(IT) 등 다양한 산업이 발달 • 벵갈루루는 소프트웨어 개발의 중심지로 성장
사우디 아라비아	천연자원 수출로 축적한 자본을 관광·문화·물류 산업 등에 투자
베트남, 인도네시아	저임금 노동력과 풍부한 자원을 이용하여 신흥 공업 국가로 성장함

◐ 아시아와 우리나라의 산업 변화와 영향

아시아의 산업 변화가 우리나라에 미친 영향	중국, 인도, 베트남 등의 국가가 저임금 노동력과 대규모 생산 시설을 갖추면서 우리나라의 노동력 기반 산업 약화 → 고부가 가치 산업 육성
우리나라의 산업 변화가 아시아에 미친 영향	우리나라의 문화 콘텐츠가 아시아를 중심으로 전 세계에서 큰 인기를 얻음 → ⑳ ◻◻ 산업 성장

▶ 정답 확인하기 ◀

❶ 태평양	❷ 히말라야	❸ 메콩	❹ 강수량
❺ 필리핀	❻ 살생	❼ 탁발	❽ 쿠란
❾ 돼지	❿ 십자가	⓫ 이슬람교	⑫ 사망률
⑬ 벼(쌀)	⑭ 난민	⑮ 출생률	⑯ 경제
⑰ 고령화	⑱ 석유	⑲ 고도화	⑳ 문화

▶ 스스로 점검하기 ◀

맞은 개수	이렇게 해 봐
10개 이하	진도 교재로 돌아가 복습해 봐!
11 ~ 15개	틀린 문제의 답을 다시 확인하고 **중간고사·기말고사를** 풀도록 해!
16 ~ 20개	자신감을 가지고 **중간고사·기말고사를** 풀어 봐. 학교 시험 100점 도전!

Ⅲ 단원 핵심 정리

01 유럽의 국가 및 주요 도시와 자연환경

● 유럽의 국가와 주요 도시

1. 유럽의 위치와 지역 구분

(1) 위치: 유라시아 대륙의 서부에 있으며, 서쪽으로 대서양, 남쪽으로 지중해와 접하고 동쪽의 ❶□□□□을/를 경계로 아시아와 구분됨

(2) 지역 구분: 정치, 경제, 문화 등을 고려하여 네 지역으로 구분할 수 있음

2. 유럽의 주요 국가

서부 유럽	영국, 프랑스, 독일, 스위스, 네덜란드 등
북부 유럽	스웨덴, 핀란드, 노르웨이, 아이슬란드 등
남부 유럽	에스파냐, 포르투갈, 이탈리아, 그리스 등
동부 유럽	러시아, 우크라이나, 폴란드, 헝가리 등

3. 유럽의 주요 도시: 런던(영국), 파리(프랑스), 베를린(독일), 마드리드(에스파냐), 로마(이탈리아), 모스크바(러시아) 등

● 유럽의 자연환경

1. 유럽의 주요 지형

산지	• 스칸디나비아산맥: 오랜 기간 ❷□□ 작용을 받아 해발 고도가 낮음 • ❸□□□산맥: 형성 시기가 비교적 오래되지 않아 해발 고도가 높고 험준함
평야·하천	• 프랑스 평원과 북독일 평원에서 동유럽 평원으로 이어짐 • 평원에는 라인강을 비롯한 여러 하천이 흐름
빙하	• 알프스산맥과 ❹□□ 유럽에 분포함 • 송네 피오르(노르웨이), 마터호른(스위스, 이탈리아) 등
화산	• 아이슬란드와 ❺□□□□ 남부에 분포 • 파그라달스피아들 화산(아이슬란드), 베수비오 화산(이탈리아)

↑ 유럽의 주요 지형 분포

2. 유럽의 기후

서부 유럽	• 바다에서 불어오는 ❻□□□ 의 영향으로 기온의 연교차가 작고, 강수량이 연중 고른 서안 해양성 기후가 나타남 • 혼합 농업, 낙농업이 발달함
남부 유럽	• 여름이 덥고 건조하며 겨울은 온화하고 비가 많이 내리는 ❼□□□□ 기후가 나타남 • 올리브, 포도 등을 재배하는 ❽□□ 농업이 발달함
동부 및 북부 유럽	• 대륙의 영향으로 겨울이 길고 추운 ❾□□ 기후가 나타남 • 냉대 기후 지역에는 침엽수림 지대인 타이가가 넓게 분포함

02 유럽 도시의 다양한 특성

● 유럽 도시의 기능과 특징

1. 유럽 도시의 다양한 기능

경제·금융 도시	프랑크푸르트(독일), 런던(영국) 등
❿□□ 도시	바르셀로나(에스파냐), 아테네(그리스) 등
문화·예술 도시	파리(프랑스), 빈(오스트리아) 등
환경·생태 도시	프라이부르크(독일), 스톡홀름(스웨덴) 등
세계 도시	런던(영국), 파리(프랑스) 등

2. 다양한 특성이 있는 유럽의 도시

⓫□□□ (스위스)	세계 무역 기구(WTO) 등 세계적으로 영향력이 큰 국제기구의 본부가 많음
아테네 (그리스)	고대 유적들로 유명하며 민주주의가 시작된 곳으로 알려져 있음
베네치아 (이탈리아)	백여 개의 섬으로 이루어진 ⓬□□ 도시로 곤돌라를 타고 도시를 둘러볼 수 있음
로테르담 (네덜란드)	철도·도로·항공 교통이 발달하여 유럽의 관문으로 불림
프랑크푸르트 (독일)	경제·금융·보험 분야에서 세계적으로 영향력이 있음
⓭□ (오스트리아)	유명한 예술가들이 활동한 고전 음악의 성지임
브뤼셀 (벨기에)	유럽 연합 본부, 북대서양 조약 기구의 본부가 있어 유럽의 수도라 불림

◆ 유럽의 지속가능한 도시

1. 지속가능한 도시의 등장

의미	⑭ ☐☐☐☐을/를 보호하고 경제적·사회적·문화적 측면에서 균형적인 발전을 추구하는 도시
등장 배경	산업화, 도시화로 발생한 ⑮ ☐☐ ☐☐과/와 기후위기 문제 등을 해결하기 위함

2. 지속가능한 도시를 만들기 위한 다양한 노력

프라이부르크 (독일)	태양광 지붕을 설치한 주택 설치, 일상용품의 재활용률을 높여 쓰레기 발생 최소화
코펜하겐 (덴마크)	⑯ ☐☐을/를 활용한 에너지 공급, 광역 자전거 전용 고속 도로를 운영함
말뫼 (스웨덴)	풍력, 태양열 등 재생 에너지만을 사용하는 건물이 있으며, 재생 에너지를 생산하는 정책을 펼침
⑰ ☐☐☐ (노르웨이)	전기 자동차의 비율을 높이고자 전기 자동차 사용 시 세금 면제, 통행료 감면 등 다양한 혜택을 제공함

03 유럽의 통합과 분리 움직임

◆ 유럽의 통합이 미친 영향

1. 유럽 연합의 형성 배경과 특징

(1) 형성 배경: 두 차례의 세계 대전 이후 유럽의 경제 발전과 평화를 위해 유럽의 통합을 추진함 → 1993년 유럽 연합(EU)이 출범함

(2) 특징

① 유럽 의회, 유럽 연합 집행 위원회 등을 구성하여 정치적 통합을 지향함

② 유럽 중앙은행을 설립하고 회원국 대부분이 ⑱ ☐☐(이)라는 단일 화폐 사용

③ 회원국 간 관세를 없애 상품, 자본, 노동력, 서비스 등의 자유로운 이동을 추구함

2. 유럽의 통합이 주민 생활에 미친 영향

긍정적 영향	• ⑲ ☐☐ ☐☐(으)로 비자·여권 없이 자유롭게 국경을 이동함 • 다른 국가에 있는 대학에 진학하거나 외국인에 대한 취업 규제 없이 일할 수 있음
부정적 영향	동부 유럽과 서부 유럽의 경제적 격차 심화, 남부 유럽의 재정 적자 확대 등의 문제가 발생함

◆ 유럽의 분리·독립 움직임이 미친 영향

1. 분리·독립 움직임이 나타나는 유럽

(1) 분리 움직임이 나타나는 까닭: 경제, 문화 등의 차이로 갈등이 발생하여 분리 독립을 요구

(2) 분리·독립 움직임이 나타나는 지역

영국의 스코틀랜드	스코틀랜드는 잉글랜드와 민족, 문화가 달라 영국으로부터 분리·독립을 요구함
에스파냐의 카탈루냐	경제적으로 부유한 카탈루냐 지역은 고유한 역사와 문화를 가지고 있어 에스파냐로부터 독립을 요구함
벨기에의 플랑드르	서로 다른 언어를 사용하는 플랑드르 지역과 왈롱 지역 간에 경제적 격차가 커지면서 갈등이 나타남

(3) 분리·독립 움직임의 영향: 이주민과 난민에 대한 적대감 조성으로 문화적 갈등 발생, 유럽 연합의 결속력과 지속력 약화 등

2. 영국의 유럽 연합 탈퇴(⑳ ☐☐☐☐)

탈퇴 배경	과도한 유럽 연합 분담금 지불, 이주민 유입에 따른 문화 갈등 발생, 원주민과 이주민 간 노동 시장에서의 경쟁 심화 등 → 2020년 1월 유럽 연합에서 탈퇴함
영향	• 영국: 유럽 연합 분담금으로 지출하던 비용을 교육, 연구·개발 등 다양한 분야에 투자할 수 있음, 외국인 노동자의 유출로 노동력 부족 문제 발생, 유럽의 다른 국가와의 자유로운 무역이 어려워짐 • 유럽 연합: 유럽 연합 내 무역량 감소로 유럽의 경제 성장 둔화

▶ 정답 확인하기 ◀

❶ 우랄산맥	❷ 침식	❸ 알프스	❹ 북부
❺ 이탈리아	❻ 편서풍	❼ 지중해성	❽ 수목
❾ 냉대	❿ 관광	⑪ 제네바	⑫ 수상
⑬ 빈	⑭ 자연환경	⑮ 도시 문제	⑯ 풍력
⑰ 오슬로	⑱ 유로	⑲ 셍겐 조약	⑳ 브렉시트

◀ 스스로 점검하기 ▶

맞은 개수	이렇게 해 봐
10개 이하	진도 교재로 돌아가 복습해 봐!
11 ~ 15개	틀린 문제의 답을 다시 확인하고 **중간고사·기말고사**를 풀도록 해!
16 ~ 20개	자신감을 가지고 **중간고사·기말고사**를 풀어 봐. 학교 시험 100점 도전!

01 위치에 대한 설명으로 옳지 않은 것은? [2점]

① 일정한 곳에 차지하고 있는 자리를 말한다.
② 위치를 알면 자연환경의 특성을 이해할 수 있다.
③ 위치를 알면 지역의 지리적 특성을 상상해 볼 수 있다.
④ 위치를 파악하면 지역 주민들의 생활양식을 이해할 수 있다.
⑤ 교통과 통신의 발달로 공간적 제약이 줄어들면서 위치의 중요성이 약화되고 있다.

02 위치에 영향을 받은 자연환경과 인문환경의 특성에 대한 설명으로 옳지 않은 것은? [2점]

① 지각이 불안정한 지역에서는 지진과 화산 활동이 발생한다.
② 몹시 춥거나 건조한 지역, 높은 산지 지역에는 도시가 발달하지 않는다.
③ 적도에서 극지방으로 갈수록 태양 에너지를 적게 받아 연평균 기온이 낮아진다.
④ 바다에서 멀리 떨어진 내륙 지역은 해안 지역보다 기온의 연교차가 크고 연 강수량이 적다.
⑤ 기후가 온화하고 하천 주변에 평지가 넓게 펼쳐진 지역에는 도시와 여러 산업이 발달하였다.

03 세계 여러 지역에 대한 옳은 설명만을 〈보기〉에서 있는 대로 고른 것은? [3점]

잘 나와!

┤보기├
ㄱ. 일본은 일 년 내내 기후가 온화한 고산 도시가 발달하였다.
ㄴ. 아랍에미리트에서는 온몸을 감싸는 긴 옷을 입은 사람들을 볼 수 있다.
ㄷ. 몽골에서는 풀을 찾아 이동하면서 가축을 기르기 위해 이동식 가옥을 짓기도 한다.
ㄹ. 북극해 근처에서는 사냥을 할 동안 잠시 머물기 위해 눈과 얼음으로 집을 짓기도 한다.

① ㄱ, ㄴ   ② ㄴ, ㄷ   ③ ㄷ, ㄹ
④ ㄱ, ㄷ, ㄹ   ⑤ ㄴ, ㄷ, ㄹ

04 사진은 페루 쿠스코의 모습이다. 이 지역에 대한 설명으로 옳은 것은? [2점]

① 게르라는 가옥이 발달하였다.
② 일찍부터 고산 도시가 발달하였다.
③ 기름에 튀기거나 향신료가 들어간 음식이 많다.
④ 평원에서 대규모 기계식 농업으로 밀을 재배한다.
⑤ 바다에서 멀리 떨어져 있어 건조 기후가 나타난다.

05 다음과 같은 모습을 볼 수 있는 국가로 옳은 것은? [2점]

이 지역은 일 년 내내 덥고 습한 날씨가 나타난다. 이러한 날씨의 영향으로 음식이 상하지 않도록 기름에 볶거나 향신료를 사용한 조리법이 발달하였다.

① 영국   ② 러시아   ③ 뉴질랜드
④ 싱가포르   ⑤ 아랍에미리트

06 다음과 같은 변화로 나타난 현상에 대한 설명으로 옳은 것은? [2점]

• 인공위성, 인터넷, 스마트폰 등 통신 기술의 발달
• 과학 기술과 산업의 발달로 자동차, 대형 선박, 고속 철도, 항공기 등 새로운 교통수단의 등장

① 개인과 개인의 상호 작용이 감소하고 있다.
② 사회 관계망 서비스의 이용이 줄어들고 있다.
③ 멀리 떨어진 지역과의 상호 작용이 감소하였다.
④ 사람이나 물자가 이동하는데 제약이 증가하였다.
⑤ 시공간의 제약 없이 정보를 주고받을 수 있게 되었다.

07 다음 글의 제목으로 가장 적절한 것은? [3점]

> 영국에 본사를 두고 있는 ○○ 의류 기업은 청바지한 벌을 만들 때 유럽, 아시아, 아프리카, 오세아니아 대륙에 있는 많은 업체와 협력한다. 또한 튀니지를 비롯한 베냉, 이탈리아, 튀르키예, 일본, 파키스탄, 오스트레일리아 등 12개 이상의 국가에서 원료와 부품, 노동력 등을 공급받는다.

① 경제 활동 범위의 축소
② 세계적 규모의 공간적 상호 작용
③ 초국적 기업의 활동과 문화의 획일화
④ 규모에 따른 공간적 상호 작용의 차이
⑤ 국경을 초월한 생산·유통·판매 활동의 감소

08 국가적·지역적 규모의 공간적 상호 작용 사례로 옳은 것은? [2점]

① 외국에 사는 이모에게 선물을 보냈다.
② 베트남에서 생산된 청바지를 구매하였다.
③ 항공기를 타고 미국으로 여행을 다녀왔다.
④ 이웃한 ○○시에서 열린 축구 대회에 참가하였다.
⑤ 인터넷에서 일본에 태풍이 상륙하였다는 뉴스를 보았다.

09 다음은 세계화의 영향에 대해 검색한 인터넷 화면이다. 질문에 대한 답변으로 옳지 <u>않은</u> 것은? [3점]

> | 세계화는 어떤 영향을 미쳤나요? · 🔍
>
> ① 세계가 거대한 하나의 시장으로 통합되고 있어요.
> ② 해외에서 생산된 물건을 더 이상 구매할 수 없게 되었어요.
> ③ 서구 문화의 확산으로 지역의 전통문화가 소멸하기도 하였어요.
> ④ 전 세계 사람들이 같은 문화를 비슷한 시기에 즐길 수 있게 되었어요.
> ⑤ 세계화로 널리 퍼진 문화는 각 지역의 특성에 맞게 지역 문화와 융합하기도 하였어요.

[10~11] 다음 자료를 보고 물음에 답하시오.

(가)

↑ 서산 팔봉산 감자

(나)

↑ 'I ♥ NY' 기념품

10 (가), (나)와 관련 있는 용어로 옳은 것은? [2점]

① 도시화   ② 산업화   ③ 세계화
④ 정보화   ⑤ 지역화

잘 나와!

11 (가), (나)에 대한 설명으로 옳은 것만을 〈보기〉에서 있는 대로 고른 것은? [2점]

┌ 보기 ┐
ㄱ. (가)는 특정 지역의 지리적 요인과 관련 있는 상품이다.
ㄴ. (가)와 (나)로 지역 경제가 활성화되는 효과를 얻을 수 있다.
ㄷ. (가)와 (나)로 다른 지역과 차별화된 이미지를 만들 수 있다.
ㄹ. (가), (나)와 같은 상품이 늘어나면 지역 고유의 특성이 사라질 수 있다.
└────┘

① ㄱ, ㄴ   ② ㄴ, ㄷ   ③ ㄷ, ㄹ
④ ㄱ, ㄴ, ㄷ   ⑤ ㄴ, ㄷ, ㄹ

12 ㉠에 들어갈 지형으로 옳은 것은? [2점]

> 아시아는 동쪽으로 태평양, 남쪽으로 인도양과 접하며 서쪽의 (㉠)을/를 경계로 유럽과 구분된다.

① 바이칼호   ② 시짱고원
③ 우랄산맥   ④ 히말라야산맥
⑤ 중앙시베리아고원

13 A 지역에 대한 옳은 설명만을 〈보기〉에서 있는 대로 고른 것은? [3점]

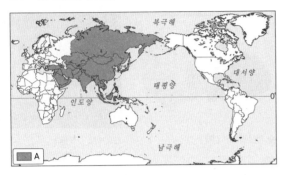

┤보기├
ㄱ. 세계에서 가장 큰 대륙이다.
ㄴ. 벼농사가 발달한 지역에 인구가 밀집하였다.
ㄷ. 주요 국가로는 대한민국, 중국, 일본 등이 있다.
ㄹ. 주요 산맥으로는 알프스산맥, 스칸디나비아산맥 등이 있다.

① ㄱ, ㄴ　　② ㄷ, ㄹ　　③ ㄱ, ㄴ, ㄷ
④ ㄱ, ㄴ, ㄹ　　⑤ ㄴ, ㄷ, ㄹ

100점 도전!

14 다음과 같은 기후가 나타나는 지역에 대한 설명으로 옳은 것은? [3점]

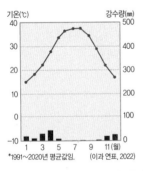

*1991~2020년 평균값임.　(이과 연표, 2022)

① 강수량이 매우 적어 식생이 빈약하다.
② 중위도 지역에 있으며 사계절이 나타난다.
③ 고위도 지역에 있어 연중 기온이 매우 낮다.
④ 적도 주변에 있어 기온이 높고 강수량이 많다.
⑤ 저위도 지역의 고산 지역에 나타나며 일 년 내내 기후가 온화하다.

잘 나와!

15 그래프는 두 국가의 인구 구조를 나타낸 것이다. ㈎, ㈏ 국가에 대한 설명으로 옳지 않은 것은? [3점]

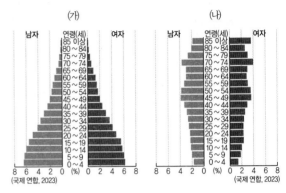

① ㈎는 남부 및 동남아시아에서 주로 나타나는 그래프이다.
② ㈎에서는 식량 부족, 일자리 부족, 주택 문제 등이 나타날 수 있다.
③ ㈏는 우리나라, 일본 등에서 주로 나타나는 인구 구조이다.
④ ㈏에서는 저출산·고령화 현상으로 경제 성장이 둔화될 수 있다.
⑤ ㈎, ㈏ 모두 이와 같은 인구 구조가 유지된다면 인구가 증가할 것이다.

16 아시아 산업의 특징과 변화에 대한 설명으로 옳은 것을 〈보기〉에서 고른 것은? [3점]

┤보기├
ㄱ. 사우디아라비아는 세계적인 쌀 수출국이다.
ㄴ. 일본은 노동 집약적 제조업의 비율이 점차 커지고 있다.
ㄷ. 베트남은 풍부한 노동력을 바탕으로 노동 집약적 제조업이 발달하였다.
ㄹ. 오늘날 아시아는 제조업과 서비스업의 비중이 높아지는 산업 구조의 고도화가 나타난다.

① ㄱ, ㄴ　　② ㄱ, ㄷ　　③ ㄴ, ㄷ
④ ㄴ, ㄹ　　⑤ ㄷ, ㄹ

17 선생님의 질문에 옳게 답한 학생을 고른 것은? [3점]

지도에 표시한 A 국가들의 공통된 산업 특징을 말해 볼까요?

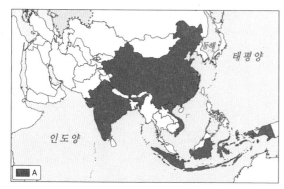

- 가영: 오늘날 산업 구조의 고도화가 나타나고 있어요.
- 나영: 석유와 천연가스 수출량이 세계에서 가장 많은 지역이에요.
- 다영: 인구가 많고, 풍부한 노동력을 바탕으로 공업이 성장하였어요.
- 라영: 높은 기술력을 바탕으로 고부가 가치 첨단 산업이 발달하였어요.

① 가영, 나영　　② 가영, 다영
③ 나영, 다영　　④ 나영, 라영
⑤ 다영, 라영

18 유럽에 대한 설명으로 옳은 것을 〈보기〉에서 고른 것은? [3점]

┤보기├
ㄱ. 유라시아 대륙의 서쪽에 위치한다.
ㄴ. 저위도에 있어 열대 기후가 넓게 분포한다.
ㄷ. 남쪽으로 지중해, 서쪽으로 대서양과 접한다.
ㄹ. 도시가 발달한지 얼마 되지 않아 대도시가 적다.

① ㄱ, ㄴ　　② ㄱ, ㄷ　　③ ㄴ, ㄷ
④ ㄴ, ㄹ　　⑤ ㄷ, ㄹ

19 유럽의 각 지역에 대한 설명으로 옳은 것을 〈보기〉에서 고른 것은? [3점]

┤보기├
ㄱ. 남부 유럽에는 지중해 연안의 그리스, 에스파냐 등의 국가가 있다.
ㄴ. 북부 유럽에는 발전 잠재력이 큰 러시아, 폴란드 등의 국가가 있다.
ㄷ. 서부 유럽에는 산업과 경제가 발달한 영국, 프랑스 등의 국가가 있다.
ㄹ. 동부 유럽에는 사회 복지 제도가 잘 갖추어진 노르웨이, 핀란드 등의 국가가 있다.

① ㄱ, ㄴ　　② ㄱ, ㄷ　　③ ㄴ, ㄷ
④ ㄴ, ㄹ　　⑤ ㄷ, ㄹ

20 다음은 유럽의 주요 지형을 답사한 후 올린 게시글이다. ㉠에 들어갈 국가로 옳은 것은? [2점]

＃ 마터호른　　＃ 빙하 지형　　＃ (㉠)

① 영국　　　　② 벨기에
③ 스위스　　　④ 포르투갈
⑤ 룩셈부르크

21 다음에서 설명하는 도시로 옳은 것은? [2점]

유명한 예술가들이 활동한 고전 음악의 성지로, 해마다 다양한 음악, 춤 축제가 열려 예술의 도시로 불린다.

① 영국의 런던　　　　② 벨기에의 브뤼셀
③ 스위스의 제네바　　④ 오스트리아의 빈
⑤ 이탈리아의 베네치아

22 유럽 연합에 대한 설명으로 옳지 <u>않은</u> 것은? [3점]

① 회원국 간 관세를 부과하지 않는다.
② 2024년 기준 총 27개국이 가입하였다.
③ 더 이상 새로운 회원국을 받지 않는다.
④ 회원국 대부분이 유로(Euro)라는 단일 화폐를 사용한다.
⑤ 회원국 간 상품, 자본, 노동력, 서비스의 이동이 자유롭다.

23 유로화를 사용하는 국가가 <u>아닌</u> 것은? [2점]

① 독일　　② 프랑스　　③ 이탈리아
④ 뤼르키예　⑤ 오스트리아

100점 도전!

24 A, B 국가에 대한 설명으로 옳은 것을 〈보기〉에서 고른 것은? [3점]

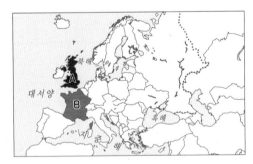

┤보기├
ㄱ. A, B는 유럽 연합 회원국이다.
ㄴ. A, B는 서로 같은 화폐를 사용한다.
ㄷ. B에서 A의 물건을 수입할 때는 관세를 내야 한다.
ㄹ. A에 사는 주민이 B를 여행할 때는 여권이 필요하다.

① ㄱ, ㄴ　　② ㄱ, ㄷ　　③ ㄴ, ㄷ
④ ㄴ, ㄹ　　⑤ ㄷ, ㄹ

25 다음에서 설명하는 지역을 지도에서 고른 것은? [3점]

이 국가는 세계적으로 유명한 『해리포터』 시리즈가 탄생한 곳이다. 네 개의 지역으로 구분할 수 있는데, 지역별로 민족과 언어, 문화가 달라 분리·독립 움직임이 나타난다. 2020년 이후 이 국가가 유럽 연합에서 탈퇴하면서 일부 지역에서 분리·독립 의견을 묻는 국민 투표를 추진하려는 움직임이 나타났다.

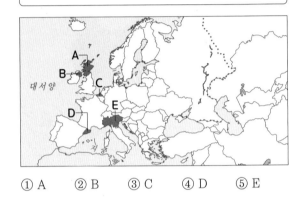

① A　　② B　　③ C　　④ D　　⑤ E

26 ㉠에 들어갈 지역으로 옳은 것은? [2점]

에스파냐의 (㉠) 지역은 독자적인 언어를 사용하는 등 고유한 문화를 가지고 있다. 이곳은 오랫동안 제조업이 발달해 경제 발전 수준이 에스파냐의 다른 지역보다 높은 편이다.

① 바스크　　② 카탈루냐　　③ 파다니아
④ 플랑드르　　⑤ 스코틀랜드

잘 나와!

27 ㉠에 공통으로 들어갈 국가로 옳은 것은? [3점]

첫 번째 유럽 연합 탈퇴국 탄생
(㉠)은/는 2016년 6월 치러진 국민 투표 결과에 따라 유럽 연합 탈퇴가 결정되었고, 2020년 유럽 연합 탈퇴가 공식 승인되었다. 이로써 (㉠)은/는 유럽 연합을 탈퇴하는 첫 회원국으로 기록되었다.

① 독일　　② 영국　　③ 프랑스
④ 폴란드　　⑤ 오스트리아

단답형 + 서술형 문제

28 다음 괄호 안에 공통으로 들어갈 말을 쓰시오. [3점]

> • ( )은/는 지역 간 사람, 물자, 상품과 서비스, 정보 등의 이동과 소통이 이루어지는 것을 말한다.
> • 교통과 통신의 발달로 세계적 규모의 ( )은/는 증가할 수 있다.

---

29 ㉠에 들어갈 말을 쓰고, 그 의미를 서술하시오. [7점]

> 세계 무역 기구(WTO)의 출범, 초국적 기업의 등장으로 경제의 (㉠)이/가 이루어지게 되었다.

---

30 다음 글을 읽고 물음에 답하시오. [8점]

> 파키스탄은 인도가 영국으로부터 독립할 때 분리되어 생겨났다. 국기에 (㉠)을/를 상징하는 초승달과 별이 그려져 있다. 파키스탄과 인도의 접경 지역인 (㉡)에서는 오늘날에도 서로 다른 종교로 갈등이 지속되고 있다.

(1) ㉠, ㉡에 들어갈 말을 각각 쓰시오. [3점]

---

(2) ㉠과 관련 있는 생활 모습을 두 가지 서술하시오.
 [5점]

---

31 지도는 A 기후가 나타나는 지역을 나타낸 것이다. A 기후의 계절별 특징을 서술하시오. [7점]

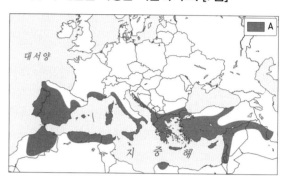

---

32 밑줄 친 '이 조약'의 명칭을 쓰고, 조약에 가입한 후 나타난 주민 생활의 변화를 서술하시오. [7점]

> 1985년 독일, 프랑스, 네덜란드, 벨기에, 룩셈부르크 5개국만으로 시작된 이 조약은 2023년 기준 유럽 연합(EU) 가입국 뿐 아니라 아이슬란드, 노르웨이, 스위스 등 유럽 연합 비가입국까지 유럽 지역 내의 29개 국가로 규모가 확대되었다.

잘 나와!

01 위치에 대해 옳은 설명을 한 학생을 고른 것은? [4점]

- 가빈: 위치는 일정한 곳에 차지하고 있는 자리야.
- 나빈: 위도와 경도로 나타낸 위치는 이후에도 바뀌지 않아.
- 다빈: 위치를 통해 사람들의 생활양식까지 파악하기는 어려워.
- 라빈: 우리는 상대적 위치를 통해 지역의 기후, 지형 등을 정확하게 파악할 수 있어.

① 가빈, 나빈
② 가빈, 다빈
③ 나빈, 다빈
④ 나빈, 라빈
⑤ 다빈, 라빈

02 다음에서 설명하는 국가로 옳은 것은? [2점]

이 지역은 건조 기후가 나타나 사막이 발달하였다. 사람들은 사막의 뜨거운 햇빛과 모래바람으로부터 피부를 보호하고자 온몸을 감싸는 형태의 긴 옷을 입는다.

① 일본
② 러시아
③ 캐나다
④ 인도네시아
⑤ 아랍에미리트

03 사진과 같은 모습을 볼 수 있는 지역에 대한 설명으로 옳은 것은? [2점]

↑ 하얼빈 빙설제

① 일 년 내내 온난한 기후가 나타난다.
② 증발량이 강수량보다 많아 사막이 발달한다.
③ 바다에서 멀리 떨어진 내륙에 있어 겨울이 매우 춥다.
④ 저위도에 있어 연평균 기온이 높고 비가 많이 내린다.
⑤ 중위도에 있어 기온의 연교차가 작고 계절별 강수량이 고른 편이다.

04 다음과 같은 생활 모습이 나타나는 지역을 지도에서 고른 것은? [3점]

초원이 넓게 펼쳐진 이 지역에서는 풀을 찾아 이동하면서 가축을 기르는 유목을 한다. 따라서 이동 생활에 편리하도록 쉽게 해체하고 지을 수 있는 가옥이 발달하였다.

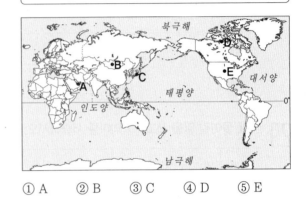

① A   ② B   ③ C   ④ D   ⑤ E

05 다음과 같은 현상에 대한 설명으로 옳지 않은 것은? [3점]

- 비행기를 타고 해외여행을 하고, 지구 반대편에서 하는 스포츠 경기를 실시간으로 볼 수 있다. 또한 특정 국가에서 생산한 제품을 전 세계에 판매하고 있다.
- 전국 곳곳에서 열리는 지역 축제에 방문하여 지역 특산물을 사고, 스마트폰 애플리케이션으로 음식을 주문하고 배달 받을 수 있다.

① 공간적 상호 작용이 활발해졌다.
② 통신 기술의 발달이 이루어졌다.
③ 시간과 거리의 한계를 극복하고 있다.
④ 새로운 교통수단의 등장으로 가능해졌다.
⑤ 초국적 기업의 등장으로 이러한 현상은 점차 감소하고 있다.

06 다음과 같은 현상이 나타난 까닭으로 옳은 것을 〈보기〉에서 고른 것은? [3점]

> • 상품이나 자본, 노동력 등 생산 요소가 국가 간에 자유롭게 이동하면서 전 세계가 거대한 하나의 시장으로 통합되고 있다.
> • 세계 여러 지역의 음식, 음악, 스포츠 등 다양한 분야의 문화가 확산하면서 전 세계 사람들이 같은 문화를 비슷한 시기에 함께 즐길 수 있게 되었다.

┤ 보기├
ㄱ. 지역화의 강화
ㄴ. 초국적 기업의 쇠퇴
ㄷ. 세계 무역 기구의 출범
ㄹ. 교통과 통신 기술의 발달

① ㄱ, ㄴ ② ㄱ, ㄷ ③ ㄴ, ㄷ
④ ㄴ, ㄹ ⑤ ㄷ, ㄹ

07 지역화에 대한 설명으로 옳지 <u>않은</u> 것은? [2점]

① 지역화로 지역 고유의 특성이 사라질 수 있다.
② 지역적인 것이 세계적 차원에서 독자적인 가치를 지니게 되는 현상이다.
③ 지역화 전략을 통해 관광 산업을 발달시키고 지역 경제를 활성화할 수 있다.
④ 서산 팔봉산 감자, 보성 녹차, 횡성 한우 등은 지리적 표시제 사례에 해당한다.
⑤ 세계 각 지역은 다른 지역보다 독특하고 차별화된 경쟁력을 갖추고자 노력하고 있다.

08 아시아에서 볼 수 있는 도시의 모습으로 옳은 것을 〈보기〉에서 고른 것은? [3점]

┤ 보기├
ㄱ. 실크로드의 중심지였던 사마르칸트
ㄴ. 사막의 풍경과 높고 화려한 빌딩을 함께 볼 수 있는 카타르
ㄷ. 슈베르트, 베토벤 등의 음악가들이 활동했던 예술의 도시인 빈
ㄹ. 교통의 발달로 오늘날 세계 물류 산업의 중심지 역할을 하는 로테르담

① ㄱ, ㄴ ② ㄱ, ㄷ ③ ㄴ, ㄷ
④ ㄴ, ㄹ ⑤ ㄷ, ㄹ

09 ㉠, ㉡에 해당하는 지형을 옳게 연결한 것은? [2점]

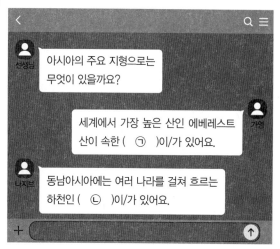

선생님: 아시아의 주요 지형으로는 무엇이 있을까요?

가영: 세계에서 가장 높은 산인 에베레스트 산이 속한 (㉠)이/가 있어요.

나지브: 동남아시아에는 여러 나라를 걸쳐 흐르는 하천인 (㉡)이/가 있어요.

	㉠	㉡
①	우랄산맥	메콩강
②	우랄산맥	황허강
③	히말라야산맥	메콩강
④	히말라야산맥	황허강
⑤	히말라야산맥	갠지스강

〔100점 도전!〕

10 A~D 종교에 대한 설명으로 옳지 <u>않은</u> 것은? [4점]

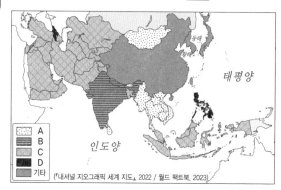

A
B
C
D
기타

『내셔널 지오그래픽 세계 지도』, 2022 / 월드 팩트북, 2023)

① A는 수행을 통한 깨달음을 중시한다.
② B는 돼지를 금기시하여 돼지고기를 먹지 않는다.
③ C는 시간을 맞추어 하루에 다섯 번 기도를 드린다.
④ D는 일요일에 교회에 가서 예배를 드린다.
⑤ A~D는 모두 아시아에서 발생한 종교이다.

11 다음 설명에 해당하는 아시아의 종교로 옳은 것은?
[2점]

> • 팔레스타인 지역에서 창시되어 유럽과 주변 지역으로 전파되었다.
> • 일요일에 교회에 가서 예배를 드리고 찬송가를 부른다.

① 불교　　　② 유대교　　　③ 이슬람교
④ 힌두교　　　⑤ 크리스트교

12 다음에서 설명하는 국가로 옳은 것은? [2점]

> • 아시아에서 인구가 가장 많다.
> • 계절풍의 영향을 받는 지역에서는 쌀을 많이 재배한다.
> • 저렴한 노동력을 바탕으로 노동 집약적 공업이 발달하였다.

① 중국　　　　　② 인도
③ 타이　　　　　④ 인도네시아
⑤ 사우디아라비아

잘 나와!

13 아시아의 인구 특징에 대한 설명으로 옳은 것은?
[2점]

① 인구 증가율이 계속 높아지고 있다.
② 사망률이 높아지면서 인구가 감소하고 있다.
③ 대한민국, 일본 등 경제 수준이 높은 국가의 출생률이 높다.
④ 오늘날에는 인도, 중국, 인도네시아 등에 많은 사람이 살고 있다.
⑤ 경제 수준이 높은 국가에서 중국, 동남아시아 국가로 이주하는 노동자가 많다.

14 밑줄 친 사회 문제로 옳은 것은? [3점]

> 아시아에서는 인도, 파키스탄, 필리핀 등 출생률이 높은 국가의 인구 증가 속도가 빠르다. 인구 증가율이 높은 국가는 성장 잠재력이 높지만, 사회 기반 시설이 뒷받침되지 않은 채 무분별하게 인구가 증가한다면 여러 사회 문제가 발생할 수도 있다.

① 식량 수출량이 증가한다.
② 생산 가능 인구가 감소한다.
③ 일자리 부족 문제가 발생한다.
④ 국가 내 이민자 비율이 증가한다.
⑤ 노년층 인구를 부양하는 비용이 증가한다.

15 서남아시아의 산업 특징으로 옳은 것을 〈보기〉에서 고른 것은? [3점]

> ┤보기├
> ㄱ. 벼농사와 플랜테이션이 발달하였다.
> ㄴ. 석유, 천연가스 등의 천연자원을 생산한다.
> ㄷ. 가공 무역으로 자동차, 철강 등을 수출한다.
> ㄹ. 관광·문화·물류 산업 등에 투자하면서 산업 구조를 다각화하고 있다.

① ㄱ, ㄴ　　　② ㄱ, ㄷ　　　③ ㄴ, ㄷ
④ ㄴ, ㄹ　　　⑤ ㄷ, ㄹ

16 ㉠에 들어갈 국가로 옳은 것은? [2점]

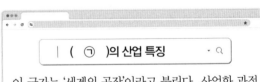

> (㉠)의 산업 특징
>
> 이 국가는 '세계의 공장'이라고 불린다. 산업화 과정에서 풍부한 노동력과 자원을 이용하여 세계적인 공업 국가로 성장하였다. 1980년대에는 선전을 비롯하여 여러 지역에 경제 특구를 지정하면서 공업을 더욱 발달시켰다. 오늘날에는 첨단 산업 육성에 힘쓰고 있다.

① 인도　　　　　② 일본
③ 중국　　　　　④ 베트남
⑤ 이스라엘

17 지도에 표시된 A 지역에 대한 설명으로 옳은 것은?

[3점]

① 유라시아 대륙의 동부에 있다.
② 우랄산맥을 경계로 아프리카와 구분된다.
③ 히말라야산맥, 바이칼 호수와 같은 지형이 있다.
④ 런던, 파리와 같은 대도시가 일찍이 발달하였다.
⑤ 이 지역의 국가들은 사용하는 언어가 모두 동일하여 국가 간 통합 정도가 높다.

18 서부 유럽에 해당하는 국가로 옳은 것을 〈보기〉에서 고른 것은? [2점]

┤보기├
ㄱ. 영국   ㄴ. 프랑스
ㄷ. 노르웨이   ㄹ. 이탈리아

① ㄱ, ㄴ   ② ㄱ, ㄷ   ③ ㄴ, ㄷ
④ ㄴ, ㄹ   ⑤ ㄷ, ㄹ

19 알프스산맥에 대한 설명으로 옳은 것을 〈보기〉에서 고른 것은? [2점]

┤보기├
ㄱ. 빙하 지형을 볼 수 있다.
ㄴ. 아시아 대륙과의 경계가 된다.
ㄷ. 유럽 남부의 스위스와 이탈리아에 걸쳐 있다.
ㄹ. 스칸디나비아산맥보다 해발 고도가 낮고 경사가 완만하다.

① ㄱ, ㄴ   ② ㄱ, ㄷ   ③ ㄴ, ㄷ
④ ㄴ, ㄹ   ⑤ ㄷ, ㄹ

20 국가와 도시가 옳게 연결되지 않은 것은? [2점]

① 독일 – 빈   ② 프랑스 – 파리
③ 스위스 – 제네바   ④ 러시아 – 모스크바
⑤ 에스파냐 – 바르셀로나

[21~22] 지도를 보고 물음에 답하시오.

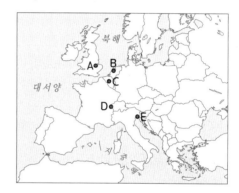

21 다음에서 설명하는 도시를 위 지도에서 고른 것은?

[2점]

120여 개의 섬으로 이루어진 수상 도시로, 관광용 배인 곤돌라를 타면 뱃사공이 불러주는 노래를 들으며 도시를 둘러볼 수 있다. 문학 작품인 『베니스의 상인』의 배경으로 유명하다.

① A   ② B   ③ C   ④ D   ⑤ E

22 지도의 A 도시에 대한 설명으로 옳은 것은? [3점]

① 유명한 예술가들이 활동한 고전 음악의 성지이다.
② 파르테논 신전, 아크로폴리스 등의 고대 유적으로 유명하다.
③ 세계 무역 기구, 세계 보건 기구 등 국제기구의 본부가 많다.
④ 세계적인 무역항이 위치하여 세계 물류 산업의 중심지 역할을 한다.
⑤ 18세기 산업 혁명이 시작된 곳이며, 오늘날에는 세계 금융의 중심지 역할을 한다.

23 다음과 같은 도시에 대한 설명으로 옳은 것을 〈보기〉에서 고른 것은? [4점]

> **탄소중립을 위한 코펜하겐의 노력**
> 덴마크의 코펜하겐은 탄소중립을 실천하고자 자전거 이용을 장려하는 정책을 펼치고 있다. 시민들은 자전거 전용 도로를 이용하여 안전하게 도심으로 이동할 수 있고, 코펜하겐 도심과 주변 소도시를 연결하는 광역 자전거 고속 도로가 운영되고 있다.

⌐ 보기 ┐
ㄱ. 프라이부르크, 오슬로, 말뫼 등이 대표적이다.
ㄴ. 경제 발전을 위해 이산화 탄소를 많이 배출하는 도시이다.
ㄷ. 도시화, 산업화 과정에서 발생한 문제를 해결하고자 한다.
ㄹ. 석탄, 석유 등 화석 에너지를 활용한 전력 생산 비율이 높다.

① ㄱ, ㄴ　　② ㄱ, ㄷ　　③ ㄴ, ㄷ
④ ㄴ, ㄹ　　⑤ ㄷ, ㄹ

24 지도는 유럽 연합 가입국을 나타낸 것이다. 이에 대한 설명으로 옳은 것은? [3점]

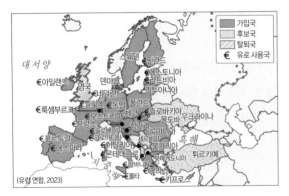

① 튀르키예는 가입을 희망하지 않는다.
② 대부분의 국가에서 유로를 사용한다.
③ 2024년 기준 회원국은 총 10개국이다.
④ 우크라이나는 유럽 연합을 탈퇴한 상태이다.
⑤ 독일, 프랑스는 가장 늦게 가입한 회원국이다.

25 밑줄 친 현상이 나타나는 까닭으로 적절하지 않은 것은? [4점]

> 지리적으로 유럽과 아시아에 걸쳐 있는 튀르키예는 국토의 많은 부분이 아시아 대륙에 있어 아시아 국가로 분류되는 경우도 많다. 오늘날 튀르키예는 유럽 연합에 가입하려고 노력하고 있다.

① 유럽 국가와 교류가 증가하기 때문이다.
② 유럽 국가들과 같은 종교를 믿기 때문이다.
③ 국제 사회에서 영향력을 키우고 싶기 때문이다.
④ 일자리를 찾아 이동하는 것이 자유로워지기 때문이다.
⑤ 유럽 국가들과 무역이 증가하여 경제적 이익이 커지기 때문이다.

26 선생님의 질문에 대한 학생의 대답으로 가장 적절한 것은? [3점]

> 벨기에의 축구 대표 팀 선수들은 훈련할 때 영어로 소통하고 있다고 합니다. 출신 지역에 따라 사용하는 언어가 달라서 그런 것인데요. 이렇게 한 국가 내에서 언어가 다르면 어떤 문제가 발생할까요?

① 브렉시트와 같은 문제가 발생할 수 있습니다.
② 지역 간 문화적 차이로 갈등이 발생할 수 있습니다.
③ 이주민이 대거 유입되어 문화 갈등이 발생할 수 있습니다.
④ 다른 유럽 국가와의 자유로운 무역이 어려워질 수 있습니다.
⑤ 외국인 노동자가 빠져나가 노동력이 부족해질 수 있습니다.

단답형 + 서술형 문제

27 ㉠에 들어갈 용어를 쓰고, 그 사례를 한 가지 서술하시오. [7점]

> 영국에 본사를 두고 있는 ○○ 의류 기업의 청바지는 12개 이상의 국가에서 원료와 부품, 노동력을 공급 받는다. 이처럼 지역 간 사람, 물자, 상품과 서비스, 정보 등의 이동과 소통이 이루어지는 것을 (㉠)(이)라고 한다.

28 그래프를 보고 물음에 답하시오. [10점]

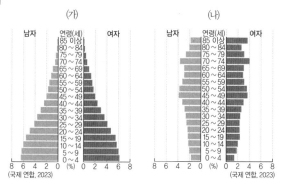

(1) ㈎, ㈏ 지역의 인구 구조의 특성을 제시어를 사용하여 비교 서술하시오. [5점]

> • 노년층   • 유소년층

(2) ㈏ 지역에서 발생할 수 있는 인구 문제를 한 가지 서술하시오. [5점]

29 A 국가들에서 노동 집약적 제조업이 발달할 수 있었던 배경을 서술하시오. [5점]

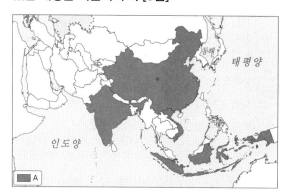

30 ㉠에 들어갈 용어를 쓰시오. [3점]

> • 1993년 (㉠)이/가 출범함
> • 2024년 기준 27개의 회원국이 있음
> • 회원국 간 관세가 없고 이동이 자유로우며, 단일 화폐를 사용함

31 다음과 같은 도시를 지칭하는 용어를 쓰고, 그 의미를 서술하시오. [5점]

> • 독일의 프라이부르크는 태양광 지붕을 통해 태양광 에너지를 생산해 낼 수 있는 주택을 건축하기를 장려하고 있으며, 이를 위해 비용을 지원하는 정책도 마련하였다.
> • 노르웨이 정부는 2025년부터 화석 연료를 사용하는 자동차의 운행과 판매를 금지할 예정이다. 이에 따라 오슬로는 전기 자동차의 비율을 늘리고 자전거를 상용화하려 노력하고 있다.

01 아프리카의 국가 및 주요 도시와 자연환경

◆ 아프리카의 국가와 주요 도시

1. 위치와 지역 구분

(1) **위치**: 서쪽에는 대서양, 동쪽에는 인도양, 북쪽에는 ❶ □□□ 을/를 사이에 두고 유럽과 마주하고 있음, 북동쪽으로 아시아가 있음

(2) **지역 구분과 국가**: ❷ □□□ 사막을 기준으로 북부 아프리카와 중·남부 아프리카로 구분함

북부 아프리카	이집트, 알제리, 모로코, 튀니지 등
중·남부 아프리카	나이지리아, 케냐, 탄자니아, 에티오피아, 남아프리카 공화국 등

2. 아프리카의 주요 도시

카이로 (이집트)	나일강 하구의 넓은 평야에 발달한 도시로, 고대 이집트 문명의 유물과 유적을 볼 수 있음
나이로비 (케냐)	정보 기술(IT) 산업이 발달하였으며, 사파리 관광으로 유명함
아디스아바바 (에티오피아)	고원에 자리하며, 아프리카 ❸ □□ 교통의 중심지로 아프리카 연합(AU)의 본부가 있음
❹ □□□ (나이지리아)	철도와 항만이 발달하여 수출입에 유리한 항구 도시로, 아프리카에서 인구가 많은 도시 중 하나임
요하네스버그 (남아프리카 공화국)	풍부한 ❺ □□ 자원을 바탕으로 성장하여 오늘날 아프리카의 금융 중심지가 됨

◆ 아프리카의 자연환경

1. 아프리카의 지형

산지	• 아틀라스산맥: 판의 경계와 가까워 높고 험준함 • ❻ □□□□□□: 동아프리카 지구대를 따라서 발달한 화산으로, 아프리카에서 가장 높음
사막	아프리카에서 가장 넓은 사하라 사막이 분포함
강·호수·폭포	• ❼ □□□: 적도 부근에서 발원하여 여러 국가를 지나 지중해로 흐르는 하천으로 이집트 문명이 발달한 곳임 • 빅토리아호: 아프리카에서 가장 큰 호수 • ❽ □□□□ □□: 잠베지강에 있는 거대한 폭포

2. 아프리카의 기후

열대 기후	• 분포: 적도 부근 • 기후 특성: 일 년 내내 기온이 높고 비가 많이 내림 → 열대 우림 및 ❾ □□□ 초원이 발달함 • 산업: 플랜테이션 농업과 이동식 화전 농업, 관광 산업 등이 발달함
건조 기후	• 분포: 사하라 사막과 그 주변 지역, 남서부 해안 지역 • 기후 특성: 연 강수량이 500mm 미만으로 증발량이 강수량보다 많음 • 산업: 비교적 물을 구하기 쉬운 지역에서 ❿ □□□□ 농업이 발달함
온대 기후	지중해 연안과 남아프리카 공화국 일대 등에 분포

02 아프리카의 문화와 지역 잠재력

◆ 아프리카의 문화 다양성

1. 아프리카의 생활 문화

의복	열대 기후 지역에서는 화려한 색상과 무늬의 옷을 입고, 건조 기후 지역에서는 온몸을 감싸는 형태의 옷을 입음
주식	쌀이나 밀을 주식으로 하며, 옥수수나 카사바 등으로 만든 음식을 먹음
전통 가옥	건조 기후 지역에서는 흙벽돌집을 지음, 강수량이 많은 지역에서는 지붕의 경사를 급하게 만듦

2. 아프리카의 종교 문화

(1) **북부 아프리카**: 서남아시아에서 전파된 ⓫ □□□□ 문화가 발달함

(2) **중·남부 아프리카**: 크리스트교와 토속 신앙이 주를 이룸

3. 아프리카의 예술 문화

음악·춤	• 북이나 나무를 두드리는 음악이 발달함 → 아메리카 대륙으로 전파되어 ⓬ □□, 탱고, 힙합, 삼바, 레게 등 다양한 분야로 발전함 • 젬베, 칼림바 등 전통 타악기들은 오늘날 다양한 음악 연주에 활용됨
미술	부족 사회마다 독특하게 발달한 조각상, 가면 등이 서양 미술에 많은 영향을 줌
패션	아프리카에서 전통적으로 사용하는 화려한 색과 기하학적 무늬가 현대 패션에 영향을 줌

➕ 아프리카의 지역 잠재력

1. 아프리카의 풍부한 자원

지하자원	잠비아·콩고 민주 공화국 일대에는 구리, 짐바브웨·남아프리카 공화국 일대에는 백금, 크롬 등이 풍부함
에너지 자원	나이지리아, 알제리, 앙골라 등의 국가에서 ⑬◻◻ 생산량이 많음
신·재생 에너지	일조량이 많아 태양광 발전에 유리하고, 대하천이 지나는 지역은 수력 자원이 풍부함
상품 작물	동부의 고원 지대에서는 커피, 기니만 연안에서는 카카오의 재배가 활발함
관광 자원	사파리 체험 등이 발달하여 관광객을 유치함

2. 아프리카의 인구 특성과 지역 잠재력

☆☆
(1) 인구 특성: 아시아 다음으로 인구가 많고 다른 대륙보다 평균 연령이 낮으며 ⑭◻◻◻이/가 높음

(2) 지역 잠재력: 풍부한 노동력과 규모가 큰 소비 시장이 있음

03 아프리카의 지속가능한 발전을 위한 노력

➕ 지속가능한 발전을 위한 아프리카의 노력

1. 지속가능한 발전

의미	⑮◻◻ 세대가 사용할 자원, 환경 등을 해치지 않으면서 현재 세대와 함께 발전시키는 것
아프리카의 해결 과제	빈곤과 기아, 단순한 경제 구조와 경제 양극화, 불안한 정세 등을 해결해야 함

2. 지속가능한 발전을 위한 아프리카의 노력

(1) ⑯◻◻◻◻ ◻◻(AU)
① 설립: 아프리카의 사회적·경제적 통합을 지향하기 위해 설립, 경제 발전, 생활 수준 등을 위해 협력하고 있음
② 내용: 아프리카 대륙 자유 무역 지대(AfCFTA)를 구축하여 아프리카 지역 내 ⑰◻◻(이)나 무역 규제를 해제함, 어젠다 2063 프로젝트 계획을 발표함

(2) 지속가능한 발전을 위한 국가별 노력

보츠와나	국가 개발 계획을 세워 ⑱◻◻◻◻ 개발로 얻은 이익을 의료, 교육, 도로 등 공공사업에 투자함
남아프리카 공화국	탄소중립 정책을 시행하고, 태양광과 풍력 등 신·재생 에너지 생산 비율을 늘리고 있음
르완다	외국 자본을 유치하여 고부가 가치 산업을 육성하고, 의료 체계를 안정화하려고 노력함

➕ 아프리카의 지속가능한 발전을 위한 세계의 협력

1. 세계 다양한 주체 간의 협력

국제기구	국제 연합(UN)을 비롯한 국제기구는 보건, 의료, 건설, 교육, 농업 등 다양한 부문의 활동을 지원함
비정부 기구 (NGO)	시민 단체를 중심으로 아프리카 국가에 대한 지원과 협력 사업을 추진함 ⓔ 빈곤 퇴치를 위해 노력하는 옥스팜 등
공적 개발 원조	아프리카의 사회적·경제적 발전과 지역 주민들의 복지 증진을 위해 교육, 의료 등 다양한 원조가 이루어짐

2. 아프리카의 발전을 위한 우리의 역할

인식 개선	아프리카에 관심을 가지고 아프리카 문화를 존중하며, 빈곤과 기아 문제를 해결하기 위한 기부나 봉사활동에 참여함
착한 소비 활동 참여	• ⑲◻◻ ◻◻: 개발 도상국 생산자의 경제적 자립과 권리 보호를 위해 생산자에게 더 나은 거래 조건을 제공하는 무역 방식 • 공정 여행: 여행지의 환경을 보호하고 현지 문화를 존중하면서 주민들에게 정당한 비용을 치르는 여행
⑳◻◻◻ 개발	주민 생활을 개선하는 아이디어를 제안하여 아프리카의 지속가능한 발전에 기여할 수 있음

◀ 정답 확인하기 ▶

❶ 지중해	❷ 사하라	❸ 항공	❹ 라고스
❺ 광물	❻ 킬리만자로산	❼ 나일강	❽ 빅토리아폭포
❾ 사바나	❿ 오아시스	⑪ 이슬람교	⑫ 재즈
⑬ 석유	⑭ 출생률	⑮ 미래	⑯ 아프리카연합
⑰ 관세	⑱ 다이아몬드	⑲ 공정 무역	⑳ 적정 기술

◀ 스스로 점검하기 ▶

맞은 개수	이렇게 해 봐
10개 이하	진도 교재로 돌아가 복습해 봐!
11 ~ 15개	틀린 문제의 답을 다시 확인하고 **중간고사·기말고사**를 풀도록 해!
16 ~ 20개	자신감을 가지고 **중간고사·기말고사**를 풀어 봐. 학교 시험 100점 도전!

01 아메리카의 국가 및 주요 도시와 자연환경

➕ 아메리카의 국가와 주요 도시

1. 지역 구분과 국가

(1) 위치: 서쪽으로 태평양, 동쪽으로 대서양과 접해 있음

(2) 지역 구분: 지리적으로 파나마 지협을 기준으로 북아메리카와 남아메리카, 문화적으로 리오그란데강을 기준으로 앵글로아메리카와 라틴 아메리카로 구분함

(3) 주요 국가

북아메리카	미국, 캐나다, ❶◻◻◻ 등
남아메리카	브라질, 아르헨티나, 페루, 칠레, 에콰도르, 콜롬비아, 볼리비아 등

2. 주요 도시와 특징

❷◻◻◻	• 캐나다의 정치·경제·문화의 중심지 • 다양한 민족과 이민자가 거주함
몬트리올	• 캐나다 퀘벡주에 있는 도시 • ❸◻◻◻ 문화가 발달함
❹◻◻	• 세계의 정치·경제·금융 중심지 • 국제 연합(UN)의 본부가 있음
로스앤젤레스	• 우리나라 교민들이 많이 거주함 • 할리우드를 중심으로 영화 산업이 발달함
멕시코시티	• 고산 지대에 있음 • 고대 아스테카 문명의 유적이 남아 있음
❺◻◻◻◻	• 남아메리카에서 인구가 가장 많은 도시 • 남아메리카의 금융 중심지
부에노스아이레스	아르헨티나의 수도
쿠리치바	생태 도시로 주목받음

➕ 아메리카의 자연환경

1. 아메리카의 지형

북아메리카	• 서쪽에 로키산맥, 동쪽에 애팔래치아산맥이 남북으로 뻗어 있음 • 두 산맥 사이에 ❻◻◻◻이/가 펼쳐져 있음
남아메리카	• 서쪽에 ❼◻◻◻ 산맥이 남북으로 뻗어 있음 • 동쪽에 브라질 고원이 있음 • 내륙 저지대에는 아마존강이 흐름

2. 아메리카의 기후

북아메리카	• 북부 지역은 냉대 기후와 한대 기후가 나타남 • 미국 남동부 지역은 온대 기후가 나타남 • 서부 지역은 ❽◻◻ 기후가 나타남 • 멕시코 남부와 카리브해 지역은 열대 기후가 나타남
남아메리카	• 적도를 중심으로 ❾◻◻ 기후가 넓게 나타남 • 남부 지역의 일부는 온대 기후가 나타남 • 적도 주변의 안데스 산지에서는 ❿◻◻ 기후가 나타나 고산 도시가 발달함

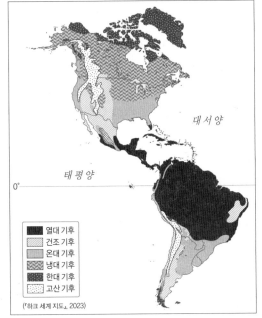

대 서 양

태 평 양

0°

열대 기후
건조 기후
온대 기후
냉대 기후
한대 기후
고산 기후

「하크 세계 지도」, 2023

⬆ 아메리카의 기후 분포

02 다양한 민족과 인종으로 구성된 아메리카

➕ 아메리카의 인구 구성

1. 앵글로아메리카의 민족과 인종

(1) 특징: 다수의 유럽계와 히스패닉, 아프리카계, 아시아계 등 다양한 민족과 인종으로 구성됨

(2) 배경

과거	• 유럽인이 이주하기 전부터 아메리카 원주민이 살고 있었음 • 영국인이 앵글로아메리카를 개척한 이후 유럽 각 지역에서 이민자가 유입함 • 유럽인들이 아프리카에서 흑인을 노예로 이주시킴
오늘날	⓫◻◻◻◻이/가 미국으로 유입하여 독자적인 문화를 형성하고, 경제적 이유로 아시아 등 여러 지역에서 이주민이 들어옴

2. 라틴 아메리카의 민족과 인종

☆☆
(1) 특징: 원주민, 유럽계, 아프리카계, 이들 사이에서 태어난 ⑫ ☐☐☐ 등 다양한 민족과 인종으로 구성됨

(2) 배경: 에스파냐가 브라질을 제외한 대부분 지역을, 포르투갈이 브라질을 식민 지배함

(3) 분포

혼혈인	라틴 아메리카 전역에 거주함
원주민	안데스 산지의 페루와 볼리비아에서 비율이 높음
유럽계	온대 기후가 나타나는 우루과이와 아르헨티나에서 비율이 높음
아프리카계	열대 기후가 나타나는 ⑬ ☐☐☐☐ 연안 국가에서 비율이 높음

● 아메리카의 문화

1. 아메리카의 문화 특징

북아메리카	영국의 영향을 받아 주로 ⑭ ☐☐을/를 사용하며 개신교가 주요 종교로 자리 잡음
남아메리카	남부 유럽의 영향을 받아 대부분 에스파냐어와 포르투갈어를 사용하며 ⑮ ☐☐☐☐ 신자 수가 많음

☆☆
2. 문화 ⑯ ☐☐☐

(1) 의미: 기존의 문화와 외래문화가 만나 기존의 문화 정체성이 약화되거나, 두 문화가 혼합되어 새로운 문화가 만들어지는 현상

(2) 사례

햄버거(미국)	독일인이 먹던 함부르크 스테이크가 변형됨
재즈(미국)	⑰ ☐☐☐☐☐ 전통 음악과 미국 남북 전쟁 이후 군악대 연주 기법이 결합함
리우 카니발 (브라질)	크리스트교의 축제, 아프리카의 전통 타악기 연주와 춤이 합쳐져 발전함
과달루페 성모상 (멕시코)	유럽의 가톨릭교와 아메리카 원주민의 전통 신앙이 결합함

03 아메리카의 초국적 기업

● 초국적 기업과 글로벌 생산 체제

1. 초국적 기업

(1) 의미: 전 세계를 대상으로 생산 및 판매 활동을 하는 기업

(2) 발달 배경
① 교통과 통신의 발달로 세계 여러 지역 간에 교류가 활발해짐
② 세계 무역 기구(WTO)의 등장과 자유 무역 협정(FTA)의 확대가 경제활동의 세계화를 촉진함

☆☆
2. 초국적 기업의 공간적 분업과 기능별 입지

⑱ ☐☐	다양한 정보와 자본을 확보하기 유리한 지역
연구소	지식과 기술을 갖춘 고급 인력이 많은 지역
생산 공장	• 단순 노동이 필요한 생산 공장: 지가와 임금이 싸고 ⑲ ☐☐과/와 가까운 지역 • 고도의 기술이 필요한 생산 공장: 고급 인력이 많은 지역

● 초국적 기업의 입지와 해외 이전에 따른 지역 변화

1. 초국적 기업의 입지와 해외 이전의 까닭

(1) 생산 비용 절감: 생산 비용을 줄이고자 국내에 있던 생산 공장을 해외로 옮김

(2) 판매 시장 확보: 판매 시장을 넓히고자 생산 공장을 제품 수요가 많은 국가로 옮김

2. 초국적 기업의 입지가 지역에 미치는 영향

입지 지역	긍정적 영향	• 새로운 산업 단지가 조성되어 일자리가 생김 • 기술을 이전 받아 관련 산업이 발달함
	부정적 영향	• 생산 공장에서 유해 물질, 산업 폐기물이 배출되면서 환경 오염이 발생하기도 함 • 낮은 ⑳ ☐☐의 단순 노동력만을 필요로 하기도 하여 노동 환경이 열악해짐
이전 지역		실업률이 증가하고 인구가 감소하여 지역 경제가 침체됨

정답 확인하기

❶ 멕시코	❷ 토론토	❸ 프랑스	❹ 뉴욕
❺ 상파울루	❻ 대평원	❼ 안데스	❽ 건조
❾ 열대	❿ 고산	⑪ 히스패닉	⑫ 혼혈인
⑬ 카리브해	⑭ 영어	⑮ 가톨릭교	⑯ 혼종성
⑰ 아프리카	⑱ 본사	⑲ 시장	⑳ 임금

스스로 점검하기

맞은 개수	이렇게 해 봐
10개 이하	진도 교재로 돌아가 복습해 봐!
11~15개	틀린 문제의 답을 다시 확인하고 중간고사·기말고사를 풀도록 해!
16~20개	자신감을 가지고 중간고사·기말고사를 풀어 봐. 학교 시험 100점 도전!

VI 단원 핵심 정리

01 발전 가능성이 큰 오세아니아

● 오세아니아의 주요 국가와 도시 및 자연환경

1. 오세아니아의 주요 국가와 도시

오스트레일리아	• 시드니: 경제·문화 중심지 • 멜버른: 유럽의 영향을 많이 받은 도시 • ❶ ☐☐☐ : 오스트레일리아의 수도
뉴질랜드	• ❷ ☐☐☐☐ : 인구가 가장 많은 도시 • 웰링턴: 뉴질랜드의 수도
태평양의 섬나라	투발루, 피지, 키리바시 등

✩✩ 2. 오세아니아의 지형

오스트레일리아	• 국토 대부분이 사막과 평원으로 이루어져 있음 • 동부 해안을 따라 그레이트디바이딩산맥이 뻗어 있음 • 산맥의 서쪽 중앙부에 ❸ ☐☐☐ 분지 등 평원이 펼쳐져 있음 • 북동부 해안에 세계 최대의 산호초 군락지인 ❹ ☐☐☐ 이/가 있음
뉴질랜드	• 북섬과 남섬, 두 개의 큰 섬으로 이루어짐 • 북섬은 ❺ ☐☐ 과/와 화산 활동이 자주 발생함 • 남섬은 다양한 ❻ ☐☐ 지형이 발달함

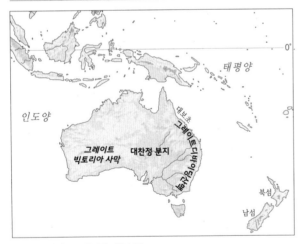

↑ 오세아니아 주요 국가의 지형 분포

3. 오세아니아의 기후

오스트레일리아	• 남동부 해안은 온대 기후가 나타나 인구 밀도가 높음 • 내륙 지역은 ❼ ☐☐ 기후가 나타나 강수량이 적음 • 북부 지역은 적도와 가까워 열대 기후가 나타남
뉴질랜드	바다의 영향을 받아 기온의 ❽ ☐☐☐ 이/가 작고 연중 강수량이 고른 온대 기후가 나타남

↑ 오세아니아 주요 국가의 기후 분포

● 오세아니아와 다른 지역의 상호 연계

1. 오세아니아의 자원

(1) 천연자원

① 오스트레일리아는 ❾ ☐☐☐ , 석탄 등 광물 자원과 에너지 자원이 풍부함

② 철광석과 석탄은 산업이 발달하여 천연자원의 수요가 큰 우리나라, 중국, 일본 등으로 수출되고 있음

(2) 농축산물

오스트레일리아	• 기업적 농목업이 발달하여 밀, 소고기, 양털, 유제품 등을 생산함 • 생산품의 3분의 2가량을 수출함
뉴질랜드	• ❿ ☐☐ , 소고기, 과일 등을 주로 수출함 • 농산물 수출이 전체 수출에서 높은 비중을 차지함

2. 오세아니아와 세계 다른 지역과의 관계

✩✩ (1) 경제 교류 현황

오스트레일리아	• 과거에는 영국, 미국과 무역량이 많았음 • 오늘날에는 지리적으로 가까운 ⓫ ☐☐☐ 및 태평양 연안의 국가들과 점점 무역을 확대하고 있음 • 제조업이 발달한 우리나라, 중국, 일본 등으로 천연자원을 주로 수출하고, 각종 공산품을 수입함
뉴질랜드	• 전통적으로 영국과 경제적인 유대 관계를 맺으며 농산물을 수출함 • 오늘날 오스트레일리아와 주로 경제 협력을 유지하지만 아시아 국가들과 점점 교역을 확대하고 있음

(2) 경제 협력: 역내 포괄적 경제 동반자 협정(RCEP), 아시아 태평양 경제 협력체(APEC) 등을 체결하여 아시아 및 태평양 연안 국가들과 경제 협력을 강화함

02 태평양 지역의 환경 문제와 해결 방안

태평양 지역의 환경 문제

해양 쓰레기 문제	• ⑫◯◯◯◯은/는 바다를 떠돌면서 해양 생물들을 위협함 • 미세 플라스틱은 먹이 사슬을 타고 생태계 전체에 영향을 미침
⑬◯◯◯ 상승	• 지구의 평균 기온 상승으로 극지방, 고산 지역의 빙하가 녹아 해수면이 상승함 • 투발루, 키리바시 등 섬나라들은 국토가 바닷물에 잠겨 국가가 사라질 위기에 처함 • 지하수에 염분이 스며들어 식수가 부족해짐
해수 온도 상승	태평양 지역의 어류 서식지가 변화하고 산호 백화 현상이 나타남

태평양 지역의 환경 문제 해결 방안

국제 사회	• 국제 연합(UN)은 지속가능발전 목표(SDGs)를 세워 환경 문제 해결을 위해 노력함 • 지구 평균 기온 상승을 1.5℃ 이내로 제한하기로 하는 ⑭◯◯ ◯◯(2015년)을/를 체결함
국가	해양 폐기물 관련 법을 제정하여 쓰레기가 해양으로 유출되는 것을 막고자 노력함
환경 단체	해양 쓰레기를 수거하고 환경 문제의 심각성을 알리는 캠페인을 진행함
개인	필요한 물건만 사기, 전기 절약하기, 장바구니와 ⑮◯◯◯ 컵 사용하기 등

03 극지방의 지리적 중요성과 지역 개발

북극과 남극의 지리적 특징

북극	북극점을 중심으로 북극해가 펼쳐져 있으며 아시아, 유럽, 북아메리카, 그린란드에 둘러싸여 있음
남극	남극점을 중심으로 남극 ⑯◯◯과/와 남극해로 이루어져 있으며, 두꺼운 빙하로 덮여 있음

북극과 남극의 지리적 중요성

북극	• 유럽, 아시아, 북아메리카의 주요 도시를 짧은 거리로 연결하는 ⑰◯◯ 교통의 중심지 • 북극해를 거쳐 아시아와 유럽을 잇는 최단 해운 항로로서 주목받고 있음 • ⑱◯◯, 천연가스 등 에너지 자원이 많이 매장되어 있음 • 극지방의 생명 자원을 활용하여 신약과 신소재 등을 개발함
남극	• 다양한 해양 생물이 서식하여 해양 생태계 연구에 중요함 • 수산 자원이 풍부하며, 석탄, 철광석, 구리 등이 많이 매장되어 있음 • 오랫동안 쌓인 ⑲◯◯ 속 물질을 연구하여 지구의 기후변화를 알 수 있음 • 세계 각국은 연구 기지를 세워 생물, 해양, 지질, 빙하, 우주 분야 등을 연구함

북극과 남극의 지역 개발 둘러싼 이해관계

북극	• 북극해 주변 국가들은 북극해의 ⑳◯◯을/를 더 많이 차지하기 위한 영유권 주장을 함 • 북극이 개발되면서 북극해의 빙하 녹는 속도가 빨라져 해수면 상승이 가속화됨
남극	• 남극 조약에 따라 자원 탐사와 군사 활동을 금지하고, 평화적인 목적의 과학 연구를 허용하고 있음 • 남극의 청정한 자연환경이 오염되고, 불법 어업과 동물 포획 등이 이루어짐

▲ 북극의 자원과 영유권 주장 현황

정답 확인하기

❶ 캔버라 ❷ 오클랜드 ❸ 대찬정 ❹ 대보초
❺ 지진 ❻ 빙하 ❼ 건조 ❽ 연교차
❾ 철광석 ❿ 양털(양모) ⑪ 아시아 ⑫ 플라스틱
⑬ 해수면 ⑭ 파리 협정 ⑮ 다회용 ⑯ 대륙
⑰ 항공 ⑱ 석유 ⑲ 빙하 ⑳ 공해

스스로 점검하기

맞은 개수	이렇게 해 봐
10개 이하	진도 교재로 돌아가 복습해 봐!
11~15개	틀린 문제의 답을 다시 확인하고 중간고사·기말고사를 풀도록 해!
16~20개	자신감을 가지고 중간고사·기말고사를 풀어 봐. 학교 시험 100점 도전!

01 아프리카의 위치와 지역 구분에 대한 설명으로 옳은 것만을 〈보기〉에서 있는 대로 고른 것은? [3점]

┌ 보기 ┐
ㄱ. 북동쪽으로 아시아가 있다.
ㄴ. 동쪽으로 인도양과 접해 있다.
ㄷ. 북쪽으로 지중해를 두고 유럽을 마주하고 있다.
ㄹ. 사하라 사막을 기준으로 동부 아프리카와 서부 아프리카로 구분한다.

① ㄱ, ㄴ   ② ㄴ, ㄷ   ③ ㄷ, ㄹ
④ ㄱ, ㄴ, ㄷ   ⑤ ㄴ, ㄷ, ㄹ

잘 나와!

02 (가), (나)에서 설명하는 도시를 옳게 연결한 것은? [3점]

(가) 철도와 항만이 발달하여 국가 수입 물량의 80%가 들어오는 나이지리아의 경제 중심지이다.
(나) 아프리카, 서남아시아, 유럽을 잇는 요지에 있어 북부 아프리카에서 중요한 도시이다. 또한 이집트 문명과 관련된 각종 유물과 유적을 볼 수 있다.

	(가)	(나)
①	라고스	카이로
②	라고스	케이프타운
③	나이로비	라고스
④	아디스아바바	케이프타운
⑤	아디스아바바	요하네스버그

03 아프리카의 기후에 대한 설명으로 옳지 않은 것은? [3점]

① 적도를 중심으로 대칭적인 기후가 나타난다.
② 북부 아프리카에는 주로 건조 기후가 나타난다.
③ 남아프리카 공화국 일대에는 온대 기후가 나타난다.
④ 콩고 분지와 기니만 연안에는 냉대 기후가 나타난다.
⑤ 열대 기후 지역에서는 열대 우림 주변으로 초원이 넓게 나타난다.

04 다음에서 설명하는 지형의 위치를 지도의 A~E에서 고른 것은? [3점]

동아프리카 지구대를 따라서 발달한 화산으로, 아프리카에서 가장 높은 산이다.

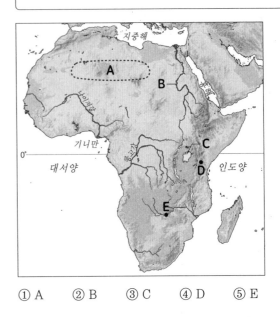

① A   ② B   ③ C   ④ D   ⑤ E

05 사진의 건축물을 보고 알 수 있는 이 지역의 기후와 종교를 옳게 연결한 것은? [2점]

↑ 젠네 모스크

① 건조 기후 – 이슬람교
② 건조 기후 – 크리스트교
③ 열대 기후 – 토속 신앙
④ 열대 기후 – 크리스트교
⑤ 온대 기후 – 이슬람교

06 자료를 보고 설명할 수 있는 내용으로 가장 적절한 것은? [3점]

↑ 아프리카 원시 조각상   ↑ 피카소, 「아비뇽의 처녀들」

① 유럽과 아프리카의 기후가 유사하다.

② 크리스트교가 아프리카에 확산되었다.

③ 아메리카의 문화가 아프리카로 전파되었다.

④ 아프리카 부족 사회의 전통문화가 서양 미술에 영향을 주었다.

⑤ 유럽인의 식민지 개척 과정에서 아프리카 전통문화가 훼손되었다.

07 다음 사례에 공통으로 나타난 활동의 목적으로 가장 적절한 것은? [4점]

> • 세계은행을 비롯한 여러 기관에서는 사막화를 막기 위해 사하라 사막의 남쪽 사헬 지대에 대규모 숲을 조성하는 그레이트 그린 월 프로젝트를 지원하고 있다.
> • 우리나라는 식량난을 겪고 있는 아프리카 8개국에 쌀 생산 경험과 기술을 공유하여 고품질의 쌀을 재배할 수 있도록 도와주는 케이(K)-라이스 벨트 사업을 수행하고 있다.

① 아프리카의 낮은 교육 수준을 높이고자 한다.

② 아프리카의 급격한 인구 성장을 억제하고자 한다.

③ 아프리카에서 발생하는 국제 분쟁을 해결하고자 한다.

④ 아프리카의 지속가능한 발전을 이루고자 노력하고 있다.

⑤ 아프리카의 다양한 광물 자원을 전 세계로 수출하고자 한다.

잘 나와!

08 ㈎, ㈏에서 설명하는 도시를 지도에서 찾아 옳게 연결한 것은? [3점]

> ㈎ 미국에서 뉴욕 다음으로 큰 도시로, 다채로운 문화를 상품화한 대중문화 산업이 발달하였다. 할리우드를 중심으로 영화 산업이 유명하다.
> ㈏ 포르투갈 탐험가들이 브라질 해안선을 따라 항해하다 발견한 곳으로, '1월의 강'이라는 뜻의 이름을 지녔다. 세계 3대 아름다운 항구 중 하나이며, 거대한 예수상으로 유명하다.

	㈎	㈏
①	A	B
②	A	C
③	B	A
④	B	C
⑤	C	A

09 A~C 지역에서 볼 수 있는 지형 안내문으로 옳은 것만을 있는 대로 고른 것은? [3점]

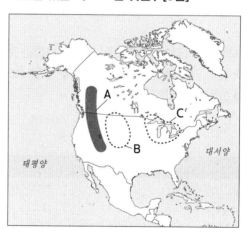

A	B	C
북아메리카 서부에 있는 높고 험준한 산지	다양한 생물이 서식하는 열대 우림	지진과 화산 활동으로 형성된 호수

① A　　② B　　③ C

④ A, C　　⑤ B, C

100점 도전!

10 A, B 지역에 대한 설명으로 옳은 것은? [4점]

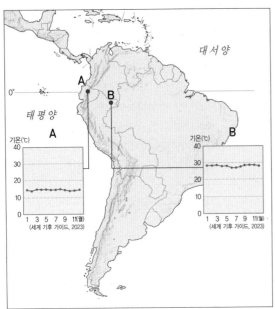

① A 지역은 덥고 습한 기후가 나타난다.
② A 지역은 연중 봄처럼 온화한 기후가 나타난다.
③ B 지역은 강수량보다 증발량이 많다.
④ B 지역은 해발 고도가 높아 고산 기후가 나타난다.
⑤ A, B 지역 모두 기온의 연교차가 크다.

잘 나와!

11 그래프는 미국 내 민족(인종) 구성을 나타낸 것이다. ㈎ 민족(인종)에 대한 설명으로 옳은 것을 〈보기〉에서 고른 것은? [3점]

(미국 인구 조사국, 2021)

┌ 보기 ┐
ㄱ. 주로 에스파냐어를 사용한다.
ㄴ. 미국 문화의 주류를 이루고 있다.
ㄷ. 내륙에 있는 보호 구역에 주로 거주한다.
ㄹ. 16세기 이후 유럽에서 건너와 아메리카를 개척하였다.

① ㄱ, ㄴ   ② ㄱ, ㄷ   ③ ㄴ, ㄷ
④ ㄴ, ㄹ   ⑤ ㄷ, ㄹ

12 다음 자료와 같은 현상이 나타나게 된 배경으로 옳은 것은? [3점]

← 멕시코의 과달루페 성모상

멕시코의 과달루페에 가면 멕시코 원주민의 외모를 닮은 검은 머리, 갈색 피부의 성모상을 볼 수 있다.

① 멕시코인이 이슬람교를 받아들였다.
② 유럽인의 문화가 그대로 이전되었다.
③ 멕시코의 문화와 외래문화가 만났다.
④ 원주민의 문화가 유럽으로 전파되었다.
⑤ 유럽인의 유입으로 멕시코의 개신교 신자 비율이 높아졌다.

13 초국적 기업의 성장 과정에 대한 다큐멘터리를 제작 중이다. 밑줄 친 ㉠~㉣ 중 옳지 않은 것은? [3점]

장면	내용
#1	㉠ 국가 내에 본사를 세우고, 생산 시설과 영업 지점을 열었다.
#2	㉡ 교통과 통신의 발달로 지역 간 교류가 활발해지면서 판매 시장을 넓히고자 ㉢ 세계 각지에 자회사와 영업 지점을 만들었다.
#3	의사 결정 권한을 갖게 된 ㉣ 해외 자회사는 현지화한 상품과 서비스를 제공한다.
#4	전문화된 자산과 기능을 보유하게 된 ㉤ 해외 자회사는 본사와 수직적인 관계가 강화된다.

① ㉠   ② ㉡   ③ ㉢   ④ ㉣   ⑤ ㉤

14 밑줄 친 기업이 브라질에 생산 공장을 건설한 까닭으로 가장 적절한 것은? [3점]

> ○○ 자동차 기업은 브라질 공장에서 생산한 자동차를 주변 라틴 아메리카 국가에 수출하고 있다. 브라질은 미국보다 경제 수준이 낮고, 라틴 아메리카에서 인구가 가장 많은 국가이다.

① 빠른 의사 결정
② 풍부한 자본 확보
③ 다양한 정보 수집
④ 지식과 기술을 갖춘 고급 인력 확보
⑤ 저임금 노동력과 넓은 판매 시장 확보

15 초국적 기업의 입지와 해외 이전의 까닭으로 옳은 것만을 〈보기〉에서 있는 대로 고른 것은? [3점]

> ┤보기├
> ㄱ. 생산 비용 절감
> ㄴ. 판매 시장 확보
> ㄷ. 유리한 기업 활동

① ㄱ
② ㄱ, ㄴ
③ ㄱ, ㄷ
④ ㄴ, ㄷ
⑤ ㄱ, ㄴ, ㄷ

(잘 나와!)

16 A~E 지역에 대한 설명으로 옳지 <u>않은</u> 것은? [3점]

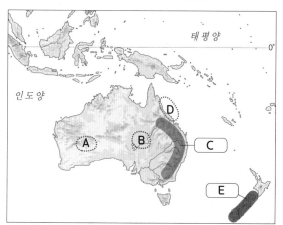

① A에는 사막이 넓게 펼쳐져 있다.
② B는 찬정을 볼 수 있는 넓은 평원이다.
③ C는 오스트레일리아 동부 해안을 따라 뻗어 있다.
④ D에는 세계 최대 규모의 산호초가 있다.
⑤ E에는 다양한 화산 지형이 발달해 있다.

[17~18] 지도는 오세아니아 주요 국가의 기후 분포를 나타낸 것이다. 이를 보고 물음에 답하시오.

『신상 지리 자료』, 2023)

17 A~C 기후에 대한 설명으로 옳은 것만을 〈보기〉에서 고른 것은? [3점]

> ┤보기├
> ㄱ. A는 적도와 가까워 일 년 내내 기온이 높다.
> ㄴ. A와 B는 계절의 변화가 뚜렷하다.
> ㄷ. C는 인간이 거주하기에 유리한 기후이다.
> ㄹ. B>C>A 순으로 강수량이 많다.

① ㄱ, ㄴ
② ㄱ, ㄷ
③ ㄴ, ㄷ
④ ㄴ, ㄹ
⑤ ㄷ, ㄹ

18 C 기후 지역에서 볼 수 있는 경관으로 가장 적절한 것은? [3점]

①

②

③

④

⑤

19 오스트레일리아의 자원과 산업에 대한 설명으로 옳지 <u>않은</u> 것은? [3점]

① 철광석과 석탄의 수출이 많다.
② 양, 소와 같은 육류의 생산이 많다.
③ 지하자원에 대한 수출 의존도가 높다.
④ 농산물 생산량은 많지만 수출 비중은 매우 낮다.
⑤ 지하자원의 수요가 큰 아시아 국가와 무역량이 늘고 있다.

20 뉴질랜드의 주요 수출품으로 옳지 <u>않은</u> 것은? [2점]

① 과일　　② 양털　　③ 소고기
④ 유제품　　⑤ 자동차

21 밑줄 친 부분에 들어갈 내용으로 적절한 것을 〈보기〉에서 고른 것은? [3점]

지구 온난화에 따른 해수면 상승 문제가 심각합니다. _____ 있습니다.

▲ 바닷물 속에서 연설하는 투발루 외교 장관

┤보기├
ㄱ. 태평양 작은 섬나라의 빙하가 녹고
ㄴ. 국토가 침수되어 시설물이 무너지고
ㄷ. 기후 난민이 유입되어 사회가 혼란스러워지고
ㄹ. 지하수에 염분이 스며들어 섬에 마실 물이 부족해지고

① ㄱ, ㄴ　　② ㄱ, ㄷ　　③ ㄴ, ㄷ
④ ㄴ, ㄹ　　⑤ ㄷ, ㄹ

잘 나와!

22 북극의 지리적 중요성으로 옳은 설명을 〈보기〉에서 고른 것은? [3점]

┤보기├
ㄱ. 지구상에서 생물종이 가장 다양한 지역이다.
ㄴ. 전 세계 담수의 약 70% 정도를 얼음과 눈으로 보유하고 있다.
ㄷ. 석유, 천연가스, 가스 하이드레이트 등 에너지 자원이 많이 매장되어 있다.
ㄹ. 유럽, 아시아, 북아메리카의 주요 도시를 연결하는 항공 교통의 중심지이다.

① ㄱ, ㄴ　　② ㄱ, ㄷ　　③ ㄴ, ㄷ
④ ㄴ, ㄹ　　⑤ ㄷ, ㄹ

100점 도전!

23 다음은 탐구 활동 계획서이다. (개), (내)에 대한 답변으로 옳지 <u>않은</u> 것은? [4점]

탐구 목표	남극의 지역 개발을 둘러싼 이해관계를 파악할 수 있다.
탐구 활동	• (개) 남극은 어떻게 이용되고 있는가? • 남극 개발에 찬성하는 근거는 무엇인가? • (내) 남극 개발에 반대하는 근거는 무엇인가?
관련 자료	 ← 남극의 과학 기지

① (개) - 남극 조약을 맺어 공동으로 관리하고 있다.
② (개) - 우리나라는 세종 과학 기지와 장보고 과학 기지를 두고 있다.
③ (개) - 주변국은 공해를 더 많이 차지하고자 영유권 주장을 하고 있다.
④ (내) - 사람들의 출입이 잦아짐에 따라 청정한 자연 환경이 오염된다.
⑤ (내) - 불법 어업과 동물 포획 등이 이루어지며 생태계가 위협받는다.

기말고사 1회

24 지도의 A 지역에서 나타나는 기후를 쓰고, 이 지역에서 발달한 산업을 두 가지 서술하시오. [7점]

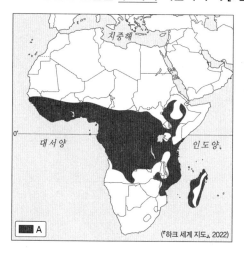

25 다음 글을 바탕으로 아프리카의 지역 잠재력을 노동력과 소비 시장의 측면에서 서술하시오. [7점]

아프리카는 평균 연령이 가장 낮은 대륙이다. 이에 따라 아프리카는 '젊은 대륙'으로 불리며, 특히 청년 인구 비율이 높아 이들이 경제 성장을 이끄는 주요 동력이 될 것으로 기대된다.

26 다음 설명에 해당하는 국제기구를 쓰시오. [3점]

아프리카의 정치적·경제적·사회적 통합을 촉진하고자 설립된 기구이며, 지역 내 평화, 질병 퇴치 등을 목표로 한다.

27 다음 자료를 보고 물음에 답하시오. [6점]

미국 북동부의 (㉠) 연안 공업 지역은 풍부한 천연자원과 편리한 수운 교통을 바탕으로 자동차, 철강 공업이 발달한 지역이다. 20세기 초까지 미국의 산업화를 이끌었으나 이곳의 공장이 해외로 빠져나가면서 산업 공동화 현상을 겪었다.
특히 디트로이트는 미국 자동차 산업의 중심지로 '자동차 도시'라고 불리며 성장하였으나, 자동차 생산 공장이 해외로 이전하며 도시도 함께 쇠퇴하였다. 2013년에는 인구가 크게 감소하여 디트로이트 정부가 재정난으로 파산에 이를뻔 했다.

(1) ㉠에 들어갈 지역을 쓰시오. [2점]

(   )

(2) 생산 공장이 해외로 이전하며 디트로이트에서 나타난 지역의 변화를 서술하시오. [4점]

28 다음은 태평양 지역의 환경 문제에 대한 설명이다. 이를 보고 물음에 답하시오. [7점]

플라스틱은 바다로 들어가 낮은 수온과 염분에 노출되면 분해되는 시간이 훨씬 더 늘어난다. 특히 미세 플라스틱은 해안가, 외딴 섬, 깊은 바다, 극지방 등 지구 전체에 퍼져 있으며, 크기가 너무 작아서 걷어 내기가 쉽지 않다. 또한 미세 플라스틱은 (㉠)을/를 타고 ㉡ 생태계 전체에 영향을 미친다.

(1) ㉠에 들어갈 용어를 쓰시오. [2점]

(   )

(2) 밑줄 친 ㉡의 구체적인 사례를 두 가지 서술하시오. [5점]

01 ㉠, ㉡에 들어갈 국가를 옳게 연결한 것은? [3점]

(㉠)의 수도인 나이로비는 오늘날 정보 기술 (IT) 산업이 발달하였고, 높고 화려한 건물이 많이 들어섰다. (㉡)의 세렝게티 초원에서는 야생 동물을 볼 수 있다.

	㉠	㉡
①	케냐	모로코
②	케냐	탄자니아
③	모로코	탄자니아
④	모로코	나이지리아
⑤	에티오피아	나이지리아

02 북부 아프리카에 해당하는 국가로 옳은 것은? [2점]

① 앙골라   ② 이집트   ③ 나미비아
④ 보츠와나   ⑤ 소말리아

03 잘 나왜! 아프리카의 주요 도시에 대한 설명으로 옳지 않은 것은 [3점]

① 요하네스버그는 금융과 상업의 중심지로 발전하고 있다.
② 케이프타운은 유럽과 아시아를 잇는 무역항이 발달하면서 성장하였다.
③ 탄자니아의 잔지바르에는 오래된 유적지가 있어 많은 관광객이 방문한다.
④ 아디스아바바는 나일강 하구에 있으며, 고대 이집트 문명의 유적이 남아 있다.
⑤ 라고스는 철도와 항만이 발달하여 국가 수입 물량의 80%가 들어오는 경제 중심지이다.

04 지도의 A~E에 대한 설명으로 옳은 것은? [4점]

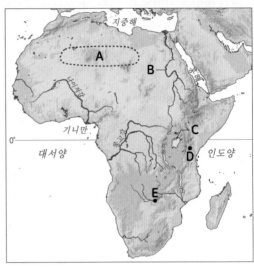

① A에는 사바나 초원이 펼쳐져 있다.
② B는 지중해에서 발원하여 적도로 흐른다.
③ C는 아프리카에서 가장 큰 호수이다.
④ D는 잠비아와 짐바브웨의 경계에 있다.
⑤ E에는 아프리카에서 가장 높은 산이 있다.

05 아프리카의 문화에 대해 옳은 설명을 한 학생을 고른 것은? [3점]

• 가영: 북부 아프리카는 이슬람교의 영향을 많이 받았어.
• 나영: 아프리카 음악은 아메리카 대륙으로 전파되어 힙합, 재즈 등에 영향을 주었어.
• 다영: 적도 주변의 열대 기후 지역에서는 벽이 두껍고 창문이 작은 건물을 볼 수 있어.
• 라영: 아프리카의 전통 의상은 유럽의 영향을 크게 받아 대부분 같은 모양을 띠고 있지.

① 가영, 나영   ② 가영, 다영   ③ 나영, 다영
④ 나영, 라영   ⑤ 다영, 라영

정답과 해설 30쪽

06 그래프는 아프리카의 광물 자원 매장 비율을 나타낸 것이다. 이를 보고 알 수 있는 내용으로 옳은 것은? [3점]

*해당 비율은 전 세계 광물 자원 대비 매장량임.

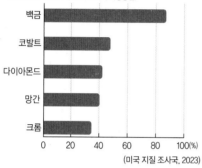

(미국 지질 조사국, 2023)

① 아프리카는 다양한 광물 자원이 많이 매장되어 있다.
② 북부 아프리카 국가들의 석유 생산량이 증가하고 있다.
③ 아프리카는 관광 자원을 개발하여 관광객을 유치하고 있다.
④ 아프리카는 커피, 카카오 등 상품 작물의 재배가 활발하다.
⑤ 풍부한 에너지 자원은 아프리카 경제 성장의 걸림돌이 되고 있다.

07 다음 글을 읽고 에티오피아의 경제 성장 가능성이 높은 까닭으로 적절한 것을 〈보기〉에서 고른 것은? [3점]

에티오피아는 2023년 기준으로 아프리카에서 두 번째로 인구가 많다. 에티오피아는 인구가 꾸준히 증가하고 있으며, 전체 인구에서 유소년층과 청장년층의 인구가 차지하는 비율이 높다.

┤ 보기 ├
ㄱ. 노동력이 풍부하다.
ㄴ. 소비 시장의 규모가 커진다.
ㄷ. 에너지 자원이 많이 매장되어 있다.
ㄹ. 정치적·경제적·사회적 통합이 가능해진다.

① ㄱ, ㄴ ② ㄱ, ㄷ ③ ㄴ, ㄹ
④ ㄴ, ㄹ ⑤ ㄷ, ㄹ

08 아프리카의 지속가능한 발전을 위한 다양한 주체들의 노력에 대한 설명으로 옳지 <u>않은</u> 것은? [3점]

① 그린피스는 아프리카의 환경 보호 운동을 하고 있다.
② 국제 연합(UN)의 산하 기구는 식량 보급, 난민 지원 등의 활동을 하고 있다.
③ 아프리카 연합(AU)은 아프리카 사람들의 인권과 더 나은 삶을 위해 노력하고 있다.
④ 우리는 세계시민으로서 아프리카를 이해하고, 우리의 이웃으로서 아프리카를 바라보아야 한다.
⑤ 우리보다 아프리카 사람들이 더욱 공정 무역 제품을 이용하는 등 착한 소비를 늘릴 필요가 있다.

잘 나와!

09 아메리카의 지역 구분에 대한 설명으로 옳은 것은? (단, A, B는 아메리카를 구분하는 기준임.) [4점]

① A와 B는 모두 하천이다.
② A는 지리적 구분의 기준이 된다.
③ A의 북쪽을 앵글로아메리카라고 한다.
④ B는 적도(위도 0°)와 일치한다.
⑤ B를 경계로 두 지역의 문화 차이가 크게 나타난다.

10 남아메리카의 지형에 대한 설명으로 옳지 <u>않은</u> 것은? [3점]

① 안데스산맥에서는 화산 활동이 활발하다.
② 서쪽에는 높고 험준한 산맥이 길게 뻗어 있다.
③ 대륙의 남쪽 끝에서는 빙하 지형을 볼 수 있다.
④ 동쪽의 고원에서는 지진 활동이 자주 일어난다.
⑤ 내륙 저지대에는 아마존강이 대서양으로 흐른다.

11 북아메리카에 있는 지형으로 옳지 <u>않은</u> 것은? [2점]

① 대평원   ② 로키산맥   ③ 미시시피강
④ 아마존 분지   ⑤ 애팔래치아산맥

12 A 기후 지역에 대한 설명으로 옳은 것은? [3점]

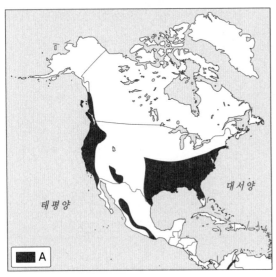

① 침엽수림이 넓게 분포한다.
② 기후가 온화하여 대도시가 발달하였다.
③ 일 년 내내 비가 내려 열대 우림이 나타난다.
④ 강수량보다 증발량이 많아 사막이 나타난다.
⑤ 초원이 넓게 펼쳐져 대규모 목축업이 발달하였다.

잘 나와!

13 다음은 라틴 아메리카 주요 국가의 민족(인종) 구성과 분포에 대한 설명이다. (가), (나)에 해당하는 민족(인종)을 옳게 연결한 것은? [3점]

> (가) 주로 잉카 문명이 발달하였던 안데스 산지에 있는 페루와 볼리비아에서 거주 비율이 높다.
> (나) 거주에 유리한 온대 기후가 나타나는 우루과이와 아르헨티나에서 거주 비율이 높다.

	(가)	(나)
①	유럽계	혼혈인
②	원주민	혼혈인
③	원주민	유럽계
④	아프리카계	유럽계
⑤	아프리카계	혼혈인

100점 도전!

14 다음 신문 기사와 같은 인구 변화가 계속될 때 미국에서 나타날 수 있는 모습으로 적절한 것을 〈보기〉에서 고른 것은? [4점]

> 2020년 미국 인구는 약 3억 3,100만 명으로 10년 간 7.4% 증가한 것으로 조사되었다. 증가한 인구 중 절반 이상인 51.1%가 히스패닉이었다. 일부 지역에서는 히스패닉 인구가 유럽계를 추월하기도 했는데, 이는 유럽계 인구 비율이 감소하였기 때문이다.

┌보기├
ㄱ. 개신교를 믿는 사람의 비율이 높아진다.
ㄴ. 돼지고기를 먹지 않는 사람들이 많아진다.
ㄷ. 탱고, 레게 등의 춤과 음악을 즐기는 사람들이 늘어난다.
ㄹ. 거리에 영어와 에스파냐어가 함께 쓰인 간판이 많아진다.

① ㄱ, ㄴ   ② ㄱ, ㄷ   ③ ㄴ, ㄷ
④ ㄴ, ㄹ   ⑤ ㄷ, ㄹ

15 밑줄 친 기업들에 대한 설명으로 옳지 <u>않은</u> 것은?
[3점]

A 전자 제품 기업	S 커피 전문점
• 상품: 스마트폰 • 본사: 미국 • 생산지: 인도	• 상품: 커피 • 본사: 미국 • 생산지: 브라질

① 경제활동의 세계화를 촉진한다.
② 경제 규모가 큰 미국에 많이 있다.
③ 오늘날 제조업에 한정되어 활동한다.
④ 국경을 넘어 생산과 판매 활동을 한다.
⑤ 여러 국가에서 자회사, 지사, 연구소, 생산 공장 등
을 운영한다.

16 다음에서 설명하는 용어로 옳은 것은? [2점]

> 경영의 효율을 높이고 이윤을 극대화하고자 본사,
> 연구소, 생산 공장, 자회사 등을 서로 다른 국가나
> 지역에 배치하는 것

① 공간적 분업   ② 산업 공동화
③ 초국적 기업   ④ 현지화 전략
⑤ 자유 무역 협정

잘 나와!

17 다음에서 설명하는 지역에서 나타날 수 있는 변화
로 옳은 것을 〈보기〉에서 고른 것은? [3점]

> 자동차 공업이 쇠퇴하였던 디트로이트가 다시 일어
> 설 준비를 하고 있다. 세계적인 ○○ 자동차 기업은
> 옛 기차역을 고쳐 전기 자율 주행 자동차 연구 단지
> 로 활용하려고 한다.

┤보기├
ㄱ. 산업 기반이 약해져 인구가 유출된다.
ㄴ. 일자리가 줄어 지역 경제의 활력이 떨어진다.
ㄷ. 전기 자율 주행 자동차 관련 산업이 발달한다.
ㄹ. 외부로부터 자본이 유입되어 지역 경제가 활성
   화된다.

① ㄱ, ㄴ   ② ㄱ, ㄷ   ③ ㄴ, ㄷ
④ ㄴ, ㄹ   ⑤ ㄷ, ㄹ

18 오세아니아의 도시를 주제로 연상 퀴즈를 하고 있
다. 다음 설명에 해당하는 도시로 옳은 것은? [3점]

오세아니아에서 가장 면적이 넓은 나라	기후가 온화한 해안 지역의 도시
영국에서 독립할 당시 임시 수도	현대적 건물과 유럽풍 건물이 공존하는 도시

① 키리바시 타라와
② 뉴질랜드 웰링턴
③ 뉴질랜드 오클랜드
④ 오스트레일리아 멜버른
⑤ 오스트레일리아 앨리스스프링스

19 다음은 어느 여행 프로그램을 소개한 것이다. (1부),
(2부)에서 방문한 지역을 지도에서 골라 옳게 연결
한 것은? [3점]

(1부) 	한낮의 기온이 너무 높아 아침 일찍 일정이 시작되었다. 매우 건조해 30분에 한 번씩 물을 마셨다. 붉은 모래와 버섯 모양의 바위가 인상적이었다.
(2부)	뜨거운 열기가 느껴지는 가운데 유황 냄새가 진동하였다. 지열로 데워진 지하수가 30m 높이로 하늘로 치솟는 모습은 정말 장관이었다.

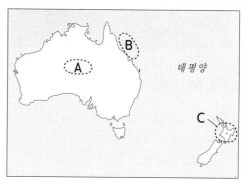

	(1부)	(2부)		(1부)	(2부)
①	A	B	②	A	C
③	B	A	④	C	A
⑤	C	B			

20 지도는 오스트레일리아의 자원 분포와 이동을 나타낸 것이다. 이에 대한 설명으로 옳은 것은? [4점]

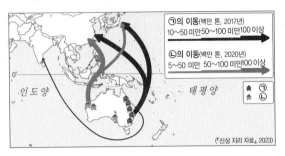

① ㉠은 재생 가능하고 친환경적인 에너지 자원이다.
② ㉡은 제철 산업의 원료로 쓰인다.
③ ㉡은 찬정 개발로 건조 지역에서 생산이 가능해졌다.
④ ㉠과 ㉡은 오스트레일리아의 주요 수입품이다.
⑤ ㉠은 동부 산지 주변, ㉡은 북서부 해안 근처에서 많이 생산된다.

21 자료에서 설명하는 환경 문제가 미치는 영향으로 옳은 것을 〈보기〉에서 고른 것은? [3점]

태평양에서는 바닷물의 온도가 올라가면서 알록달록한 산호가 색을 잃고 죽고 있다.

┤보기├
ㄱ. 해양 침식이 가속화된다.
ㄴ. 해발 고도가 낮은 지역이 물에 잠긴다.
ㄷ. 해양 생물의 서식지 역할을 하지 못한다.
ㄹ. 해양 생물들이 먹이로 착각해 먹을 수 있다.

① ㄱ, ㄴ   ② ㄱ, ㄷ   ③ ㄴ, ㄷ
④ ㄴ, ㄹ   ⑤ ㄷ, ㄹ

22 사진에서 볼 수 있는 환경 문제를 해결하기 위한 각 주체의 노력으로 옳은 것을 〈보기〉에서 고른 것은? [3점]

┤보기├
ㄱ. 정부는 환경 관련 국제 협약에 가입한다.
ㄴ. 개인은 해안가 쓰레기를 줍는 봉사 활동에 참여한다.
ㄷ. 시민 단체는 일회용 비닐 봉투 사용을 규제하는 법을 제정한다.
ㄹ. 국제 사회는 쓰레기 지대의 연안 국가가 해양 쓰레기를 책임지고 해결하게 한다.

① ㄱ, ㄴ   ② ㄱ, ㄷ   ③ ㄴ, ㄷ
④ ㄴ, ㄹ   ⑤ ㄷ, ㄹ

23 선생님의 질문에 대한 학생의 대답으로 가장 적절한 것은? [3점]

극지방의 보존과 개발을 둘러싼 다양한 이해관계를 이야기해 볼까요?

① 가연: 남극은 영유권 분쟁이 심각해요.
② 나연: 남극을 개발하면 원주민의 삶터가 파괴될 거예요.
③ 다연: 극지방은 자원이 희소하여 개발의 경제성이 적어요.
④ 라연: 북극해의 빙하는 북동 항로의 개척으로 확장될 거예요.
⑤ 마연: 환경 보호를 우선하는 지속가능한 자원 활용을 고려해야 해요.

단답형 + 서술형 문제

24 ㈎, ㈏ 지역의 명칭을 쓰고, 아프리카 국가들을 그렇게 구분한 기준을 서술하시오. [7점]

㈎ 지역	㈏ 지역
• 케냐 • 나이지리아 • 남아프리카 공화국	• 모로코 • 알제리 • 이집트

_____

_____

_____

25 ㉠에 들어갈 용어를 쓰고, 이를 위한 아프리카의 해결 과제를 두 가지 서술하시오. [7점]

> (㉠)은/는 미래 세대가 사용할 자원, 환경 등을 해치지 않으면서 현재 세대와 미래 세대를 함께 발전시키는 것이다.

_____

_____

_____

26 다음에서 설명하는 용어를 쓰시오. [3점]

> 전 세계를 대상으로 생산 및 판매 활동을 하는 기업으로, 교통과 통신의 발달로 세계 여러 지역 간에 교류가 활발해지면서 성장하였다. 본사, 연구소, 생산 공장을 서로 다른 지역에 배치하여 운영한다.

_____

27 그래프는 미국의 민족(인종) 구성을 나타낸 것이다. 물음에 답하시오. [6점]

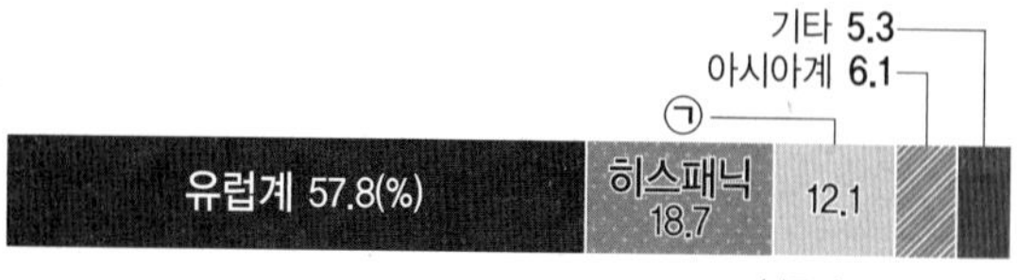

기타 5.3
아시아계 6.1
㉠
유럽계 57.8(%)   히스패닉 12.1
18.7

(미국 인구 조사국, 2021)

(1) ㉠에 해당하는 민족(인종)을 쓰시오. [2점]

(   )

(2) ㉠ 민족(인종)이 앵글로아메리카로 이주하게 된 배경을 서술하시오. [4점]

_____

_____

28 그래프는 오스트레일리아의 무역 상대국을 나타낸 것이다. 물음에 답하시오. [7점]

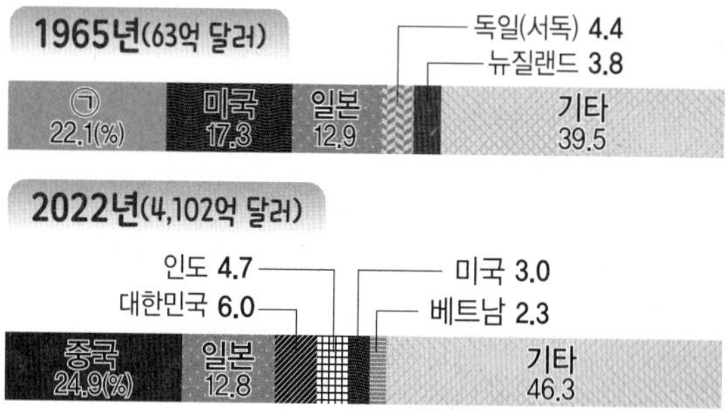

1965년(63억 달러)
독일(서독) 4.4
뉴질랜드 3.8
㉠ 22.1(%)   미국 17.3   일본 12.9   기타 39.5

2022년(4,102억 달러)
인도 4.7
대한민국 6.0
미국 3.0
베트남 2.3
중국 24.9(%)   일본 12.8   기타 46.3

(UN Comtrade, 2023)

(1) ㉠에 들어갈 국가를 쓰시오. [2점]

(   )

(2) 위와 같이 오스트레일리아의 무역 상대국이 변화하게 된 까닭을 두 가지 서술하시오. [5점]

_____

_____

MEMO

MEMO

MEMO

한·끝·시·리·즈 필수 개념과 시험 대비를 한 권으로 끝! 사회 공부의 진리입니다.

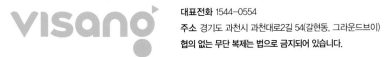

대표전화 1544-0554
주소 경기도 과천시 과천대로2길 54(갈현동, 그라운드브이)
협의 없는 무단 복제는 법으로 금지되어 있습니다.

기출로 다지는 **필수 유형서**

유형만렙

다양한 유형 문제로 가득 찬(滿)
중학 필수 유형서

- 전국 학교 기출 문제를 분석하여 풍부한 유형별 문제 수록
- 3단계 수준별 유형 학습으로 수학 실력 향상
- 단원별 기출 문제를 모은 '기출북'으로 실전 대비

중학 수학 1~3학년